मंगल ग्रह का नाम "लौहितांग" है, क्योंकि दूर से देखने वाले को लाल दिखता है। मंगल का नाम 'कुज' और 'भौम' भी है-भूमि पुत्र होने से 'कुज' और पृथ्वी से पृथक हो जाने के कारण 'भौम' नाम हुआ। चूंकि कुछ संघर्ष के अनंतर पृथ्वी से पृथकत्व हुआ था, अतः मंगल लड़ाई-झगड़े का 'कारक ग्रह' माना गया है। मंगल को पृथ्वी का पुत्र कहा गया है। ग्रहों के कुटुम्ब में रवि पृथ्वी के पिता के स्थान में है और चंद्र माता के स्थान में है। इसलिए मंगल में रवि और चंद्र दोनों के गुणों का कुछ-कुछ मिश्रण पाया जाता है।

मंगलीक दोष

कारण एवं निवारण

घट विवाह अर्क विवाह एवं तुलसी विवाह की
सम्पूर्ण विधि सहित

लेखक
डॉ. भोजराज द्विवेदी
एम. ए. संस्कृत (दर्शन), पीएच. डी. (ज्योतिष)

सहसम्पादक
पं. रमेश द्विवेदी
एम. ए. संस्कृत (साहित्य)

डायमंड बुक्स

I.S.B.N.: 81-288-0993-8

प्रकाशक : **डायमंड पॉकेट बुक्स (प्रा.) लि.**
X-30, ओखला इंडस्ट्रियल एरिया, फेज-II
नई दिल्ली-110020
फोन : 011-41611861
फैक्स : 011-41611866
ई-मेल : sales@dpb.in
वेबसाइट : www.dpb.in
संस्करण : 2017
मुद्रक : आदर्श प्रिंटर्स, शाहदरा, दिल्ली-110032

Manglik Dose Karan Avam Nivaran
By Dr. Bhojraj Dwivedi

अनुक्रमणिका

उपचार खंड

पुस्तक के बारे में

मंगलीक दोष कारण एवं निवारण पर बहुत कम साहित्य ज्योतिष जगत् में लिखा गया है। जबकि मंगलीक दोष का हौवा छोटे-छोटे ग्रामीण अंचल में तथा बड़े शहरों में भी देखने को मिलता है। विदेशों से भी अक्सर हिन्दू और गैर हिन्दू लोग भी हमसे आकर मंगलीक दोष निवारण के टोटके पूछते हैं। परिपक्व अवस्था में जब लड़के-लड़कियों की शादी नहीं होती तब यह चिन्ता और अधिक बढ़ जाती है। यह सच है कि सुखी विवाह का सुख सौभाग्यशाली को ही प्राप्त होता है।

हजरत ईसा मसीह की कुण्डली में मंगल आठवें था, इसलिए वे अविवाहित रहे। श्री अटल बिहारी वाजपेयी की कुण्डली के लग्न में शनि मंगल छठे होने से वे भी आजीवन कुंवारे रहे। सुश्री मायावती अविवाहित रहीं क्योंकि सप्तमस्थान में सूर्य सप्तमेश में शनि पापपीड़ित है। शनि+मंगल की युति पंचम भाव में होने से सम्भवत: उन्हें अपना वारिस भी नहीं मिलेगा। श्रीमती इन्दिरा गांधी के लग्न में शनि, राहु के छठे में होने से वैधव्ययोग बना। श्रीमती सोनिया गांधी के लग्न में शनि, मंगल के छठे में होने से वैधव्ययोग बना। श्रीमती मेनका गांधी की कुण्डली में मंगल आठवें, सप्तमेश शनि पापपीड़ित होने से वैधव्ययोग बना। राजस्थान की मुख्यमंत्री श्रीमती. वसुन्धरा राजे की कुण्डली में चौथे स्थान में शनि एवं प्रथम में राहु होने से दाम्पत्य जीवन विवादास्पद है। हमारे राष्ट्रपति श्री अब्दुल कलाम की कुण्डली में भी चौथे स्थान में मंगल, सप्तमेश शनि छठे होने से उन्हें भी पत्नी का सुख नहीं है। ये सब ऐतिहासिक कुण्डलियां हैं, जिनका सार्वजनिक प्रकाशन उपलब्ध है। इन्हें ऐतिहासिक तथ्यों की पृष्ठभूमि एवं प्राचीन ग्रह स्थितियों के कारण झुठलाया नहीं जा सकता है। न ही इसे अन्धविश्वास की श्रेणी में खड़ा किया जा सकता। इस सच्चाई को हर हालत में स्वीकार किया जाना चाहिए कि कोई व्यक्ति कितना ही बड़ा क्यों न हो? चाहे साक्षात् ईश्वर भी क्यों न हो? ग्रहों के प्रकोप में, विधाता के विधान से बच नहीं सकता?

पर इसके साथ ही उपायों की सार्थकता से इन्कार नहीं किया जा सकता। उपाय करने पर शूल की पीड़ा सूई में बदल जाती है। कई बार पीड़ा गायब भी हो जाती है। ऐसे अनेक जीवन्त दृष्टान्त हमारे पास है। जिस पर अलग से पुस्तक

लिखी जा सकती है। जिस प्रकार बीमार होने पर हम डॉक्टर के पास जाते हैं तथा बीमारी ठीक हो जाती है, हम स्वस्थ हो जाते हैं। यद्यपि मौत से डॉक्टर नहीं बचा सकता। समय आने पर रोगी भी मरता है, डॉक्टर भी मरता है पर हम लोग चिकित्सा विज्ञान के शरण में ठीक होने के लिए जाते हैं। ठीक यही स्थिति ज्योतिष शास्त्र की है। शास्त्र ज्ञाता विद्वान् ज्योतिषी मनुष्य को भाग्य जनित विविध संकटों में निकालने में पूर्ण रूप में सक्षम व समर्थ होता है। तंत्र-मंत्र अपनी जगह निश्चित रूप से काम करते हैं पर अन्तिम निर्णय सर्वशक्तिमान, सर्वशक्तिसम्पन्न विधाता के हाथ में है।

अविवाह योग, विलम्ब विवाहयोग, बहुविवाह योग, वैधव्य योग का परिहार, घटविवाह के रूप में शास्त्रों में वर्णित है परन्तु घटविवाह पर कोई स्वतंत्र पुस्तक अभी तक देखने में नहीं आई। इसलिए इस विषय पर मेरी लेखनी चल पड़ी। मेरा विश्वास है कि 21वीं सहस्त्राब्दी धार्मिक जन चेतना की सहस्त्राब्दी है। ऐसे में यह पुस्तक दीपशिखा का कार्य करेगी। विश्व-ज्योतिष दिवस पर यह पुस्तक ज्योतिष जिज्ञासुओं, मंत्र-तंत्र जिज्ञासुओं के लिए, श्रीमाली ब्राह्मणों एवं कर्मकाण्डी विद्वानों के लिए प्रस्तुत करते हुए मुझे प्रसन्नता हो रही है। मंगल पर विस्तृत फलादेश 'भोजसंहिता' के 'मंगलखंड' में मिलेगा। इस पुस्तक में मंगल संबंधी सभी दोषों का निवारण घटविवाह के माध्यम से बताया गया है। घटविवाह में प्रायश्चित हवन, लाजाहोम, राष्ट्रमृतहोम अनिवार्य है। घट विवाह की सम्पूर्ण शास्त्र सम्मत विधि कहीं उपलब्ध नहीं है। अनेक जिज्ञासु सज्जनों एवं विद्वानों के पत्र आते रहते हैं। प्रबुद्ध पाठकों की त्वरित मांग को ध्यान में रखते हुए प्रस्तुत पुस्तक का प्रकाशन किया गया है। गृह-स्थापना के मंत्र तो यत्र-तत्र-सर्वत्र मिलते हैं पर प्रत्येक का ग्रह का विनियोग, ध्यान, आवाहन मंत्र, प्राण प्रतिष्ठा मंत्र, दिशा, तान्त्रिक मंत्र, नमस्कार मंत्र आपको केवल इस पुस्तक में ही मिलेंगे। इसी प्रकार से मातृका स्थापन पर वैदिक एवं पौराणिक दोनों मंत्र दिए गए हैं। विवाह विधि पूर्ण है। इस पुस्तक को हाथ में लेने के बाद इस कार्य हेतु दूसरी पुस्तक की सहायता नहीं रह पाएगी। यही इस पुस्तक का प्रयोजन है।

भोजराज द्विवेदी

इंटरनेशनल वास्तु एसोसिएशन (रजि.)
130 ए रोड, अज्ञातदर्शन कॉम्पलेक्स, मरुदीप अपार्टमेंट,
सरदारपुरा, जोधपुर (राज.)
दूरभाष-2637359, फैक्स-2431883, मोबाइल-9314713513
अति विशिष्ट कार्य हेतु-9314729105

लेखक परिचय

अंतर्राष्ट्रीय ख्याति प्राप्त वास्तुशास्त्री एवं ज्योतिषाचार्य डॉ. भोजराज द्विवेदी कालजयी समय के अनमोल हस्ताक्षर हैं। इन्टरनेशनल वास्तु एसोसिएशन के संस्थापक डॉ. भोजराज द्विवेदी की यशस्वी लेखनी से रचित ज्योतिष, वास्तुशास्त्र, हस्तरेखा, अंकविद्या, आकृति विज्ञान, यंत्र-तंत्र-मंत्र विज्ञान, कर्मकाण्ड व पौरोहित्य पर लगभग 400 से अधिक पुस्तकें देश-विदेश की अनेक भाषाओं में पढ़ी जाती हैं। फलित ज्योतिष के क्षेत्र में अज्ञातदर्शन (पाक्षिक) एवं श्रीचण्डमार्तण्ड (वार्षिक) के माध्यम से इनकी 3000 से अधिक राष्ट्रीय व अंतर्राष्ट्रीय महत्त्व की भविष्यवाणियां पूर्व प्रकाशित होकर समय चक्र के साथ-साथ चलकर सत्य प्रमाणित हो चुकी हैं।

4 सितम्बर 1949 को "**कर्कलग्न**" के अंतर्गत जन्मे डॉ. भोजराज द्विवेदी सन् 1977 से अज्ञातदर्शन (पाक्षिक) एवं श्रीचण्डमार्तण्ड (वार्षिक) का नियमित प्रकाशन व सम्पादन 26 वर्षों से करते चले आ रहे हैं। डॉ. द्विवेदी को अनेक स्वर्णपदक व सैकड़ों मानद उपाधियां विभिन्न नागरिक अभिनंदनों एवं राष्ट्रीय व अंतर्राष्ट्रीय सम्मेलनों के माध्यम से प्राप्त हो चुकी हैं। इनकी संस्था के अंतर्गत भारतीय प्राच्य विद्याओं पर अनेक अंतर्राष्ट्रीय व राष्ट्रीय सम्मेलन देश-विदेशों में हो चुके हैं तथा इनके द्वारा ज्योतिषशास्त्र, वास्तुशास्त्र, तंत्र-मंत्र, पौरोहित्य पर अनेक पाठ्यक्रम भी पत्राचार द्वारा चलाए जा रहे हैं। जिनकी शाखाएं देश-विदेश में फैल चुकी हैं तथा इनके द्वारा दीक्षित व शिक्षित हजारों शिष्य इन दिव्य विद्याओं का प्रचार-प्रसार कर रहे हैं। भारतीय प्राच्य विद्याओं के उत्थान में समर्पित भाव से जो काम डॉ. द्विवेदी कर रहे हैं, वह एक साधारण व्यक्ति द्वारा सम्भव नहीं है वे इक्कीसवीं शताब्दी के तंत्र-मंत्र, वास्तुशास्त्र व ज्योतिष जगत् के तेजस्वी सूर्य हैं तथा कालजयी समय के अनमोल हस्ताक्षर हैं, जो कि '**युग पुरुष**' के रूप में याद किए जाएंगे। इनसे जुड़ना इनकी संस्था का सदस्य बनना आम लोगों के लिए बहुत बड़े गौरव व सम्मान की बात है।

1. हस्तरेखा विभाग–सन् 1981 में डॉ. भोजराज द्विवेदी द्वारा '**अंगुष्ठ से भविष्य ज्ञान**' एवं '**पांव तले भविष्य**' नामक दो पुस्तकें प्रकाशित हुईं। सामुद्रिक शास्त्र की दुनियां में इस नये विषय को लेकर हंगामा मच गया। पाठकों ने इन पुस्तकों को सराहा तथा इनके अनेक संस्करण छपे। सन् 1992 में '**ज्योतिष और आकृति**' तथा सन् 1996 में '**हस्तरेखाओं का गहन अध्ययन**' दो भागों में प्रकाशित हुए। अपने 40 वर्षों के अध्ययन से अनुभूत प्रस्तुत पुस्तक पर इस विषय के छठे पुष्प के रूप में पाठकों को समर्पित की है। '**हस्तरेखाओं का रहस्यमय संसार**' नामक यह कृति किसी भारतीय विद्वान् द्वारा लिखी गई संसार की श्रेष्ठ एवं बेजोड़ पुस्तकों में सर्वोपरि है। इस पुस्तक की कीर्ति ने जरमिन, कीरो एवं बेन्हाम जैसे विदेशी विद्वानों को मीलों पीछे छोड़ दिया।

2. ज्योतिष विभाग–इस विभाग के अंतर्गत विभिन्न कम्प्यूटर लगे हैं जो गणित एवं फलित दोनों प्रकार की जन्मपत्रियों का निर्माण करते हैं। व्यक्ति की जन्म तारीख, जन्म समय एवं जन्म स्थान के माध्यम से जन्मपत्रिका, वर्षफल, विवाहपत्रिका, प्रश्न पत्रिका आदि का निर्माण सूक्ष्मातिसूक्ष्म गणित सूत्रों द्वारा होता है। सही जन्मपत्रिका यदि बनी हुई है तो उस पर विभिन्न प्रकार के फलादेश करवाने की व्यवस्था भी उपलब्ध है। हमारे यहां हैण्ड-प्रिण्ट देखने की सुविधा एवं चेहरा देखकर भविष्य बताने की विद्या का चमत्कार केवल उन्हीं सज्जनों को प्राप्त है, जो हमारी संस्था '**अज्ञातदर्शन सुपर कम्प्यूटर सर्विसेज**' के संस्थापक, संरक्षक या आजीवन सदस्य हैं। 'अज्ञातदर्शन सुपर कम्प्यूटर सर्विसेज' के सदस्यों, व्यापारियों व उद्योगपतियों को वरीयता के साथ हम नियमित ज्योतिष सेवाएं घर बैठे भेजते हैं। इसके लिये निःशुल्क प्रपत्र अलग से प्राप्त करें। फलित ज्योतिष पर एक साफ्टवेयर '**सृष्टि**' के नाम से बन रहा है, जो अब तक का सबसे अनुपम व अद्वितीय कार्य होगा।

3. वास्तु विभाग–हमने 'इंटरनेशनल वास्तु एसोशिएसन' की स्थापना कर रखी है।

हमारे केन्द्र के वास्तुशास्त्रियों द्वारा वास्तु संबंधी विभिन्न त्रुटियों व दोषों का परिहार पूर्ण विधि-विधान से किया जाता है यदि व्यक्ति नक्शा भेजता है तो उस पर भी विचार-विमर्श करके सही स्थानों को चिह्नित व संशोधित करके नक्शा वापस भेज दिया जाता है। जो सज्जन 'वास्तु विजिट' कराना चाहते हैं उन्हें एडवांस ड्राफ्ट भेजकर समय निश्चित कराना चाहिए। वास्तु शास्त्र पर विद्वान लेखक की अनेक पुस्तकें हिन्दी व अंग्रेजी में प्रकाशित है। जो अपने आप में एक रिकॉर्ड उपलिब्ध है।

4. यंत्र विभाग–विद्वान् ब्राह्मणों की देखरेख में विभिन्न प्रकार के यंत्रों का निर्माण शुभ नक्षत्र, दिन व मुहूर्त में किया जाता है। यंत्र बनने के पश्चात् उसमें विधिवत् प्राण-प्रतिष्ठा करके ही भेजे जाते हैं। इस बात का पूरा ध्यान रखा जाता है कि सभी यंत्र यजमान द्वारा निर्दिष्ट धातु में सर्वशुद्ध तरीके से बनाए जाते हैं। सभी यंत्र लॉकेट में उभरे हुए होते हैं तथा बनने के पश्चात् निर्दिष्ट गंतव्य पर रजिस्टर्ड डाक द्वारा भेज दिए जाते हैं। वी.पी. नहीं की जाती। वी. पी. के लिए आधा एडवांस प्राप्त होना अनिवार्य है। कार्यालय द्वारा अभिमंत्रित व सिद्ध यंत्रों का सम्पूर्ण सूची-पत्र अलग से प्रार्थना कर, प्राप्त किया जा सकता है।

5. रत्न विभाग–अनेक जिज्ञासु सज्जनों के विशेष आग्रह पर हमारे यहां विभिन्न रत्नों एवं राशि रत्नों के विक्रय की व्यवस्था की गई है। भाग्यवर्द्धक अंगूठियां एवं लॉकेट भी पूर्ण विधि-विधान के साथ बनाए जाते हैं। एक मुखी रुद्राक्ष, स्फटिक मालाएं, पारद शिवलिंग, हत्था जोड़ी, सभी प्रकार के तंत्र की सामग्री असली होने की गारंटी के साथ दी जाती है। इस हेतु सम्पूर्ण जानकारी हेतु सूची-पत्र अलग से प्राप्त करें।

6. विविध धार्मिक अनुष्ठान–संस्थान द्वारा 108 कुण्डीय पवित्र यज्ञ-कुण्डों, दस महाविद्याओं की जागृत 'श्रीपीठ' की स्थापना हो चुकी है। यहां पर विभिन्न प्रकार के दुर्योगों की शांति हेतु, व्यापार-व्यवसाय में रुकावट दूर करने हेतु, दुःख, क्लेश, भय, रोग से निवारण हेतु प्रेत बाधा एवं शत्रु को नष्ट करने हेतु, राजयोग, पद, प्रतिष्ठा की प्राप्ति हेतु धार्मिक अनुष्ठान, यज्ञ, पूजा-पाठ एवं शांति कराने की सभी सुविधाएं भी उपलब्ध हैं। भारत एवं विदेशों में 'सामुहिक कालसर्पयोग शान्ति' कराने का श्रेय हमारे इस संस्थान को ही जाता है।

7. प्रकाशन विभाग–जो कुछ भी शोध कार्य कार्यालय के विद्वानों द्वारा होता है उसको निरन्तर प्रकाशित किया जाता है। ज्योतिष, आयुर्वेद, वास्तुशास्त्र, हस्तरेखा एवं प्राचीन भारतीय गूढ़ विद्या संबंधी पुस्तकों का प्रकाशन भी विभाग द्वारा किया जाता है। अब तक डॉ. द्विवेदी द्वारा 500 पुस्तकें लिखी जा चुकी हैं। जिसमें से 400 के लगभग प्रकाशित हो चुकी हैं। इसके अतिरिक्त हमारे कार्यालय से दो नियतकालीन प्रकाशन अनवरत रूप से चल रहे हैं।

1. **अज्ञातदर्शन (पाक्षिक)** 1977 से प्रकाशित, 2. **चण्डमार्तण्डपंचांग** एवं कैलेण्डर (वार्षिक) 1987 से नियमित प्रकाशित होते रहते हैं।

8. श्रीविद्या साधक परिवार–प्रायः सम्मोहन, यंत्र-मंत्र-तंत्र विद्या में रुचि रखने वाले अनेक जिज्ञासु सज्जनों, छात्र-छात्राओं के अनेक फोन व पत्र पूज्य गुरुदेव से मार्गदर्शन प्राप्त करने हेतु उनसे दीक्षा प्राप्त करने हेतु, मंत्र शिविरों में भाग लेने हेतु आते हैं। ऐसे जिज्ञासु साधकों को सर्वप्रथम 'श्रीविद्या साधक परिवार' का सदस्य बनना होता है। श्रीविद्या साधक परिवार से जुड़ने के बाद ही ऐसे जिज्ञासु सज्जनों को परमपूज्य गुरुदेव का पत्र या स्नेहिल सान्निध्य प्राप्त होता है।

विनम्र निवेदन–बाहर से पधारने वाले जिज्ञासु सज्जनों से विनम्र निवेदन है कि बिना कोई अत्यधिक ठोस कारण के परमपूज्य गुरुदेव से मिलने का दुराग्रह न रखें। सर्वश्री डॉ. भोजराज द्विवेदी से मिलने के लिए टेलीफोन नंबर-2637359, 3113513, फैक्स 2431883, मोबाइल-0291-3129105 पर पूर्व समय निश्चित करके ही मिला करें। यह आपकी और कार्यालय दोनों की सुविधा के लिए अत्यन्त जरूरी है।

–आचार्य सोमतीर्थ

जिज्ञासा खंड

मंगल की उत्पत्ति कथा

वाराहकल्प की बात है। भगवान वाराह ने रसातल से पृथ्वी का उद्धार कर उसको अपनी कक्षा में स्थापित कर दिया था। इस कारण पृथ्वी देवी की उद्विग्नता मिट गई और वे स्वस्थ हो गई। उनकी इच्छा भगवान को पति के रूप में पाने की हो गई। उस समय वाराह भगवान का तेज करोड़ों सूर्य के सदृश्य असह्य था। पृथ्वी की अधिष्ठात्री देवी की कामना की पूर्ति के लिए भगवान वाराह अपने मनोरम रूप में आ गए और पृथ्वी देवी के साथ वे दिव्य वर्ष तक एकान्त में रहे। इसके बाद वाराह-रूप में आकर पृथ्वी देवी का पूजन किया (ब्रह्मवै. पु. 2/8/29-33)। उस समय पृथ्वी देवी गर्भवती हो चुकी थीं, उन्होंने मंगल नामक ग्रह को जन्म दिया (ब्रह्मवै. पु. 2/8/43)। विभिन्न कल्पों में मंगल ग्रह की उत्पत्ति की विभिन्न कथाएं हैं। आजकल पूजा के प्रयोग में इन्हें भारद्वाज गोत्र कहकर सम्बोधित किया जाता है। यह कथा गणेश पुराण में आती है।

पृथ्वी के पिता सूर्य और उसकी माता चन्द्र है। मंगल पृथ्वी का पुत्र है। सूर्य और चन्द्र इसके नाना-नानी है। ननिहाल के पूर्ण गुण भी इसमें हैं और पृथ्वी से संघर्ष कर यह उससे अलग हुआ है। अत: इसमें मारकतत्व भी है। सूर्य का तेजस्व और चन्द्र की शीतलता इसमें है। यह प्रबल साहसी है। शक्ति का नेतृत्व इसका प्रतीक है। उज्जैन में इसकी उत्पत्ति मानी गई है। यह चतुर्भुज रूप है। शूल, गदा आदि इसके शस्त्र हैं। यह भारद्वाज कुलीन क्षत्रिय है। मेष इसका वाहन है। इसका देवता कार्तिक स्वामी है। अग्नि तत्त्व होने के कारण वर्षा में चमकती बिजली के समान इसकी कांति है।

'**अहमवैवर्त पुराण**, अध्याय' 9 के अनुसार-

''उपेन्द्ररूप मालोक्य कामार्त्ता च वसुन्धरा।
विधाय सुन्दरी वेशमक्षता प्रौढ़ यौवना।।

एक बार भगवान् विष्णु का अद्‌भुत सौन्दर्य देखकर पृथ्वी ने सुन्दर स्त्री का वेष धारण करके तेजस्वी पुत्र की कामना हेतु प्रणय निवेदन किया। दोनों के संगम

में स्त्रीरूपा पृथ्वी मूर्च्छित हो गई। विष्णु द्वारा उत्सर्जित रक्तवर्णीय वीर्य ही प्रवाल है। पृथ्वी द्वारा उत्पन्न उसका यह पुत्र रक्तवर्णीय होने से 'अंगारक' कहलाया।

'मत्स्य पुराण अंगारक व्रत' नामक 68वें अध्याय में एक अन्य कथा के अनुसार प्रजापति दक्ष का विनाश करने के लिए कुपित हुए महादेव के ललाट से लालरंग के पसीने की एक बूंद पृथ्वी पर गिरी। पृथ्वी उस तेज को सहन न कर सकी। वह बूंद सात पाताल, सात समुद्रों का भेदन करके 'वीरभद्र' के रूप में परिवर्तित हो गई। दक्ष यज्ञ का विनाश करके वीरभद्र पुनः शिव के सम्मुख उपस्थित हुआ। शिवजी ने प्रसन्न होकर उसे 'ग्रह' का रूप प्रदान किया। और कहा-

अङ्गारक इति ख्याति गयिष्यसि धरात्मज!
देवलोर्के द्वितीयश्च तव रूपं भविष्यति।
ये च त्वां पूजभिष्यन्ति चतुर्थ्यां त्वद्दिने नराः।
रूपमारोग्यं ऐश्वर्य तेष्वनन्तं भविष्यति।

आज से तुम धरात्मज एवं अंगारक नाम से प्रसिद्ध होकर देवलोक में ग्रह के रूप में प्रसिद्ध हो जाओगे। जो व्यक्ति चतुर्थी एवं मंगलवार के दिन तुम्हारी पूजा करेगा उसे तुम उत्तम आयु, आरोग्य, अनन्त ऐश्वर्य देकर तृप्त करोगे।

स्कन्द पुराण में वर्णित 'मंगल स्तोत्र' का नित्य पाठ करने से मंगल शीघ्र प्रसन्न होकर मनोवांछित फल देते हैं। **'कोष्ठीप्रदीप'** नामक प्राचीन ग्रन्थ में कहा गया है-

उग्रः प्रतापो क्षितिपाल मंत्री
रणप्रियो वक्रवचाः सरोषः।
सत्वान्वितः शूरगण प्रणेता
कुजस्यवारे प्रभवो मनुष्यः॥

जो मंगलवार के दिन (लग्न में मंगल लेकर) पैदा होगा, वह महान् प्रतापी, उग्र, रणप्रिय, क्रोधी, सात्विक, शूरवीर एवं राज्यमंत्री होगा।

मंगल का कारकतत्व–मंगल भूमि, पराक्रम, विजय, कीर्ति, युद्ध, साहस का कारक ग्रह है। छोटे-बड़े भाई-बहन, जीवनशक्ति, लाल-नारंगी रंग, संघर्ष, आत्मबल, रक्त, रक्तविकार, चर्म रोग, तांबा, कामवासना, धैर्य, क्रोध, उत्तेजना, ठेकेदारी, निर्माण कार्य, भूमि का क्रय-विक्रय, ऋण यह सब मंगल में देखा जाता है।

मंगल का मुख्य स्वरूप

मंगल के पर्यायवाची नाम-मंगल-आर-वक्त-क्रूर-आविनेय- कुज- भौम-लोहितांग-पापी-क्षितिज-अंगारक-क्रूरनेत्र-क्रूराक्ष-क्षितिनंदन-धरापुत्र-कुसुत-

कुपुत्र-माहेय-गोत्रापुत्र-भूपुत्र-क्ष्मापुत्र-भूमिसूनु-मेदिनीज-भूसुत- अवनिसुत-नंदन-महीज-क्षोणिपुत्र-आषाढाभ-आषाढाभ-रक्तांग-आंगिरस-रेत-कोण-स्कंद-कार्तिकेय-षडानन-सुब्रह्मण्यं।

अङ्गारकः भौमः कुजः वक्रः महीसुतः वर्षार्च्चि
लोहिताङ्ग, खोन्मुखः ऋणान्तकः इतिशब्दरत्नावली।
आर, क्रूरदृक्, आवनेय इति ज्योतिषतत्त्वम्।

मंगल ग्रह का नाम "लौहितांग," है, क्योंकि दूर से देखने वाले को लाल दिखता है। मंगल का नाम 'कुज' और 'भौम' भी है-भूमि पुत्र होने से 'कुज' और पृथ्वी से पृथक हो जाने के कारण 'भौम' नाम हुआ। चूंकि कुछ संघर्ष के अनन्तर पृथ्वी से पृथकत्व हुआ था, अतः मंगल लड़ाई झगड़े का 'कारकग्रह' माना गया है। मंगल को पृथ्वी का पुत्र कहा गया है। ग्रहों के कुटुम्ब में रवि पृथ्वी के पिता के स्थान में है और चन्द्र माता के स्थान में है। इसलिए मंगल में रवि और चन्द्र दोनों के गुणों का कुछ-कुछ मिश्रण पाया जाता है।

पुराणों में देवताओं का सेनापति शिव पुत्र कार्तिकेय माने जाते हैं क्योंकि इन्होंने तारकासुर का वध किया था-मंगल भी सेनापति है अतः इनके शिवपुत्र स्कन्द है-गुह, कार्तिकेय, स्कन्द और षडानन इनके देवता हैं जो मंगल के भी हैं।

मंगल का रथ

अष्टाश्वः कांचनः श्रीमान्भौमस्यापि रथो महान्।
पद्मरागारूणैरश्वैः संयुक्तो वह्निसम्भवैः॥

मंगल का अति शोभायमान सुवर्ण-निर्मित महान् रथ भी अग्नि से उत्पन्न हुए। पद्मराग-मणि के समान, अरुणवर्ण, आठ घोड़ों से युक्त है।

(श्रीविष्णुपुराण अ.12/श्लोक 18)

मंगल का वाहन-मंगल देवता का रथ सुवर्ण-निर्मित है। लाल रंग वाले घोड़े इस रथ में जुते रहते हैं। रथ पर अग्नि से उत्पन्न ध्वज लहराते हैं। इस रथ पर बैठकर मंगल देवता कभी सीधी, कभी वक्र गति से विचरण करते हैं। **(मत्स्य पु. 127/4-5)**

कहीं-कहीं इनका वाहन मेष (भेड़ा) बताया गया है **(श्रीतत्त्वनिधि)**।

मंगल देवता का ध्यान इस प्रकार करना चाहिए-

रक्तमाल्याम्बरधरः शक्तिशूलगदाधरः।
चतुर्भुजः रक्तरोमा वरद स्याद् धरासुतः॥

(मत्स्य पु. 94/3)

मंगल के देवता-मंगल के अधिदेवता स्कन्ध, प्रत्याधिदेवता पृथ्वी हैं। इसकी आकृति चतुष्कोणात्मक है। मंगल का गोत्र भारद्वाज है।

मंगल पूजन–मंगल ग्रह के पूजन की बड़ी महिमा है। भौमव्रत में ताम्रपत्र पर भौम-यंत्र लिखकर मंगल की सुवर्णमय प्रतिमा प्रतिष्ठित कर पूजा करने का विधान है (भविष्य पुराण)। जिस मंगलवार को स्वाति नक्षत्र मिले, उसमें भौमवार-व्रत करने का विधान है। मंगल देवता के नामों का पाठ करने से ऋण से मुक्ति मिलती है। (पद्म पुराण)। अंगारक-व्रत की विधि मत्स्य पुराण के बहत्तरवें अध्याय में लिखी गई है। मंगल अशुभ ग्रह माने जाते हैं। यदि ये वक्र गति से चले तो एक-एक राशि को तीन-तीन पक्ष में भोगते हुए बारह राशियों को पार करते हैं **(श्रीमद्भा. 5/22/14)**।

चतुर्भुज–मंगल के चार हाथ है। एक में शक्ति, दूसरे में वरद मुद्रा है। एक हाथ में गदा और चौथे हाथ में समय मुद्रा है। इसका कद नाटा है। यह युवा है, क्रूर है, वनचारी है। मंगल सुवर्णकारों का स्वामी है तथा कटुरस प्रिय है। मंगल ने लाल वस्त्र और रक्त पुष्प की लाल मालाएं धारण कर रखी है। मंगल के शरीर के रोम भी लाल हैं।

वर्ण–मंगल ग्रह का वर्ण लाल होता है और इनके रोम भी लाल हैं। (मत्स्य पु. 94/3)। मंगल शत्रुओं का विजेता, युद्ध प्रिय, ऋणकर्ता, ऋणहर्ता दोनों के रूप में प्रसिद्ध है। यह रक्त का प्रतीक होने से लाल रंग का है। वैद्यनाथ ने इसे ''सरंक्त: गौर: कुज:'' से लाल और सफेद के मिश्रण का रंग बताया है। वराह मिहिर ने इसे किंशुक के फूलों जैसा लाल बताया है। तपे हुए तांबे के समान इसकी कांति दर्शायी है। विदेशी विद्वानों ने इसे अग्नि ज्वाला सम वर्ण बताया है।

बलवत्ता–मंगल मध्याह्न काल में बली रहता है। यह मेष और वृश्चिक राशियों का स्वामी है। मेष इसकी मूल त्रिकोण राशि है। मकर में यह उच्च का होता और कर्क में नीच का बनता है। नवांश व द्रेष्काण में स्वगृही होकर बली होता है। मीन, वृश्चिक, कुंभ, मकर, मेष राशि के प्रारम्भ में बली होता है। मीन और कर्क में सुखप्रद होता है। **रुचकयोग**-केन्द्र में स्वगृही व उच्च राशि में स्थित मंगल में 'रुचकयोग' बनता है जो पंच महापुरुष योगों में से उत्तम योग है। ऐसा व्यक्ति राजा के समान पराक्रमी, साहसी एवं ऐश्वर्यशाली होता है। नैसर्गिक कुण्डली में लग्नेश और अष्टमेश बनकर जन्म व मृत्यु पर यह अधिकार रखता है। यह रात्रिबली, कृष्ण पक्ष में बली व दक्षिण दिशा में बली होता है। अपनी होरा अपने माह, पर्व और काल में बली होता है। ग्रीष्म ऋतु तथा चतुर्थ स्थान में इसका बल कमजोर रहता है। दशम स्थान में यह दिग्बली होता है। षष्ठ में हर्षबली होता है। यह तीसरे व षष्ठ भाव का कारक है, वहां भाव का नाश करता है। वह पुरुष ग्रह है, अत: स्त्री राशियों में ज्यादा सुखदायी रहता है। वक्री होने पर शुभ फल प्रदान करता है।

कार्य और धंधे–मंगल में शारीरिक कार्य का सामर्थ्य होता है। इसका प्रधान गुण है दूसरों के लिए खुद को भी कष्ट में डालना। थोड़े से इशारे से ये बात को

फौरन समझ जाता है। तर्क की प्रबल शक्ति का विकास इनमें होता है-इसलिए राजनेता, वकील, बिजली के कार्य, वैज्ञानिक, मिस्त्री, व्यापारी, मशीनरी के कार्य, इंजीनियर, भूस्वामी, जागीरदार, सुनार, दर्जी, लुहार, चमार, रसोईया, औषधि विक्रेता, चोर, डकैत, स्मगलर, नायक, सेनापति, सिपाही आदि के धंधों में मंगल की प्रधानता पाई जाती है।

धातु–सोना व तांबा है। रत्ना मूंगा (प्रवाल) है। 5 से 9 रत्ती तक का मूंगा पहनने से यह फलता है।

दृष्टि–इसकी उर्ध्व दृष्टि है। 4, 7, 8वीं सम्पूर्ण दृष्टियां हैं, 3, 10 एकपाद, 5, 9 द्विपाद दृष्टियां हैं।

यह दशम भाव पर पूर्ण दृष्टि का प्रभाव रखता है। केवल अपने घर को देखकर बुरा प्रभाव नहीं करता है, पर इसकी सप्तम दृष्टि प्राय: शत्रुता रखती है।

मित्रादि–मंगल के मित्र ग्रहों में सूर्य, बृहस्पति, चन्द्र हैं। बुध और राहु शत्रु है। शुक्र, शनि सम होते हैं। राहु की शत्रुता समता भाव पर निर्धारित है।

स्वरूप–जिन व्यक्तियों की मेष या वृश्चिक राशि होती है; या जिनके लग्न उपरोक्त होते हैं। वे प्राय: बिना सोचे समझे सामने वाले व्यक्ति से टकरा जाते हैं। वे बहुत उतावले व त्वरित परिणाम चाहने वाले होते हैं। ये लोग तेजस्वी व दबंग होते हैं तुरन्त निर्णय लेने में सक्षम होते हैं। अपनी प्रतिभा से ऊंचे उठते हैं। क्रोधी व साहसी होते हैं।

उनका चेहरा ललाई लिए हुए कुछ गोरे रंग का या गेहुंआ होगा। मध्यम औसत कद, गर्दन लम्बी, बाल कुछ घुंघराले, नेत्रों में तीखापन, चेहरा कुछ लम्बा, आंखें गोल, दांत सुंदर, जातक के चेहरे के किसी भाग में चोट या मस्सा या लहसुन का निशान होगा, घुटने कमजोर होंगे। ललाट चौड़ा व बालों में हल्का घुंघरालापन रहेगा। इनका व्यक्तित्त्व प्रभावशाली एवं व्यक्ति स्वतंत्र विचार वाला होगा।

मंगल का वैदिक स्वरूप

चारों वेदों में मंगल या भौम से संबंधित कोई सूक्त नहीं मिलता। 'पृथ्वीसूक्त' एवं पृथ्वी के बारे में रहस्यमय जानकारियों से परिपूर्ण अनेक मंत्र ऋग्वेद में है परंतु इनके साथ मंगल ग्रह का कोई तारतम्य नहीं बैठता। वेदों में मंगल ग्रह की आराधना-पूजा व प्रतिष्ठा हेतु एक मंत्र सर्वाधिक प्रचलित है।

मंगल का वैदिक मंत्र

अग्निर्मूर्धा दिव: ककुत्पति: पृथिव्यांऽअयम्।

अपाᳬंरेताᳬंसिजिन्वति॥

ॐ भौमाय नमः

-यजुर्वेद अ.3/मं. 12

जिसका शब्दिक अर्थ इस प्रकार है-'यह अग्नि द्युलोक के शिर के समान महान है और समस्त पृथ्वीलोक इस अग्नि के तेज से महान है। यही अग्नि जनों में सार (तेज) रूप से (दृष्टि उत्पादन निमित्त) विद्यमान है।''

सम्भवतः ऋषियों ने द्यौलोक (अन्तरिक्ष) में ऐसा ज्वलनशील पिण्ड देखा हो, जिसमें जल-जीव व सृष्टि की सम्भावना हो तथा पृथ्वी से जिसका गहरा सम्बन्ध हो और उसे मंगल या भूमिपुत्र 'भौम' कह दिया हो। इस मंत्र के शब्दार्थ में तो कही नहीं, परन्तु गूढ़ार्थ व समाधि भाषा में ऐसा भाव झलकता है। इस मंत्र के पीछे ॐ भौमाय नमः जोड़ दिया गया है। जिसका अर्थ है मंगल के ऐसे दिव्य रूप को नमस्कार है। कर्मकाण्ड (पूजा-पाठ) में अनादिकाल से मंगल के पूजन हेतु इसी मंत्र का प्रयोग होता है। मंगल के बारे में इससे अधिक जानकारी वेदों में नहीं है पर पौराणिक काल में मंगल का दिव्य रूप धीरे-धीरे स्पष्टतः मुखरित होता चला गया।

मंगल का खगोलीय स्वरूप

सौरमंडल में पृथ्वी के बाद मंगल ग्रह का चौथा स्थान है। मंगल सूर्य से 22,40,00,000 कि.मी. की दूरी पर स्थित है। इसका व्यास 6860 कि.मी. है। मंगल अपने परिभ्रमण मार्ग पर 689 दिन में सूर्य की एक परिक्रमा पूरी करता है। मंगल की भ्रमण गति 45 दिन में 20 अंश या डेढ़ दिन में एक अंश है। इसका बृहस्पतित्व हमारी पृथ्वी के बृहस्पतित्व के दसवें भाग के बराबर है। जिस प्रकार हमारी पृथ्वी के इर्द-गिर्द चन्द्रमा घूमता है उसी प्रकार मंगल के चारों और दो चन्द्रमा घूमते हैं। मंगल जब पृथ्वी के निकटतम होता है तब पृथ्वी से उसकी दूरी 9.8 करोड़ कि.मी. की होती है। उस समय यह लालमणि के समान चमकता हुआ दिखलाई देता है तथा उसका अध्ययन भी सुगम रहता है।

मंगल ग्रह अस्त होने से 120 दिन बाद फिर उदय होता है। उदय के 300 दिन बाद वक्री होता है। वक्री के 60 दिन बाद मार्गी तथा मार्गी के 300 दिन बाद पुनः अस्त होता है। मंगल को अंगारक रुधिर, आग्नेय, त्रिनेत्र, भौम, भूमिसुत, कुज आदि नाम दिए गए हैं।

मंगल की गति–मंगल अपनी धुरी पर 24 घण्टा 37 मिनट और 22 सेकेण्ड में एक चक्कर पूरा करता है। यह 686 दिन 17 घण्टा 20 मिनट और 41 सेकण्ड

में सूर्य की एक परिक्रमा पूरी कर लेता है। इसका चाल 15 मील प्रति सेकेण्ड और 54,000 मील प्रति घण्टा है। स्थूल मत से मंगल की चाल 18 माह मानी गई है। फलतः यह 45 दिन में एक राशि और डेढ़ दिन में एक अंश को पार कर जाता है। यह एक नक्षत्र पर 20 दिन और एक पाद पर 5 दिन रहता है।

जब यह वक्री होता है तो उस राशि को 127 दिन में और उससे अगले राशि को 15 दिन में पूरी करता है। यह जिस राशि पर मार्गी होता है उस पर 45 दिन रहता है। जब यह सूर्य से 135 डिग्री अंश की दूरी पर जाता है तो वक्री हो जाता है। उस समय इसकी चाल 65 दिन में 12 डिग्री अंश तक की हो जाती है। यह सूर्य से 17 डिग्री अंश की दूरी पर अस्त हो जाता है अस्त होने पर 120 दिन बाद फिर उदय होता है। उदय के 300 दिन बाद वक्री हो जाता है तथा वक्री के 60 दिन बाद यह मार्गी हो जाता है। जब इसकी गति 46/11 होती है तो यह शीघ्रगामी (अतिचारी) हो जाता है।

मंगलीक दोष कारण और निवारण

जब भी जीवन साथी के चुनाव हेतु ग्रहमेलापक, कुण्डली मिलान, गुण मिलान की चर्चा होगी; तब मंगल दोष, पर कोई व्यवस्थित, पारिभाषिक अनुक्रमणिका अथवा कोई पुस्तक हमें नहीं मिलती। अनेक प्रकीर्ण श्लोकों एवं जनश्रुतियों के माध्यम से मंगलीक दोष का हौवा इतना फैल गया है कि मंगल के मिलान पर महत्वपूर्ण निर्णय अटक कर रह जाते हैं।

जिस श्लोक के आधार पर जहां कोई कुण्डली मंगलीक बनती है वहीं उस श्लोक के परिहार (काट) के अनेक प्रमाण हैं। ज्योतिष और व्याकरण का सिद्धांत है कि पूर्ववर्ती कारिका से परवर्ती कारिका बलवान होती है। मांगलीक दोष के प्रसंग में पूर्ववती कारिका तो सबको याद है परन्तु परवर्ती कारिकाएं उपेक्षित हैं। ज्योतिषी वर्ग या तो उन्हें देखता ही नहीं? या फिर जानता नहीं? फलतः अमंगली जन्म कुण्डलियां भी मंगलीक घोषित कर दी जाती हैं। कई सज्जन मंगलीक लड़का मिलेगा या नहीं? इस भय से अपनी बच्ची की असली जन्म कुण्डली छिपा देते हैं। या फिर किसी परिचित ज्योतिषी से बिना मंगल वाली नई कुण्डली बनवा लेते हैं। पर ऐसा करने से ग्रहों का प्रभाव तो नहीं बदलेगा। अब समय आ गया है कि किसी प्रबुद्ध ज्योतिषी को ही आगे आकर मंगल के संबंध में फैली भ्रान्त धारणाओं को दूर करना होगा तथा मंगल दोष परिहार के सभी वचनों को संकलित कर उद्धृत करना होगा।

दाम्पत्य जीवन को सुखमय व समृद्धिमय बनाने की लोककामना, मंगलीक दोष से उत्पन्न, मरण, वैधव्य, संतानहीनता, कलह, रोग भय से संत्रस्त रहती है।

आज के युग में जबकि विज्ञान की समृद्धि हुई तब पराविज्ञान की पराकाष्ठा का ह्रास हो गया है। जन्माक्षर तो क्वचित् ही लोगों के होते हैं और फिर दहेज प्रथा के दारुण भय से संत्रस्त मध्यमवर्गीय एवं धनी परिवार भी येन-केन-प्रकारेण कन्या परिणय पर उतारु होते हैं।

विवाह के कुछ काल पश्चात् मानसिक तनाव, तलाक, गृह कलह, आत्मदाह, सन्तान का न होना और कई तरह से दाम्पत्य जीवन में बाधक घटनाएं जब बढ़ती हैं तो विचार होता है कि हमारे ऋषियों ने इसके बारे में पहले ही सोचकर निदान किया था। आइये अब हम मंगलीक दोष के कारण और निवारण पर विस्तार से विचार करें।

मंगलीक कुण्डली किसे कहते हैं। चुनरी मंगल और मौलियां मंगल क्या होता है?

सर्वार्थ चिन्तामणि, चमत्कार चिन्तामणि, देवकेरलम्, अगस्त्य संहिता, भावदीपिका जैसे अनेक ज्योतिष ग्रन्थों में मंगल के बारे में एक प्रशस्त श्लोक मिलता है-

लग्ने व्यये च पाताले, जामित्रे चाष्टमे कुजे।
भार्याभर्तृविनाशाय, भर्तुश्च स्त्रीविनाशनम्॥

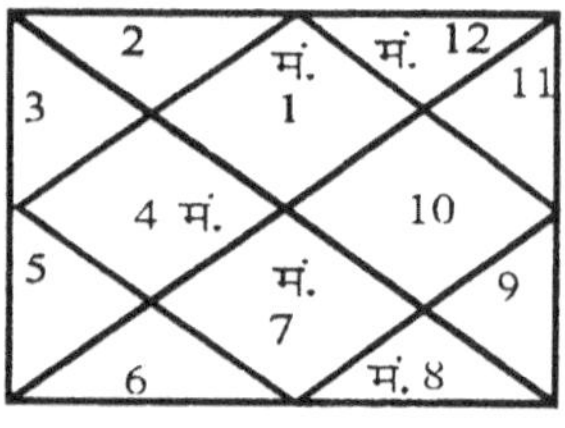

अर्थात् जन्म कुण्डली के लग्न स्थान से 1/4/7/8/12वें स्थान में मंगल हो तो ऐसी कुण्डली मंगलीक कहलाती है। पुरुष जातक की कुण्डली में यह स्थिति हो तो वह कुण्डली 'मौलिया मंगल' वाली कुण्डली कहलाती है तथा स्त्री जातक की कुण्डली में उपरोक्त ग्रह-स्थिति को 'चुनरी मंगल' वाली कुण्डली कहते हैं। इस श्लोक के अनुसार जिस पुरुष की कुण्डली में 'मौलिया मंगल' हो उसे 'चुनरी मंगल' वाली स्त्री के साथ विवाह करना चाहिए अन्यथा पति या पत्नी दोनों में से एक की मृत्यु हो जाती है। यह श्लोक कुछ अतिशयोक्तिपूर्ण लगता है परन्तु कई बार इसकी अकाट्य सत्यता नव दम्पत्ति के वैवाहिक जीवन पर अमिट बदनुमा दाग लगाकर छोड़ जाती है। उस समय हमारे पास पश्चाताप के सिवा हमारे पास कुछ नहीं रहता। ज्योतिष सूचनाओं व सम्भावनाओं का शास्त्र है। इसका सही समय पर जो उपयोग कर लेता है वह धन्य हो जाता है और सोचता है वह सोचता ही रह जाता है, उस समय सिवाय पछतावे के कुछ शेष नहीं रहता।

क्या चन्द्रमा से भी मंगल देखना चाहिए?

बहुत जगह यह प्रश्न (विवाद) उठ खड़ा होता है कि क्या लग्न कुण्डली की तरह 'चन्द्र कुण्डली' से भी मंगल का विचार करना चाहिए। क्योंकि उपरोक्त प्रसिद्ध श्लोक में लग्ने शब्द दिया हुआ है यहां चन्द्रमा का उल्लेख नहीं है। इस शंका के समाधान हेतु हमें परवर्ती दो सूत्र मिलते हैं।

लग्नेन्दुभ्यां विचारणीयम्।

अर्थात् जन्म लग्न से एवं जन्म के चन्द्रमा दोनों से मंगल की स्थिति पर विचार करना चाहिए और भी कहा है-यदि जन्म चक्र एवं जन्म समय का ज्ञान न भी हो तो नाम राशि से जन्म तारीख के ग्रहों को स्थापित करके अर्थात् चन्द्र कुण्डली बनाकर मंगल की स्थिति पर विचार किया जा सकता है। इस बारे में स्पष्ट वचन मिलता है।

अज्ञातजन्मनां नृणां, नामभे परिकल्पना।
तेनैव चिन्तयेत्सर्वं, राशिकूटादि जन्मवत्।।

परन्तु यदि एक जातक का जन्म चक्र मौजूद हो और दूसरे का न हो तो दोनों की परिकल्पना भी नाम राशि से ही करनी चाहिए। एक का जन्म से, दूसरे का नाम से मिलान नहीं करना चाहिए। **जन्मभं जन्मधिषण्येन, नामधिषण्येन नामभम्, व्यत्ययेन यदायोज्यं, दम्पत्योनिर्धनं ध्रुवम्।** अतः आज के युग में तात्कालिक समय में भी मंगलीक दोष की गणना संभव है अस्तु।

भौम पंचक दोष किसे कहते हैं? क्या शनि, राहु व अन्य क्रूर ग्रहों के कारण कुण्डली मंगलीक कहलाती है?

चन्द्राद् व्ययाष्टमे मदसुखे राहुः कुजार्की तथा।
कन्याचेद् वरनाशकृत वरवधूहानिः ध्रुवं जायते।।

मंगल, शनि, राहु, केतु, सूर्य ये पांच क्रूर होते हैं अतः उपरोक्त स्थानों में इनकी स्थिति व सप्तमेश की 6/8/12 वें घर में स्थिति भी मंगलीक दोष को उत्पन्न करती है। यह **भौम पंचक दोष** कहलाता है।

द्वितीय भाव भी उपरोक्त ग्रहों से दूषित हो तो भी उसके दोष शमनादि पर विचार अभीष्ट है।

विवाहार्थ द्रष्टव्य भावों में दूसरा, 12वां भाव का विशेष स्थान है। दूसरा कुटुम्ब वृद्धि से सम्बन्धित है, 12वां भाव शय्या सुख से। चतुर्थ भाव में मंगल, घर का सुख नष्ट करता है। सप्तम भाव जीवनसाथी का स्थान है, वहां पत्नी व पति

के सुख को नष्ट करता है। लग्न भाव शारीरिक सुख है अतः अस्वस्थता भी दाम्पत्य सुख में बाधक है। अष्टम भाव गुदा व लिंग योनि का है अतः वहां रोगोत्पति की संभावना है।

1. लग्न में मंगल अपनी दृष्टि से 1,4,7,8 भावों को प्रभावित करेगा। यदि दुष्ट है तो शरीर व गुप्तांग को बिगाड़ेगा। रति सुख में कमी करेगा। दाम्पत्य सुख बिगाड़ेगा।
2. इसी तरह सप्तमस्थ मंगल, पति, पिता, शरीर और कुटुम्ब सौख्य को प्रभावित करेगा। सप्तम में मंगल पत्नी के सुख को नष्ट करता है जब गृहणी (घर वाली) ही न रहे तो घर कैसा?
3. चतुर्थस्थ मंगल-सौख्य पति, पिता और लाभ को प्रभावित करेगा। चतुर्थ में मंगल घर का सुख नष्ट करता है।
4. लिंगमूल से गुदावधि अष्टम भाव होता है। अष्टमस्थ मंगल-इन्द्रिय सुख, लाभ, आयु को व भाई बहनों को गलत ढ़ंग से प्रभावित करेगा।
5. द्वादश भाव शयन सुख कहलाता है। शय्या का परमसुख कान्ता हैं। बारहवें मंगल शयन सुख की हानि करता है। धनस्थ मंगल-कुटुम्ब संतान, इन्द्रिय सुख, आवक व भाग्य को, एकमत से पिता को प्रभावित करेगा।

अतः इन स्थानों में मंगल की एवं अन्य क्रूर ग्रहों की स्थिति नेष्ट मानी गई है। खासकर अष्टमस्थग्रहों नूनं न स्त्रियां शोभना मतः (स्त्री जातक) अतः अष्टम और सप्तमस्थ मंगल का दोष तो बहुत प्रभावी है।

स्त्रियों की कामवासना का मंगल से विशेष संबंध है। यह रज है। मासिक धर्म की गड़बड़ियां प्रायः इसी से दूषित होती है। पुरुष की कामवासना का संबंध शुक्र (वीर्य) से है। मंगल रक्तवर्णीय है और शुक्र श्वेतवर्णीय है। इन दोनों के शुभ होने व समागम से ही संतान पुष्ट और वीर्यवान् होती है। अगर कुण्डली में किसी भी दृष्टि से मंगल व शुक्र का संबंध न हो तो संतानोत्पति दुष्कर है। विवाह का एक मुख्य लक्ष्य संतानोत्पति भी है। (ऋतु बराबर मंगल, रेतस् बराबर शुक्र) संतान के बिना स्त्री-पुरुष दोनों ही अपूर्ण व अधूरे रहते हैं।

ऋतु रेतो न पश्येत, रेतं न ऋतु स्तथा।
अप्रसूतो भवेज्जातः परिणीता बहुस्त्रियां॥

मंगल मकर में उच्च का होता है और शुक्र मीन में। संस्कृत में कामदेव का मकरध्वज नाम से संबोधित किया जाता है, और उसको मीन केतु भी कहा है जिसकी ध्वजा में मीन है। मीन व मकर दोनों जल के प्राणी हैं। कामदेव को भी जल तत्त्व प्रधान माना गया है। बसन्त पंचमी को प्रायः शुक्र जब अपनी मीन राशि

में आता है तब इसका जन्म माना जाता है। फूलों में पराग का जन्म ही रजोदर्शन है। रजोदर्शन ही बसंत है जो कि जवानी का प्रतीक माना गया है। कामदेव के पांच बाण हैं शब्द, स्पर्श, रूप, रस और गन्ध। इन सबमें उस समय कन्या के कौमार्य की छटा निखरकर, बासन्ती बन जाती है जब कामोपभोग योग्य बनती है। मंगल रक्त विकास और रक्त की वृद्धि दोनों में सहायक है जैसी इसकी स्थिति हो। सप्तम भवनपति के कारण पत्नी, कामदेव व रतिक्रीड़ा आदि का विचार अत्यन्त होता है।

क्या द्वितीयस्थ मंगल को भी मंगल दोष में माना जाएगा?

जन्म कुण्डली में द्वितीय भाव दक्षिण नेत्र, धन, वाणी, वाक् चातुर्य एवं मारक स्थान का माना गया है। द्वितीय भावस्थ मंगल वाणी में दोष, कुटुम्ब में कलह कराता है। द्वितीय भाव में स्थिति मंगल की पूर्ण दृष्टि पंचम, अष्टम एवं नवम में भाव पर होती है। फलतः ऐसा मंगल सन्तति, स्वास्थ्य (आयु) एवं भाग्य में रुकावट डालता है। कहा भी है।

भवेत्तस्य किं विद्यमाने कुटुम्बे,
धने वा कुजे तस्य लब्धे धने किम्।
यथा त्रोटयेत् मर्कटः कण्ठहार
पुनः सम्मुखं को भवेद्वादभग्नः॥

द्वितीय भाव में मंगल वाला कुटुम्बी क्या काम का? क्योंकि उसके पास धन-वैभव होते हुए भी वह (जातक) अपने स्वयं का या कुटुम्ब का भला ठीक उसी तरह से नहीं कर सकता, जिस तरह से बन्दर अपने गले में पड़ी हुई बहुमूल्य मणियों के हार का सुख व उपयोग नहीं पहचान पाता? बन्दर तो उस मणिमाला को साधारण-सूत्र समझकर तोड़कर फेंक देगा। किसी को देगा भी नहीं। द्वितीय मंगल वाला व्यक्ति ठीक इसी प्रकार से प्रारब्ध से प्राप्त धन को नष्ट कर देता है तथा कुटुम्बीजनों से व्यर्थ का झगड़ा करता रहता है। द्वितीय भावस्थ मंगल जीवन साथी के स्वास्थ्य को अव्यवस्थित करता है तथा परिजनों में विवाद उत्पन्न करता है। अतः द्वितीयस्थ मंगल वाले व्यक्ति से सावधानी अनिवार्य है। परन्तु मंगल दोष मेलापक में द्वितीयस्थ मंगल को स्थान नहीं दिया गया है, यह बात प्रबुद्ध पाठकों को भली-भांति जान लेनी चाहिए।

डबल व त्रिबल मंगली दोष क्या होता है? कैसे होता है?

प्रायः ज्योतिषी लोग कहते हैं कि यह कुण्डली तो डबल मंगलीक, त्रिबल मंगलीक है। मंगल डबल कैसे हो जाता है? यह कौन सी विधि (गणित) है? इसका समाधान इस प्रकार है।

1. जब किसी कुण्डली के 1/4/7/8 या 12वें भाव में मंगल हो तो वह कुण्डली मंगलीक कहलाती है। इसे हम (सिंगल) मंगलीक कह सकते हैं।
2. इन्हीं भावों में यदि मंगल अपनी नीच राशि में होकर बैठा हो तो मंगल द्विगुणित प्रभाव डालेगा तो ऐसे में वह कुण्डली डबल (द्विगुणित) मंगलीक कहलाएगी।
3. अथवा 1/4/7/8/12वें भावों में शनि, राहु, केतु या सूर्य इनमें से कोई ग्रह हो तथा मंगल हो तो ऐसे में भी यह कुण्डली डबल (द्विगुणित) मंगलीक कहलाएगी।
4. मंगल नीच का 1/4/7/8/12 भावों में हो, साथ में यदि राहु, शनि, केतु या सूर्य हो तो ऐसे में यह कुण्डली त्रिबल (ट्रिबल) मंगलीक कहलाएगी क्योंकि मंगल दोष इस कुण्डली में तीन गुणा बढ़ जाता है।
5. इस प्रकार से एक कुण्डली अधिकतम पंचगुणित मंगल दोष वाली हो सकती है। तो इसमें कोई आश्चर्य नहीं करना चाहिए। अब कुछ उदाहरण देंखे।

त्रिबल मंगलीक (वैधव्य योग)

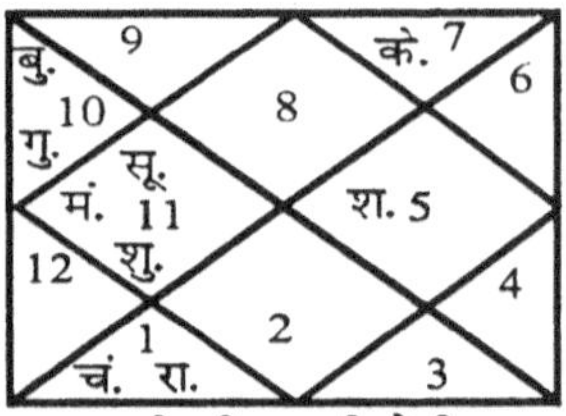

श्रीमती गायत्री देवी

जन्म-6.3.1941, समय 12.30 रात्रि

स्थान-जोधपुर (राज.)

प्रस्तुत कुण्डली मध्यम परिवार में जन्मी एक महिला की है। सूर्य, मंगल चतुर्थ में एवं केतु बारहवें भाव में होने से यह कुण्डली त्रिबल मंगल वाली है।

विवाह काल में मिलान की ओर ज्यादा ध्यान नहीं दिया गया फलतः जातक का दाम्पत्य जीवन घोर कलहपूर्ण रहा। सन् 1971 चन्द्रमा की दशा में, ठीक तीस वर्ष की आयु में ही इसके पति गुजर गए और यह महिला वैधव्य जीवन भोग रही है। त्रिबल मंगलीक होने के कारण पुत्र वधू की अकाल मृत्यु हो गई।

डबल मंगलीक (वैधव्य योग)

यह कुण्डली श्रीमती इन्दिरा गांधी के पुत्रवधू की है। मंगल चौथे स्थान में द्वितीय भाव में सूर्य एवं शनि होने से यह डबल मंगलीक कुण्डली है। राहु की महादशा में ठीक 29 की आयु 22.6.80 को इनके पति की मृत्यु एक हवाई दुर्घटना में हुई।

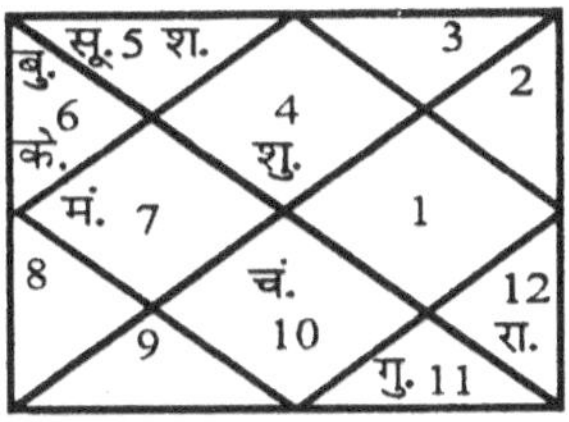

श्रीमती मेनका गांधी जन्म-26.8.1950, समय 4.10 प्रातः, स्थान-दिल्ली

कुग्रहों का प्रभाव छोटा-बड़ा, गरीब-अमीर सभी लोगों पर बराबर पड़ता है इसका यह प्रत्यक्ष प्रमाण है।

त्रिबल मंगलीक (तलाक योग)

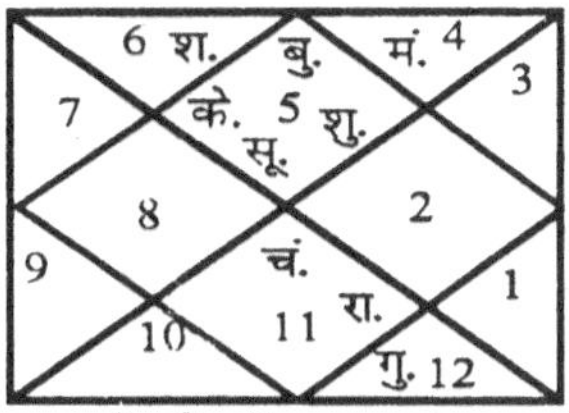

श्रीमती डॉ. कुसुम मंगल

प्रस्तुत कुण्डली एक सम्भ्रान्त विदुषी महिला की है। मंगल नीच राशि का द्वादश स्थान में होने से डबल तथा राहु सप्तम में होने से त्रिबल सूर्य, लग्न में होने से चौबल, (चतुर्गुणित) मंगलीक कुण्डली है। पहला प्रभाव विलम्ब विवाह 32 वर्ष की आयु 14.4.1983 को हुआ। पति पढ़ा-लिखा डॉक्टर होने के बावजूद, दाम्पत्य कलह के कारण 21.7.1992 को दोनों का आपस में तलाक हो गया।

त्रिबल मंगलीक (कलहपूर्ण दाम्पत्य जीवन)

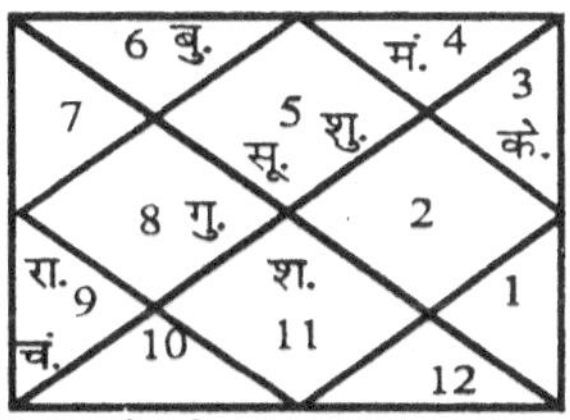

श्रीमती दाऊलाल गुप्ता
जन्म-24.8.1934,
समय-प्रातः 6.30
स्थान-जोधपुर (राज.)

प्रस्तुत जन्म कुण्डली साधारण परिवार में जन्मे संघर्षशील व्यक्ति की कुण्डली। विवाह जीवन के 40 बसन्त बीत जाने के बाद हुआ। सप्तम में शनि एवं द्वादश में नीच का मंगल, लग्न में सूर्य त्रिबल मंगलीक होने के कारण पत्नी लड़ाकू मिली। शनि जिद्दी ग्रह है, मंगल भी सप्तम भाव को पूर्ण दृष्टि से देख रहा है। फलतः।पत्नी जिद्दी एवं एक नम्बर की लड़ाकू, पति पर हाथ उठाने वाली मिली। 1975 में शादी हुई। 1977 में कोर्ट-केस बना। जातक को पांच माह जेल में रहना पड़ा। पत्नी अलग रहती है। तलाक नहीं हुई पर फिर भी लड़ने-झगड़ने की आदत रही। इस कुण्डली वाले जातक के अभी तक कोई संतान नहीं है।

मंगलीक दोष निवारण के कुछ बहुमूल्य सूत्र

उपरोक्त सभी सूत्रों को जब हम प्रत्येक कुण्डली पर घटित करेंगे तो 80 प्रतिशत जन्म कुण्डलीयां मंगल दोष वाली ही दिखलाई पड़ेंगी। इससे घबराने की कोई आवश्यकता नहीं क्योंकि परवर्ती कारिकाओं में मंगल दोष परिहार के इतने प्रमाण मिलते हैं कि इनमें से आधी से ऊपर कुण्डलीयां तो स्वत: ही परिहार वचनों से मंगल होते हुए भी मंगल दोष-रहित हो जाती हैं अर्थात् यदि पुरुष की कुण्डली में 1,4,7,8,12 भावों में शनि, राहु या सूर्य हो तो मंगल का मिलान हो जाता है। इसमें कुछ भी परेशानी नहीं है। सारी समस्याएं स्वत: ही समाप्त हो जाती है। उनमें से कुछ सूत्र इस प्रकार हैं-

अजे लग्ने, व्यये चापे, पाताले वृश्चिकके स्थिते।
वृषे जाये, घटे रन्ध्रे, भौमदोषो न विद्यते।।1।।

मेष का मंगल लग्न में, धनु का द्वादश भाव में, वृश्चिक का चौथे भाव में, वृषभ का सप्तम में, कुम्भ का आठवें भाव में हो तो भौम दोष नहीं रहता।।1।।

नीचस्थो रिपुराशिस्थः खेटो भावविनाशकः।
मूलस्वतुंगामित्रस्था भाववृद्धि करोत्यलम्।।

-जातक पारिजात

अत: स्व (1,8) मूल त्रिकोण, उच्च (10) मित्रस्थ (5,9,12) राशि अर्थात् सूर्य, गुरु और चन्द्रक्षेत्री हो तो भौम का दोष नहीं रहता ।।2।।

अर्केन्दुक्षेत्रजातानां, कुजदोषो न विद्यते।
स्वोच्चमित्रभजातानां तद् दोषो न भवेत् किल।।3।।

सिंह लग्न और कर्क लग्न में भी लग्नस्थ मंगल का दोष नहीं है।।3।।

शनिः भौमोऽथवा कश्चित्, पापो वा तादृशो भवेत्।
तेष्वेव भवनेष्वेव, भौमदोषविनाशकृत्।।4।।

शनि, मंगल अथवा कोई भी पाप ग्रह राहु, सूर्य, केतु अगर 1,4,7,8,12वें भवन में कन्या जातक के हों और उन्हीं भावों में वर के भी हों तो भौम दोष नष्ट होता है। मंगल के स्थान पर दूसरी कुण्डली में शनि या पांच ग्रहों में से एक भी हो, तो उस दोष को काटता है।।4।।

यामित्रे च यदा सौरि:लग्ने वा हिबुकेऽथवा।
अष्टमे द्वादशे वापि भौमदोषविनाशकृत्।।5।।

शनि यदि 1, 4, 7, 9, 12वें भाव में एक की कुण्डली में हो और दूसरे की कुण्डली में इन्हीं स्थानों में से एक किसी स्थान में मंगल हो तो भौम दोष नष्ट हो जाता है।।5।।

केन्द्रे कोणे शुभोदये च, त्रिषडायेऽपि असद् ग्रहाः।
तदा भौमस्य दोषो न, मदने मदपस्तथा॥6॥

3, 6, 11वें भावों में अशुभ ग्रह हों और केन्द्र 1, 4, 7, 10 व कोण 9, 5 में शुभ ग्रह हो तथा सप्तमेश सातवें हो तो मंगल का दोष नहीं रहता॥6॥

सबले गुरौ भृगौ वा लग्नेऽपिवा अथवा भौमे।
वक्रिणि नीचगृहे वाऽर्कस्थेऽपि वा न कुजदोषः॥7॥

गुरु व शनि बलवान हो, फिर भले ही 1,4,7,10 व कोण 9,5 में शुभ ग्रह हो तथा सप्तमेश सातवें हो तो मंगल का दोष नहीं होता॥7॥

वाचस्पतौ नवमपंचकेन्द्रसंस्थे,
जातांगना भवति पूर्णविभूतियुक्ता।
साध्वी, सुपुत्रजननी सुखिनी गुणढ्याः,
सप्ताष्टके यदि भवेदशुभ ग्रहोऽपि॥8॥

कन्या की कुण्डली में गुरु यदि 1, 4, 5, 7, 9, 10 भावों में मंगल हो, चाहे वक्री हो, चाहे नीच हो या सूर्य की राशि में स्थित हो, मंगलीक दोष नहीं लगता, अपितु उसके सुख-सौभाग्य को बढ़ाने वाला होता है॥8॥

त्रिषट् एकादशे राहुः, त्रिषडेकादशे शनिः।
त्रिषडकादेश भौमः सर्वदोषविनाशकृत्॥9॥

3, 6, 11वें भावों में राहु, मंगल या शनि में से कोई ग्रह दूसरी कुण्डली में हो तो भौम दोष नष्ट हो जाता है॥9॥

चन्द्र, गुरु या बुध से मंगल युति कर रहा हो तो भौम दोष नहीं रहता परन्तु इसमें चन्द्र व शुक्र का बल जरूर देखना चाहिए॥10॥

द्वितीय भौमदोषस्तु कन्यामिथुनयोर्विना॥11॥

द्वितीय भाव में बुध राशि (मिथुन व कन्या) का मंगल दोषकृत नहीं है। ऐसा वृषभ व सिंह लग्न में ही संभव है॥11॥

चतुर्थे कुजदोषः स्याद्, तुलावृषभयोर्विना॥12॥

चतुर्थ भाव में शुक्र राशि (वृषभ-तुला) का मंगल दोषकृत नहीं है। ऐसा कर्क और कुंभ लग्न में होगा॥12॥

अष्टमो भौमदोषस्तु धनुमीनद्वयोर्विना॥13॥

अष्टम भाव में गुरु राशि (धनु-मीन) का मंगल दोषकृत नहीं है। ऐसा वृष लग्न और सिंह लग्न में होगा॥13।

व्यये तु कुजदोषः स्याद्, कन्यामिथुनयोर्विना॥14॥

बारहवें भाव में मंगल का दोष बुध, राशि (मिथुन, कन्या) में नहीं होगा। ऐसा कर्क लग्न और तुला लग्नों में होगा।।14।।

1, 4, 7, 8, 12 भावों में मंगल यदि चर राशि मेष, कर्क, मकर का हो तो कुछ दोष नहीं होता।15।

दंपत्योर्जन्मकाले, व्यय, धन हिबुके, सप्तमे लग्नरन्ध्रे,
लग्नाच्चंद्राच्च शुक्रादपि भवति यदा भूमिपुत्रो द्वयोर्वै।
दम्पत्योः पुत्रप्राप्तिर्भवति धनपतिर्दम्पति दीर्घकालम्,
जीवेतामत्रयोगे न भवति मूर्तिरिति प्राहुरत्रादिमुख्याः।।16।।

दम्पत्ति के 1,4,7,8,12वें स्थानों में मंगल जन्म से व शुक्र लग्न से हो दोनों के ऐसा होने पर वे दीर्घकाल तक जीवित रहकर पुत्र धनादि को प्राप्त करते हैं।।16।।

भौमेन सदृशो भौमः पापो वा तादृशो भवेत्।
विवाहः शुभदः प्रोक्ततिश्चरायुः पुत्रपौत्रदः।।17।।

मंगल के जैसा ही मंगल व वैसा ही पाप ग्रह (सूर्य, शनि, राहु) के दूसरी कुण्डली में हो तो विवाह करना शुभ है।17।

कुजोजीवसमायुक्तो, युक्तौ वा कुजचन्द्रमा।
चन्द्रे केन्द्रगते वापि, तस्य दोषो न मंगली।।18।।

गुरु और मंगल की युति हो या मंगल चन्द्र की युति हो या चन्द्र केन्द्रगत हो तो मंगलीक दोष नहीं होता।।18।।

न मंगली यस्य भृगुद्वितीये, न मंगली पश्यन्ति च जीवः।।19।।

शुक्र दूसरे घर में हो, या गुरु की दृष्टि मंगल पर हो गुरु मंगल के साथ हो, या मंगल राहु से युति हो या केन्द्रगत हो तो मंगली दोष नहीं होता।।19।।

सप्तमस्थो यदा भौमो, गुरुणा च निरीक्षितः।
तदातु सवैसौख्यम् च, मंगलीदोषनाशकृत्।।20।।

सातवें भवन में यदि गुरु से देखा जाए तो मंगलीक दोष नष्ट करके सर्व सुख देता है।।20।।

केतु का फल मंगलवत् होता है अतः अश्विनी, मघा मूल नक्षत्रों में मंगल हो तो भी मंगलीक दोष नहीं रहता है।

मिलान के सर्वशुद्ध नियम

1. कुण्डली मिलान की सही विधि बहुत कम लोगों को मालूम होता है। मिलान करते समय कभी भी जल्दबाजी से काम न लें, यह दो प्राणियों के

जीवन-मरण का प्रश्न है। मंगलीक कुण्डली का परस्पर मिलान करते वक्त ज्योतिर्विज्ञों को उपरोक्त श्लोकों का सार ध्यान में लाना चाहिए। परस्पर दोनों कुण्डलियों में उपरोक्त स्थितियों का मिलान हो तो ग्रह एक दूसरे से उत्पन्न दोषों को काट देते हैं। परन्तु मात्र शनि व मंगल से बनने वाले दोष प्रभावी रहते हैं। मिलान में भावों के चक्कर में आकर कभी भी अगर दोनों कुण्डलियों में सातवें में मंगल स्थित हो तो मिलान शुद्ध न माने, ऐसी अवस्था में दोनों के गुप्तांग दूषित हो तो जीवन कष्टपूर्ण रहेगा।

2. यदि एक के मंगल 7वें में हो दूसरे के 8वें में हों तो भी मिलान न करें।
3. समान भाव में मंगल की स्थिति दोनों के जीवन में दोष वृद्धि करेगी।
4. सप्तमेश एवं शुक्र पर तथा सप्तमेश व गुरु पर पड़ने वाले कुप्रभाव हों तो भी मिलान न मानें इससे तलाक कलह प्रभावित रहेंगे।
5. शेष स्थितियों में मिलान श्रेयस्कर होगा।
6. मंगल व सप्तमेश किन नक्षत्रों की दशा में स्थित है उनका भी मिलान के वक्त ज्ञान कर लेना सूक्ष्मतः प्रभावी होगा। यदि कारक व शुभ ग्रह नक्षत्रों में स्थिति होगी तो मिलान सुन्दर अन्यथा मध्यम व अन्य योगों में कनिष्ठ रहेगा। अतः कुण्डली का मिलान करने वालों को ऐसे स्थाई मामलों में सुयोग्य ज्योतिषी की सलाह ही लेनी चाहिए व भावी जीवन में दम्पति का जीवन सुखमय हो यह परोपकार लक्ष्य में रख लेना चाहिए।
7. उचित तांत्रिक मांत्रिक प्रयोगों से उसका पालन भी यदि अभीष्ट हो तो स्पष्ट बता देना चाहिए। विवाह की स्थिति में तो हम विचार कर ही लेते हैं कि-

   वरस्य भास्करबलं, कन्यायाश्च गुरोर्बलम्।
   द्वयोश्चन्द्रबलं ग्राह्यं, विवाहो नान्यथा भवेत्॥

   अतः मंगलीक कन्या की गुरु की स्थिति मिलान के बाद भी निर्वल लगे तो उसे विवाह से पूर्व पुखराज रत्न सवा पांच रत्ती के वजन में धारण करा देना चाहिए। चाहे जिस लग्न की कुण्डली हो या न हो पुखराज रत्न को धारण करना हर युवती के लिए शुभ माना गया है। हां अगर वह स्वयं आत्मनिर्भर और; नौकरी करती हो तो कुण्डली की ग्रह स्थिति देखकर के रत्न पहनावें और उसमें भाग्येश व लग्नेश में से जो भी शुभ हो उसका योग करावें।
8. पुरुष की शुक्र की स्थिति स्पष्ट देखकर उसका पालन करने से मंगल के मिलान के बाद भी दम्पत्ति सुख पाएंगे, अन्यथा नहीं।
9. मंगल का मिलान स्पष्ट सुनिश्चित होने के बाद हमें अष्टकूट मिलान की ओर आगे बढ़ना चाहिए। आजकल पंचाग में बनी अष्टकूट टेबल को देखकर

फटाफट गुण बता दिए जाते हैं। वे निर्णय भी गलत होते हैं क्योंकि वे एकांकी होते हैं। अष्टकूट मिलान हेतु 1. वर्ण, 2. वैश्य, 3. तारा, 4. योनि, 5. ग्रहमंत्री, 6. गणमैत्री, 7. भकूट, 8. नाड़ी। सभी का अलग-अलग मिलान करना चाहिए।

10. यदि कुण्डली मिलान को सौ में से नम्बर दिए जाए तो पचास नम्बर मंगल को मिलेंगे। मंगल के मिलान होते ही कुण्डली 50 प्रतिशत मिल जाती है। बाकी अष्टकूट से प्राप्त होने वाले नम्बर भी जोड़ दें। मानों किसी जातक को अष्टकूट से 18 नम्बर मिले। मंगल मिल गयातो 50+18 = कुल मिलान 68 उत्कृष्टता को धारण किए हुए है। ऐसा स्पष्ट जानना चाहिए।

11. अष्टकूट मिलान आजकल कम्प्यूटर से होता है। वह उत्तम है। उसमें गलती बिल्कुल नहीं होती। परन्तु अंतिम निर्णय तो विद्वान् ज्योतिषाचार्य को ही करना होता है, वहीं श्रेष्ठ है क्योंकि कम्प्यूटर लगा है। रोज के पचासों मिलान होते हैं पर अंतिम रूप से सारांशत हम स्वयं व्यक्तिगत रुचि लेकर जो निर्णय देंगे, वहीं सही होगा। कम्प्यूटर मानव कार्यों का सर्वोतम सहायक है, पर सब कुछ नहीं।

मंगल दोष निवृत्ति के विविध उपाय

मानव जीवन बड़ी विषमताओं से भरा है। कई बार ऐसा होता है कि लड़का पसन्द है, लड़की मंगलीक है, पर मंगल का मिलान नहीं हो रहा है। अथवा लड़का-लड़की दोनों एक दूसरे को पसन्द कर लिया, मंगल मिलान एवं कुण्डलियों में उनका विश्वास नहीं है, ऐसे में माता-पिता, अभिभावक किसी अशुभ की आशंका से चिन्ताग्रस्त हो उठते हैं।

दक्षिण भारत में केले के तने के साथ विवाह करके उसे समुद्र में बहा देते इसकी पूरी विधि के लिए हमारे द्वारा लिखित **कालसर्प योग शांति एवं घट विवाह पर शोध कार्य** नामक पुस्तक अवश्य पढ़ें।

1. वर-कन्या दोनों मूंगा रत्नजड़ित मंगल-यंत्र धारण करें। यह यंत्र विवाह के पूर्व धारण करेंगे तो ससुराल अच्छा व शीघ्र मिलेगा। विवाह के बाद पहनने से दाम्पत्य जीवन सुखी रहेगा। हमारा अनुभव है कि मूंगे की अंगूठी की जगह मंगल-यंत्र ही पहनना ज्यादा श्रेष्ठ रहता है। एक तो यह नाभि से ऊपर रहने के कारण पवित्र रहता है। दूसरा इसमें यंत्र-मंत्र-तंत्र तीनों की शक्ति (त्रिगुणित) ताकत होती है।

2. कन्या मंगला गौरी का व्रत उद्यापन करे अथवा

3. वट सावित्री का व्रत करे।
4. मंगल ग्रह के दस हजार जप एवं उसकी हवनात्मक शान्ति करें, ग्रह-शान्ति का प्रयोग करावें।
5. पार्वती मंगल स्तोत्र का नित्य पाठ करें।
6. गलती से विवाह हो जाए एवं बाद में ग्रह उसकी स्थितियों का पता चल जाए तो घर में नित्य सुन्दरकाण्ड का पाठ करना चाहिए।
7. डबल-त्रिबल मंगलीक कुण्डली वाले विवाह के पूर्व दुर्गासप्तशती के अर्गला स्तोत्र का नित्य पाठ करें तथा श्लोक 24 को तीन बार नित्य दोहराएं।

पत्नीं मनोरमां देहि मनोवृत्तानुसारिणीम्।
तारिणीं दुर्गसंसारसागरस्य कुलोद्भवाम्॥

यदि स्त्री जातक पाठ करे तो पत्नी की जगह पति पढ़े।

8. अनेक शाबर मंत्र भी विलक्षण रूप से काम करते हैं। ऐसे अन्य अनुभूत शाबर मंत्रों का प्रयोग गुरु मुख से ग्रहण करके गुरु की आज्ञा से करना चाहिए।

सप्तम भावजनित कष्ट निवारण के विविध उपाय

1. सवा पांच रत्ती मूंगे की अंगूठी धारण करें।
2. ताम्बे के प्राणप्रतिष्ठित मंगल-यंत्र का नित्य पूजन करें।
3. मूंगा युक्त 'मंगल-यंत्र' गले में धारण करें।
4. मंगलवार के 28 व्रत रखें।
5. पुखराज युक्त 'गुरु-यंत्र' गले में धारण करें।
6. गुरुवार का व्रत रखे एवं गुरुवर की कथा करें।
7. घट-विवाह शास्त्रोक्त विधि से करावें।
8. वट सावित्री का व्रत एवं उद्यापन करें।
9. मंगला गौरी का व्रत कथा करें।
10. शुक्रवार का नियमित व्रत रखें, खटाई का सेवन न करें।
11. शुक्र यंत्र गले में धारण करें।
12. पार्वती मंगल स्तोत्र का नित्य पाठ करें।
13. गुरु की आज्ञा लेकर कोई तान्त्रिक अनुष्ठान करें।
14. मनोवांछित पति प्राप्ति हेतु गुरु की आज्ञा से तान्त्रिक वंशीकरण मंत्रों का प्रयोग करें।

15. मनोवांछित भार्या की प्राप्ति हेतु दुर्गा सप्तशती के मंत्र का प्रयोग गुरु आज्ञा से करें।
16. शीघ्र विवाह हेतु गन्धर्वराज के मंत्र का अनुष्ठान करें।
17. गृहकलह की शांति हेतु सुन्दरकाण्ड का नित्य पाठ करें।
18. शीघ्र विवाह हेतु आकर्षक मंत्र एवं यंत्र का प्रयोग करें।
19. सुखद वैवाहिक जीवन के लिए विवाह समय दो बराबर वजन के चांदी के टुकड़े केसरयुक्त चावल के साथ लें। फिर सुखी गृहस्थ का संकल्प लेकर चावल की एक ढेरी अपने पास रखें। जब तक अवशेष भाग लड़की या लड़के के पास रहेगा। उनका गृहस्थ जीवन सुखमय बना रहेगा।
20. सोमवार का नियमित व्रत कथापूर्वक करें। शिवजी पर दुग्धमिश्रित जल चढ़ावें।
21. माणिक्यजड़ित सूर्य यंत्र धारण करें।

एक कुण्डली मंगलीक है, दूसरी कुण्डली मंगलीक नहीं है तो क्या करें?

यह भी बड़ी भारी समस्या है कि लड़का-लड़की दोनों में एक ही कुण्डली मंगलीक है दूसरी कुण्डली मंगलीक नहीं है पर दोनों शादी करना चाहते हैं। गुण मिल रहे है। ऐसे में क्या करें?

अथवा विवाह हो गया और बाद में पता चला कि एक की कुण्डली मंगलीक है, एक की नहीं तो क्या उपाय करें? वैवाहिक जीवन में नित्य-कलह हो रही है। दोनों जीवन साथी में से एक बीमार रहता है तो क्या करें?

उपरोक्त तीनों समस्या का निदान है। घट विवाह और कुम्भविवाह से बढ़िया कोई परिहार नहीं है क्योंकि कन्या की स्थिति घट को विष्णु भगवान का रूप दिया जाता है। जिस कन्या का भगवान के साथ विवाह हो जाता है वह अखंड सौभाग्य की स्वामिनी होती है। उसे पति की मृत्यु, बीमारी का भय नहीं रहता तथा कुण्डलीगत दुर्योग भी इस टोटके से नष्ट हो जाते हैं। अविवाह-विलम्ब विवाह की स्थिति भी समाप्त हो जाती है।

पुरुष यदि घट विवाह करता है तो उसका तांत्रिक विवाह लक्ष्मी से कराया जाता है। लक्ष्मी अखंड सौभाग्य की स्वामिनी होती है। ऐसे में उसकी पत्नी की बीमारी नष्ट हो जाती है। इस टोटके के बाद उसकी पत्नी को अकालमृत्यु का भय नहीं रहता।

अष्टकूट

अष्टकूट कम मिलते हैं तो क्या करें?

कई बार यह भी प्रश्न, जिज्ञासा प्रबुद्ध पाठकों में आती है कि अष्टकूट गुण कम मिलते हैं तो क्या करें? अष्टकूट गुण कम मिलते हैं तथा मंगल का मिलान है तो विवाह कर सकते हैं क्योंकि मिलान में 50 नम्बर मंगल एवं 50 नम्बर अष्टकूट को दिया जाता है। मान लीजिए किसी मिलान के 14 गुण ही मिले तथा मंगल का मिलान मिल गया तो 50+14 कुल 64 नम्बर 100 में से इस मिलान को मिले। आप विवाह कर सकते हैं?

इसके विपरीत यदि किसी कुण्डली मिलान में 36 के 36 गुण मिल गए पर मंगल का मिलान नहीं हुआ, तो 100 नम्बर में से केवल 36 गुण मिलने में मिलान असफल है। विवाह नहीं कर सकते हैं पर वर-वधू दोनों विवाह करने के लिए कठिबद्ध है। दूसरा कोई विकल्प नहीं है तो विवाह करने के पहले घट-विवाह करें। इसके बाद रिस्क लेने में कोई नुकसान नहीं है।

अष्टकूट मिलान का वैज्ञानिक तरीका

भारतीय ज्योतिष शास्त्र में संभावित वर-वधू का मिलान नक्षत्र एवं उसके चरण को आधार मानकर किया जाता है। यह मानदंड जिसे **'गुण'** कहते हैं कुल 36 नंबर का होता है जो कि आठ विभिन्न मानदंडों में विभाजित होता है। इसे ज्योतिष की भाषा में अष्टकूट कहते हैं। इनके क्रम इस प्रकार है 1. वर्ण, 2. वैश्य, 3. तारा, 4. योनि, 5. गृहमंत्री, 6. गणमैत्री, 7. भकूट, 8. नाड़ी। जिस क्रम से यह मानदंड यहां दिए गए हैं, इसी क्रम से उत्तरोत्तर इनके नंबर मिलते हैं अर्थात् यदि दो व्यक्तियों के **'वर्ण'** आपस में मिल गए तो न्यूनतम नंबर एक मिलेगा और **'नाड़ी'** आपस में मिल गई तो अधिकतम नंबर 8 मिलेंगे। इस प्रकार उत्तरोत्तर वर्ण से वैश्य बलवान है, वैश्य से तारा, तारा से योनि और अंतिम रूप से **'नाड़ी'** के मिलान पर ज्यादा जोर दिया गया है।

इन 'गुणमिलानों' में सामान्यत: 13½ गुण मिलने पर संभावित वर-वधू को विवाह को इजाजत दे दी जाती है। 18 गुण का मिलान उत्तम माना जाता है, उसे 50 प्रतिशत अंक मिल जाते हैं। 36 गुणों का मिलान तो बहुत कम ही बिरले जोड़ों में पाया जाता है। हमारे जीवन काल में अब तक कुल आठ-दस की संख्या में ही ऐसी कुंडलियां आई जिनके 36 में से 36 गुण मिले। यह भी देखा कि ऐसे व्यक्तियों

का गृहस्थ जीवन अत्यधिक सुखी-सम्पन्न एवं श्रेष्ठ संतान से युक्त होकर ऐश्वर्यशाली ढंग से व्यतीत हो रहा है। इस **मेलापक** में जो गुण अवशेष रह जाते हैं। ज्योतिषशास्त्र में उनके दोष भी बतलाए गए हैं। इन दोषों पर परिहार भी **'शीघ्रबोध'** एवं अन्य महत्वपूर्ण प्राचीन ग्रंथों में दिया गया है। परंतु आजकल के ज्योतिषी इन परिहार वचनों से नितांत अनभिज्ञ हैं।

विवाह मेलापक की इन्हीं कसौटियों पर उद्योगपतियों एवं व्यापारी वर्ग अपने भागीदारों की कुंडलियों को बनवाते हैं एवं मिलवाते हैं। उनका उद्देश्य रहता है कि हमारी भागीदारी निभेगी या नहीं? निभेगी तो हमारा नया व्यापार सफल होगा या नहीं? कितने गुण मिलते हैं? कौन-सा दोष हमारे बीच में है? उसका परिहार अनिष्ट निवारण किन-किन उपायों से किया जा सकता है? क्या साथ जीवन भर निभेगा? बीच में तलाक, व्यवधान जैसी परिस्थिति तो नहीं बनेगी? इन सभी जिज्ञासा का सुंदर समाहार हमें आठ कसौटियों के माध्यम से मिल जाता है। जिसका वैज्ञानिक अध्ययन आज के युग की प्रमुख आवश्यकता है। आइए हम इन क्रमिक मानदंडों का समीचीन अध्ययन करें।

वर्ण विचार

'वर्ण' का सीधा अर्थ होता है जाति।

समस्त मानव को 1. ब्राह्मण, 2. क्षत्रिय, 3. वैश्य एवं 4. शूद्र, इन चारों वर्णों में विभाजित किया जाता है। यह चार वर्ण सत, रजस, राजस एवं तामस के प्रतीक हैं। प्राचीन ऋषि परंपरा से लेकर आज तक ब्राह्मण वेद-विद्या एवं बुद्धि का प्रतीक, क्षत्रिय शूरवीरता एवं रक्षा का, वैश्य व्यापार-व्यवसाय एवं शूद्र कृषि एवं समाज के अन्य सेवाधारी कार्यों का कर्मठ प्रतीक माना गया है। द्वादश राशियों के क्रम में-

1 मीन, वृश्चिक और कर्क ब्राह्मण राशि, (जल तत्त्व)

2. मेष, सिंह और धनु क्षत्रिय राशि (अग्नि तत्त्व)

3. वृष, कन्या और मकर वैश्य राशि (भूमि तत्त्व)

4. मिथुन, तुला और कुंभ शूद्र राशि (वायुतत्त्व) वाली राशियां कही गई हैं। अग्नि तत्त्व और जल तत्त्व की शत्रुता है जबकि अग्नि एवं वायु में मित्रता है। इसी स्वभाव को ध्यान में रखते हुए **'वर्ण व्यवस्था'** का वैज्ञानिक पहलू विवाह मेलापक का प्रथम मान बिन्दु माना गया है।

शास्त्रकारों ने कहा है-

वर्ण ज्येष्ठा तु या नारी, वर्ण हीनस्तु यः पुमान्।
विवाह यदि कुर्वीत, तस्य भर्ता विनश्यति।।

अर्थात् विवांह मेलापक में स्त्री का वर्ण उत्तम (श्रेष्ठ) होना चाहिए। वर यदि हीन वर्ण का हो तो विवाह नहीं करना चाहिए। हीन वर्ण में विवाह करने पर स्वामी (पति) का नाश होता है। स्त्री-पुरुष का एक वर्ण हो तो गुण-1, एक दूसरे के विपरीत वर्ण हो तो गुण 0 मिलता है। प्रस्तुत टेबल से आप वर्ण का सटीक मिलान कर सकते हैं।

वर्ण-गुणज्ञानचक्र

	वर				
	वर्ण	ब्राह्मण	क्षत्रिय	वैश्य	शूद्र
कन्या	ब्राह्मण	1	0	0	0
	क्षत्रिय	1	1	0	0
	वैश्य	1	1	1	0
	शूद्र	1	1	1	1

वश्य विचार

समस्त संसार के चराचर जीवों, प्राणियों को पांच वश्य में विभाजित किया गया है। मेष राशि पूरी, धन राशि का उत्तरार्द्ध, मकर का पूर्वार्द्ध, वृषभ और सिंह राशि पूरी इन सभी की 'चतुष्पद' (चौपायों)की संज्ञा कही गई है।

वृश्चिक राशि की सर्प वनचर संज्ञा है। कर्क राशि की कीट संज्ञा है। धनु का पूर्वार्द्ध मिथुन, कन्या और तुला ये द्विपद (मनुष्य) संज्ञक है। इसी प्रकार कुंभ, मीन और मकर राशि का उत्तरार्द्ध यह सभी जलचर संज्ञक है। ऐसा समझना चाहिए।

अब वश्य मिलान को ठीक तरह से समझना चाहिए। सिंह राशि को छोड़कर सभी राशियां मनुष्य के वश में है। मनुष्यों को जलचर भक्ष्य हैं तथा सर्प, बिच्छू आदि भयकारक हैं। वृश्चिक राशि को छोड़कर सभी राशियों सिंह राशि के वश में हैं। एक की द्विपद (मनुष्य) राशि दूसरे की जलचर हो तो वैर, उसी प्रकार एक की सिंह (चतुष्पद) राशि और दूसरे की द्विपद (मनुष्य) राशि हो तो भी वैर होता है। इसी प्रकार बुद्धि से निर्णय करना चाहिए।

चतुष्पपादि राशि को संज्ञाचक्र में लिखे अनुसार विचार करना, जैसे कि द्विपद राशियों की सब राशियों वश्य हैं पर सिंह (चतुष्पद) राशि इनकी प्रतिकूल है। शेष जलचर राशियां द्विपद राशियों की भक्ष्य हैं। उसी प्रकार सर्प (वनचर) राशि को द्विपद (नर) राशियों का भय रहता है। इस प्रकार विचार करके प्रबुद्ध ज्योतिषी को बुद्धिमत्ता से निर्णय लेना चाहिए। इसकी टेबल इस प्रकार है। इसके सही मिलान पर 2 गुण (नंबर) मिलते हैं।

वश्य-गुणज्ञान चक्र

	वर					
	वर्ण	चतुष्पद	नर	जलचर	वनचर	कीट
	चतुष्पद	2	1	1	1/2	2
	नर	1	2	1	0	0
कन्या	जलचर	1	1/2	2	1	2
	वनचर	1	1	1	1	0
	कीट	1	0	1	0	2

तारा विचार

तारा (Star) का सीधा संबंध वर-कन्या के जन्मकालीन नक्षत्रों से है। कन्या के जन्म नक्षत्र से वर के जन्म-नक्षत्र तक गिनना। उसी प्रकार वर के जन्म-नक्षत्र से कन्या के जन्म नक्षत्र तक गिनना, जो संख्या आवे, उसकी नौ से अलग-अलग भाग दें। जो शेष रहे उसे 'तारा' जानना चाहिए। जो 3-5-7 अंक शेष रहे तो तारा अशुभ जानना बाकी शुभ जानना चाहिए। स्त्री-पुरुष दोनों की तारा शुभ+अशुभ हो तो उसका गुण 1½, दोनों की तारा शुभ हो तो उसके 3 गुण, एक की अच्छी और दूसरे की नेष्ट होने पर 1½ गुण मिलता है। दोनों की तारा अशुभ हो तो गुण 0 समझना चाहिए।

उदाहरण-चंपालाल का जन्म-नक्षत्र रेवती है तथा कन्या का नाम भावना 'मूल नक्षत्र' पर है। इनकी तारा मिलानी है। कन्या के जन्म-तिथि 'मूल नक्षत्र' से वर के जन्म नक्षत्र 'रेवती' तक गिना तो 9 की संख्या प्राप्त हुई। यहां शून्य (0) की गणना नहीं है सो 9 के 9 ही रहे। वर के जन्म नक्षत्र रेवती से कन्या के जन्म नक्षत्र 'मूल' तक गिना तो 20 आए, 20 में 9 का भाग दिया तो शेष 2 बचे। अब कन्या की तारा 9 से वर की तारा 2 वाले कोष्ठक की संधि में देखे तो 3 अंक की प्राप्ति हुई अतः दोनों का तारा मिलान श्रेष्ठतम रहा।

नोट-इस गणना में अभिजित नक्षत्र भी लिया गया है।

तारा गुणबोधक चक्र

	तारा	1	2	3	4	5	6	7	8	9
	1	3	3	1½	3	1½	3	1½	3	3
	2	3	3	1½	3	1½	3	1½	3	3
	3	1½	1½	0	1½	0	1½	0	1½	1½
	4	3	3	1½	3	1½	3	1½	3	3
कन्या	5	1½	1½	0	1½	0	1½	0	1½	1½
	6	3	3	1½	3	1½	3	1½	3	3
	7	1½	1½	0	1½	0	1½	0	1½	1½
	8	3	3	1½	3	1½	3	1½	3	3
	9	3	3	1½	3	1½	3	1½	3	3

योनि विचार

वैसे तो मानव जाति में नर, नारी और नपुंसक तीन योनियां ही मानी गई हैं। यह योनियां प्रकट हैं। भारतीय मनीषियों ने समग्र मानव जाति को 14 योनियों में विभाजित किया है। यह योनियां गुप्त (प्रच्छन्न) हैं। यह योनियां 28 नक्षत्रों के आधार पर स्थापित हैं।

यथा–

1. अश्विनी, शतभिषा	**अश्व** योनि
2. रेवती, भरणी	**गज** योनि
3. पुष्य, कृत्तिका	**मेष** योनि
4. रोहिणी, मृगशिरा	**सर्प** योनि
5. आर्द्रा, मूल	**श्वान** योनि
6. पूर्वाफाल्गुनी, मघा	**मूषक** योनि
7. पुनर्वसु, आश्लेषा	**मार्जार** योनि
8. उ. फाल्गुनी, उ. भाद्रपद	**गाय** योनि
9. स्वाति, हस्त	**महिष** योनि
10. ज्येष्ठा, अनुराधा	**मृग** योनि
11. चित्रा, विशाखा	**व्याघ्र** योनि
12. श्रवण, पूर्वाषाढ़ा	**वानर** योनि
13. उत्तराषाढ़ा, अभिजित	**नकुल** योनि
14. धनिष्ठा, पूर्वाभाद्रपद	**सिंह** योनि

लोक व्यवहार में गौ और व्याघ्र का वैर, गज और सिंह का वैर, अश्व और महिष का वैर, श्वान और मृग का वैर, सर्प और नकुल का वैर, वानर और मेष (बकरे) का वैर, मार्जार और मूषक का वैर जगप्रसिद्ध है। दंपत्ति एवं स्वामी सेवक के बारे में योनि का विचार अवश्य करना चाहिए और वैर योनि का त्याग करना चाहिए। दो योनियों में परस्पर महावैर विवाह में सर्वथा त्याज्य है। स्त्री–पुरुष या भागीदारों की योनियों में महावैर हो तो गुण = 0, भिन्न योनि हो पर शत्रु न हो तो गुण = 1, सामान्य योनि हो तो गुण = 2, कुछ समान व्यवहार वाली योनि हो तो गुण = 3, दोनों में परस्पर मित्रभाव हो तो गुण =4 मिलते हैं। इस हेतु चार्ट को समझ कर गुण के नंबर दें।

योनि गुण ज्ञान चक्र

	योनि	अश्व	गज	मेष	सर्प	श्वान	मार्जार	मूषक	गौ	महिष	व्याघ्र	मृग	वानर	नकुल	सिंह
कन्या	अश्व	4	2	3	2	2	2	2	3	1	1	3	2	2	1
	गज	2	4	3	2	2	2	2	2	3	2	2	3	2	0
	मेष	3	3	4	3	2	3	2	3	3	1	3	0	3	1
	सर्प	2	2	3	4	2	2	1	1	2	2	2	2	0	2
	श्वान	2	2	2	2	4	1	1	2	2	1	0	2	2	1
	मार्जार	2	2	3	2	1	4	0	2	2	1	2	2	2	2
	मूषक	2	2	2	1	1	0	4	2	2	2	2	2	2	1
	गौ	3	2	3	1	2	2	2	4	3	0	3	2	3	1
	महिष	1	3	3	2	2	2	2	3	4	1	2	2	2	3
	व्याघ्र	1	2	1	2	1	1	2	0	1	4	1	1	2	2
	मृग	3	2	3	2	0	2	2	3	2	1	4	2	2	2
	वानर	2	3	0	2	2	2	2	2	2	1	2	4	2	3
	नकुल	2	2	3	0	2	2	2	3	2	2	2	2	4	2
	सिंह	1	0	1	2	1	2	1	1	1	3	2	3	2	4

ग्रह मैत्री विचार

विवाह मेलापक, भागीदार या सेवक रखते समय ग्रह-मैत्री पर विचार, अवश्य करना चाहिए, इससे ग्रहों की नैसर्गिक शत्रुता एवं मित्रता का पता चलता है। फलित ज्योतिष में किसी भी प्रकार का फलादेश करते समय ग्रहों के इन स्वाभाविक गुणवत्ता को ध्यान में रखना चाहिए। यथा-

1. **सूर्य**-के शुक्र, चन्द्र, मंगल **मित्र** है, बुध से **समभाव** एवं शुक्र, शनि से **शत्रुता** है।
2. **चन्द्रमा**-के सूर्य, बुध **मित्र**, मंगल गुरु, शुक्र, शनि से **समभाव** परन्तु शत्रुता किसी से नहीं है।
3. **मंगल**-की सूर्य, चन्द्र शुक्र से **मित्रता** है। शुक्र, शनि से **समभाव** किंतु बुध से **शत्रुता** है।
4. **बुध**-सूर्य, चंद्र मंगल का **मित्र** है। मंगल, शुक्र, शनि से **समभाव** रखता है परन्तु चन्द्रमा से उसकी **शत्रुता** है।
5. **गुरु**-सूर्य, शुक्र का **मित्र** है। शनि से **समभाव** रखता है। किंतु बुध, शुक्र से उसकी **गुप्त शत्रुता** है।
6. **शुक्र**-बुध, शनि का **मित्र** है। मंगल, बृहस्पति से **समभाव** एवं सूर्य, चन्द्र का **शत्रु** है।
7. **शनि**-बुध, शुक्र का **मित्र**, गुरु से **समभाव** है, किन्तु सूर्य, मंगल, चन्द्र से **शत्रुभाव** रखता है।

वर कन्या दोनों के स्वामी एक हो तो मैत्री गुण =5, सम या शत्रु का गुण =0 या 1/2 जानना, शत्रु + मित्र का गुण=1, सम मित्रता=4, समतत्त्व=3, शत्रु शत्रुता का गुण=0 समझना चाहिए। शास्त्रकारों ने कहा कि यदि वर और कन्या दोनों की राशियों के स्वामी अन्योन्य (परस्पर) मित्र हों तो **श्रेष्ठ**, एक का राशि, स्वामी **सम** और दूसरे का मित्र हो तो **मध्यम**, दोनों के राशि स्वामी सम हों तो **उदासीन**, दोनों का राशि स्वामी शत्रु हो तो एक की मृत्यु, एक का राशि स्वामी शत्रु और दूसरे का सम हो तो **वियोग** होता है।

ग्रह मैत्री गुण चक्र वर

	ग्रह	सूर्य	चंद्र	मंगल	बुध	गुरु	शुक्र	शनि
	सूर्य	5	5	5	4	5	0	0
	चन्द्र	5	5	4	1	4	1/2	1/2
कन्या	मंगल	5	4	5	1/2	5	3	1/2
	बुध	4	1	1/2	5	1/2	5	4
	गुरु	5	4	5	1/2	5	1/2	3
	शुक्र	0	1/2	3	5	1/2	5	5
	शनि	0	1/2	1/2	4	3	5	5

गण विचार

दुनिया के मनुष्यों को ज्योतिष-शास्त्र द्वारा **देव, मनुष्य** एवं **राक्षस** तीन गणों में बांटा गया है।

1. अश्विनी, मृगशीर्ष, रेवती, हस्त, पुष्य, पुनर्वसु, अनुराधा, श्रवण और स्वाति ये नौ देव नक्षत्र '**देवगण**' कहलाते हैं।
2. पूर्वाफाल्गुनी, पूर्वाषाढ़ा, पूर्वाभाद्रपद, उत्तराफाल्गुनी, उत्तराषाढ़ा और उत्तराभाद्रपद, आर्द्रा, रोहिणी और भरणी ये नौ मनुष्य नक्षत्र '**मनुष्यगण**' कहलाते हैं।
3. कृत्तिका, मघा, अश्लेषा, विशाखा, शतभिषा, चित्रा, ज्येष्ठा, धनिष्ठा और मूल ये नौ राक्षस नक्षत्र '**राक्षसगण**' कहलाते हैं।

गुणफलम्-

स्वगणे च उत्तमा प्रीतिः मध्यमाऽमरमृत्यर्योः।
मर्त्यर्राक्षसोमृत्युः कलहो देवराक्षसोः॥
राक्षसी यदि वा नारी, नरो भवति मानुषः।
मृत्युस्तत्र न संदेहो, विपरीतः शुभावहः॥

यदि स्त्री-पुरुष का गण एक हो तो परस्पर अत्यंत प्रीति रहेगी, देव और मनुष्यगण में **मध्यम प्रीति**, मनुष्य और राक्षस गण हो तो **मृत्यु,** देव और राक्षस गण हो तो परस्पर कलह सदैव बना रहता है। यदि कन्या का राक्षस गण हो और वर का मनुष्य गण हो तो निःसन्देह वर की मृत्यु होती है। यदि वर का राक्षस गण हो और कन्या का मनुष्य गण हो तो फल शुभ रहता है।

स्त्री-पुरुष का एक गणं हो तो गुण	= 6
पुरुष का देव गण और कन्या का मनुष्य गण हो तो	= 6
दोनों का मनुष्य राक्षस गण हो तो	= 0
दोनों राक्षस गण हो तो	= 1
दोनों देव-मनुष्य हों तो गण	= 6
इसके विपरीत गण हो तो	= 1
तथा शत्रुता ने	= 0 समझना।

स्पष्टीकरण हेतु निम्न चार्ट देखें-

उदाहरण-मान लो किसी का नाम **रमेश** स्वाति नक्षत्र देवगण में है और इसके विवाह या भागीदारी किसी **ममता** नाम की लड़की मघा नक्षत्र, राक्षसगण) से होने जा रहा है तो निश्चय समझें ये दोनों जीवन भर झगड़ते रहेंगे तथा उपर्युक्त चक्र के अनुसार ही इन्हें = 0 (शून्य) नंबर प्राप्त होंगे।

यदि आप अपना नाम देवगण में रखना चाहते हैं, तो इन अक्षरों को चुनिए-

1. चू, चे, चो, ला, 2. वे, वा, का, की 3. दे, दो, चा, ची
4. पू, ष, ण, ठ, 5. हू, हे, हो, डा 6. के, को, हा, ही,
7. ना, नी, नू, ने 8. खी, खू, खो 9. रु, रे, रो, ता।

गण मैत्री गुण ज्ञान चक्र वर

	गण	देव	भर	राक्षस
	देव	6	5	1
कन्या	नर	5	6	0
	राक्षस	1	0	6

भकूट विचार

भकूट को **'राशिकूट'** भी कहते हैं। दो राशियों की परस्पर मित्रता के आधार पर इसका मिलान किया जाता है। इसके सीधे सात नंबर मिलते हैं या=0

शास्त्रवचनानुसार कन्या तथा वर की राशि आपस में चौथी और दसवीं हो, तीसरी या ग्यारहवीं हो तो **शुभ**। दोनों की सातवीं राशि हो तो सम जानना और एक नक्षत्र हो, तब भी शुभ (कल्याणकारी) समझना चाहिए। राजस्थानी भाषा में इसे **'लेणियां-देणियां'** का मिलान भी कहते है।

भारतीय ज्योतिषियों ने राशिकूट का और भी सूक्ष्मता से अध्ययन किया और कहा कि परस्पर छठी और आठवीं राशि (षडाष्टक योग) हो तो मृत्यु होती है। नवीं

और पांचवीं राशि (नवपंचमदोष) हो तो संतान की हानि, दूसरी और बारहवीं राशि (द्विर्द्वादश योग) दुबारा हो तो निर्धनता रहती है। विद्वानों ने इसमें परिहार वचन दिए हैं। षडाष्टक दो प्रकार के होते हैं मृत्युषडाष्टक एवं प्रीतिषडाष्टक।

मृत्युषडाष्टक-

1. मेष + कन्या
2. तुला + मीन
3. मिथुन + वृश्चिक
4. मकर + सिंह
5. कर्क + कुंभ
6. वृषभ + धनु

ये मृत्युषडाष्टक हैं। इन लोगों को परस्पर विवाह या भागीदारी नहीं करनी चाहिए।

प्रीतिष्डाष्टक-

1. सिंह + मीन
2. वृषभ + तुला
3. कर्क + धनु
4. कन्या + कुंभ
5. मिथुन + मकर
6. मेष + वृश्चिक

इन राशियों में प्रीतिषडाष्टक होता है जो इनकी परस्पर भागीदारी या विवाह शुभ होता है।

नवपंचम विचार–मीन + कर्क, वृश्चिक + कर्क, कुंभ + मिथुन तथा मकर + कन्या का नवपंचम हो तो विवाह नहीं करना, परंतु **परिहार** वचनों के अनुसार वर की राशि से पांचवीं राशि कन्या की हो और कन्या की राशि से नवीं राशि वर की हो वह नव पंचक (त्रिकोण) शुभ समझना, क्योंकि वह पुत्र-पौत्र की वृद्धि करता है।

यथा-

वरस्य पञ्चमे कन्या, कन्याया नवमे वरः।
एतस्त्रिकोणक ग्राह्यं पुत्र पौत्र प्रवर्द्धनम्॥

द्विर्द्वादशकम्-मेष + वृषभ, मिथुन + कर्क, सिंह + कन्या, तुला + वृश्चिक, धन + मकर, कुंभ + मीन इन राशियों में द्विर्द्वादशक हो तो व्यक्ति को विवाह नहीं करना चाहिए क्योंकि विवाह के बाद निश्चय दोनों दरिद्र होंगे। इसके भी परिहार वचन इस प्रकार मिलते हैं।

द्विर्द्वादशं शुभं प्रोक्त, मीनादौ युग्मराशिषु।
मेषादौ युग्मराशौं तु, निर्धत्वं न संशयः॥

अर्थात् मीन + मेष, वृषभ + मिथुन, कर्क + सिंह, कन्या + तुला, वृश्चिक + धनु तथा मकर + कुंभ इन युग्म राशियों में द्विर्द्वादश (दुबारा) शुभ होता है और दरिद्रता नहीं देता।

उपर्युक्त सूक्ष्म मान्यताओं के अनुसार स्त्री-पुरुष की एक राशि हो पर नक्षत्र अलग-अलग हो, अथवा एक ही नक्षत्र और चरण अलग-अलग हो तो उसके गुण 7. दोनों की राशियां समसप्त हो तो = 7, तीन ग्यारह हो तो 7, चार दस हो तो 7 अलग -अलग राशि और नक्षत्र हों तो गुण = 5, प्रीति षटाष्टक, द्विर्द्वादश, नवपंचम इनमें परस्पर योनि शत्रुता को ही भकूट के गुण = 6, दोनों का नक्षत्र एक और नक्षत्र चरण भी एक हो तो उसकी गुण = 0 (शून्य) समझना चाहिए।

दोष परिहार-

द्विर्द्वादशे वा नवपंचमे वा षटाष्टके राक्षसमानुषे वा।
एकाधिपत्ये भवनेशमैत्रे शुभाय पाणिग्रहण विधेयम्॥

अर्थात् द्विर्द्वादशक हो, नवपंचम हो, षटाष्टक हो अथवा राक्षस मनुष्यगण हो, परन्तु यदि वर कन्या दोनों का राशि स्वामी एक हो या दोनों के राशि स्वामियों में मैत्री भाव हो तो उपर्युक्त दोष समाप्त हो जाते हैं और उनका मिलान शास्त्र सम्मत शुभ होता है।

नाड़ी विचार

1. अश्विनी, आर्द्रा, शतभिषा, ज्येष्ठा, हस्त, पुनर्वसु, पूर्वभाद्रपद्, मूल उत्तराफाल्गुनी ये नौ नक्षत्र **'आद्यनाड़ी'** संज्ञक हैं।
2. पूर्वाफाल्गुनी, चित्रा, धनिष्ठा, भरणी, मृगशीर्ष, पूर्वाषाढ़ा, अनुराधा, उत्तराभाद्रप्रद और पुष्य ये नौ नक्षत्र **'मध्यनाड़ी'** है।
3. कृतिका, रोहिणी, स्वाति, मघा, आश्लेषा, रेवती, श्रवण, उत्तराषाढ़ा और विशाखा ये नौ नक्षत्र **'अन्त्य नाड़ी'** के है।

नाड़ीफलम्-

अग्रनाड़ी व्यधेद्भर्ता, मध्यनाड़ी व्यधेद्द्वयम्।
पृष्ठनाड़ी व्यधेत्कन्या, म्रियते नात्र संशयः।
नाड़ी दोषास्तु विप्राणां, वर्ण दोषस्तु क्षत्रियः।
गणदोषस्तु वेश्यानां, योनि दोषास्तु पादजः॥

राशि भकूटगणज्ञान चक्र

	वर												
	राशि	मेष	वृष	मिथुन	कर्क	सिंह	कन्या	तुला	वृश्चिक	धनु	मकर	कुंभ	मीन
कन्या	मेष	7	0	7	7	0	0	7	0	0	7	7	0
	वृष	0	7	0	7	7	0	0	7	0	0	7	7
	मिथुन	7	0	7	0	7	7	0	0	7	0	0	7
	कर्क	7	7	0	7	0	7	7	0	0	7	0	0
	सिंह	0	7	7	0	7	0	7	7	0	0	7	0
	कन्या	0	0	7	7	0	7	0	7	7	0	0	7
	तुला	7	0	0	7	7	0	7	0	7	7	0	0
	वृश्चिक	0	7	0	0	7	7	0	7	0	7	7	0
	धनु	0	0	0	0	0	7	0	7	0	0	7	7
	मकर	7	0	0	7	0	0	7	7	0	7	0	0
	कुंभ	7	7	0	0	7	0	0	7	7	0	7	0
	मीन	0	7	7	0	0	7	0	0	7	7	0	7

यदि कन्या और वर दोनों की आद्य नाड़ी हो तो पति का नाश होता है। यदि दोनों की मध्य नाड़ी है तो दोनों का नाश होता है और यदि दोनों की अन्त्यनाड़ी हो तो कन्या की मृत्यु होती है।

क्रमानुसार ब्राह्मणों को **'नाड़ी दोष'** क्षत्रियों को **'वर्णदोष'**, वैश्यों को **'गणदोष'** और शूद्रों को **'योनि दोष'** प्रधान रूप से त्याज्य है अतः इन दोषों से बचना चाहिए। गुरु शिष्य की परस्पर एक नाड़ी में द्वेष, मंत्र और साधक की परस्पर एक नाड़ी में रोग, देवता और पूजक की परस्पर नाड़ी एक नाड़ी होने से पूजक की मृत्यु होती है। नाड़ी चक्र निम्नलिखित है-

नाड़ी गुण ज्ञान चक्र

		वर		
	नाड़ी	आदि	मध्य	अंत्य
कन्या	आदि	0	8	8
	मध्य	8	0	8
	अंत्य	8	8	0

प्रश्न-मान लो **चंपालाल** नामक वर और **भावना** नाम की लड़की का मिलान कराने के लिए आपके पास कोई आया, तो बताएं उन्हें शादी करनी चाहिए या नहीं? कितने गुण मिलते है? उनका राशि नक्षत्र और सभी अष्टकूट अलग-अलग नंबर सहित बताएं?

उत्तर-ज्योतिष शास्त्रानुसार यह दोनों विवाह कर सकते हैं, इनके कुल 27 गुण मिलते हैं जो कि उत्तम है। इनका अलग-अलग अष्टकूट मिलान इस प्रकार से बनता है।

विवाह के लिए अष्टकूल मिलान का उदाहरण

अष्टकूल	चंपालाल	गुण	भावना
वर्ण	विप्र	1	क्षत्री
वश्य	जल	1'	मनुष्य
तारा	शेष 2	3	शेष 9
योनि	गज	2	श्वान
ग्रह मैत्री	गुरु	5	गुरु

विलम्ब विवाहयोग

1. **निष्पति :** सप्तमेश वक्री हो एवं मंगल आठवें हो तो यह योग बनता है।

परिणाम : इस योग में जन्मे जातक का विवाह विलम्ब से होता है अर्थात् विवाहयोग्य आयु निकल जाने के बाद ही विवाह होता है।

2. **निष्पत्ति :** लग्न, सातवां भाव, सप्तमेश व शुक्र स्थिर राशि (वृष, सिंह, वृश्चिक, कुम्भ) में हो तथा चन्द्रमा-चर राशि (मेष, कर्क, तुला, मकर) में हो तो यह योग बनता है।

परिणाम : ऐसे जातक का विवाह विलम्ब से होता है।

यदि उपरोक्त योग में कहीं भी शनि का सम्बंध हो तो जीवन के 50वें वर्ष में विवाह होते देखा गया है।

3. **निष्पत्ति :** सप्तमेश सप्तम भाव से यदि छठे, आठवें एवं बारहवें स्थान में हो तो यह योग बनता है।

परिणाम : इस योग में जन्में जातक का विवाह विलम्ब से होता है अर्थात् विवाह योग्य आयु निकल जाने के बाद ही विवाह होता है।

4. **निष्पत्ति :** सप्तमेश शनि से युक्त हो या शनि शुक्र के साथ हो या शुक्र द्वारा देखा जाता हो तो यह योग बनता है।

5. **निष्पत्ति :** शनि, शुक्र लग्न चौथे स्थान में हो तथा चन्द्रमा छठें, आठवें, बारहवें, स्थान पर हो तो यह योग बनता है।

6. **निष्पत्ति :** राहु और शुक्र लग्न में हो तो तथा मंगल सातवें स्थान में हो तो यह योग बनता है।

विशेष : यह देखा गया है कि ऐसे जातक का विवाह प्राय: 28 वर्ष के बाद में होता है।

7. **निष्पति :** शुक्र सातवें कर्क, वृश्चिक या मकर राशि में हो तथा चन्द्र शनि पहले दूसरे, सातवें, ग्यारहवें स्थान में हो तो यह योग बनता है।

विशेष : यह देखा गया है कि ऐसे जातक का विवाह प्राय: 36 वर्ष की आयु में होता है।

8. **निष्पत्ति :** अष्टमेश पंचम में हो तो यह योग बनता है।

विशेष : यह देखा गया है कि ऐसे जातक का विवाह प्राय: 31 से 36 वर्ष की आयु के मध्य होता है।

विलम्ब विवाह योग

संजय बावेल, स्थान-उदयपुर, 2.9.1974 समय 20.00

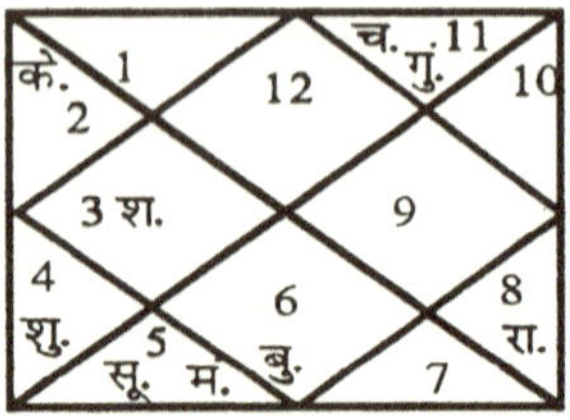

मीन लग्न में लग्नेश बारहवें, भाग्येश मंगल छठे, पंचमेश चन्द्रमा बारहवें, सप्तम भाव शुभ ग्रहों में दृष्ट न होने पर, सप्तमेश स्वगृही होते हुए भी जातक का 2005 (30 वर्ष) की आयु तक कोई सगाई या सम्पर्क नहीं हुआ है।

श्री विजय भूषण मेहता, 12.11.1970, समय 16.25, स्थान-गया, बिहार

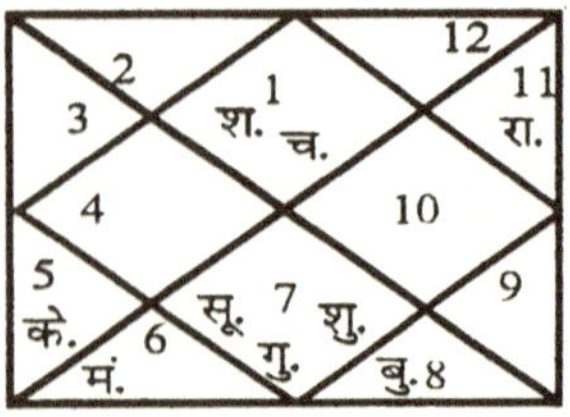

मेष लग्न में शनि, लग्नेश मंगल छठे सप्तम भाव में सूर्य, सूर्य की राशि पापपीड़ित होने में 35 वर्ष की आयु (2005) तक कोई सगाई सम्पर्क नहीं हुआ। यहां सप्तमेश स्वगृही है। मालव्य योग बना रहा है।

सप्तम भाव में शुभ ग्रह है पर नीच का शनि सप्तम को देख रहा है फलत: विलम्ब विवाह योग को मजबूत कर रहा है।

9. **निष्पत्ति :** सूर्य व चन्द्र शनि की कुदृष्टि में हो तो यह योग बनता है।

10. **निष्पत्ति :** शुक्र छठें, आठवें, बारहवें स्थान में हो तथा धनेश, सप्तमेश पापपीड़ित हो तो यह योग बनता है।

11. **निष्पत्ति :** सप्तम भाव में पाप ग्रह हो तथा सप्तम भाव शनि द्वारा देखा जाता हो तो यह योग बनता है।

12. **निष्पत्ति :** सप्तमेश निर्बल हो तथा शनि + मंगल की युति पहले, दूसरे, सातवें या ग्यारहवें में हो तो यह योग बनता है।

13. **निष्पत्ति :** मंगल+शुक्र की युति पांचवें, सातवें या नवें स्थान में हो तथा शनि द्वारा दृष्ट हो तो योग बनता है।

14. **निष्पत्ति :** चन्द्र+राहु की युति सातवें भाव में हो, शुक्र नीच का हो तथा सप्तमेश अस्त हो तो यह योग बनता है।

15. **निष्पत्ति :** गुरु नीच राशि का होकर लग्न या चन्द्रमा से छठें, आठवें, बारहवें स्थान में हो तो यह योग बनता है।

परिणाम : इन योगों में जन्म जातक का विवाह विलम्ब से होता है। अर्थात् विवाह योग्य आयु निकल जाने के बाद ही विवाह होता है।

अविवाह योग

1. **निष्पत्ति** : चन्द्रमा पांचवें स्थान में हो व पाप ग्रह सातवें और बारहवें स्थान में हो तो यह योग बनता है।

परिणाम : ऐसा जातक प्राय: विवाह करने से इन्कार कर देता है, या परिस्थितिवश जातक का विवाह नहीं हो पाता है। ऐसे जातक प्राय: जीवन भर कुंवारे ही रहते हैं।

2. **निष्पत्ति** : शुक्र, बुध सातवें हो तथा शुभ ग्रहों द्वारा न देखे जाते हो तो यह योग बनता है।

3. **निष्पत्ति** : शनि, मंगल और शुक्र चन्द्रमा से सातवें स्थान में हो तो यह योग बनता है।

4. **निष्पत्ति** : सप्तमेश छठें, आठवें और बारहवें स्थान में हो तथा षष्ठेश, अष्टमेश या द्वादशेश सातवें भाव में हो तो यह योग बनता है।

5. **निष्पत्ति** : राहु और चन्द्रमा बारहवें स्थान में हो तथा शनि और मंगल द्वार देखे जाते हो तो यह योग बनता है।

श्री अटल बिहारी वाजपेयी, 25.12.1924, समय 4.00, स्थान-ग्वालियर

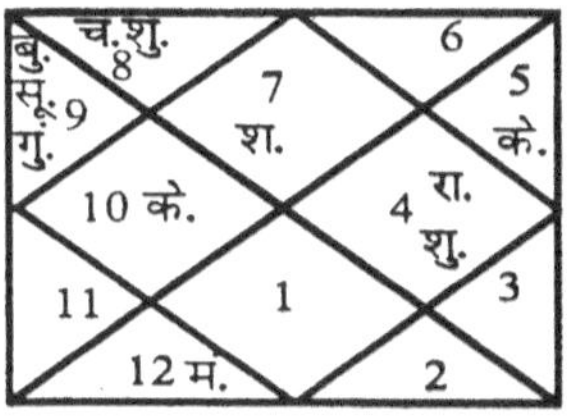

तुला लग्न में शनि हो, सप्तमेश मंगल छठे हो। शनि की राशि पापपीड़ित हो, ऐसे में सप्तम भाव पर शुभ ग्रहों की दृष्टि होते हुए भी, ऐसा जातक जीवन भर कुंवारा रहता है।

हजरत ईसा मसीह, रात्रि 11.59 विक्रम सम्वत् 57, पौष कृष्ण 14, सोमवारे, स्थान-बेतलहाम (मिश्र)

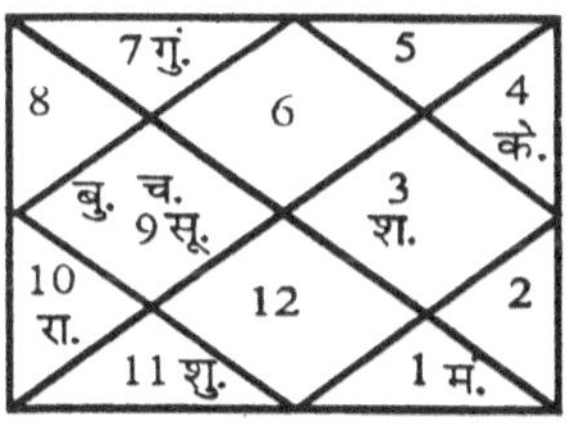

कन्या लग्न में मंगल आठवें, व्ययेश सूर्य चौथे, भाग्येश छठे होने से **भाग्यभंगयोग** बना। कुंडली पूर्ण **मंगलिक** है। **अमावस्या** एवं '**ग्रहणयोग**' में जन्म होने से प्रभु यिशु के जीवन में पग-पग पर कष्ट आया।

राष्ट्रपति डॉ. अब्दुल कलाम, 15.10. 1931, समय-13.15, स्थान-रामेश्वरम्

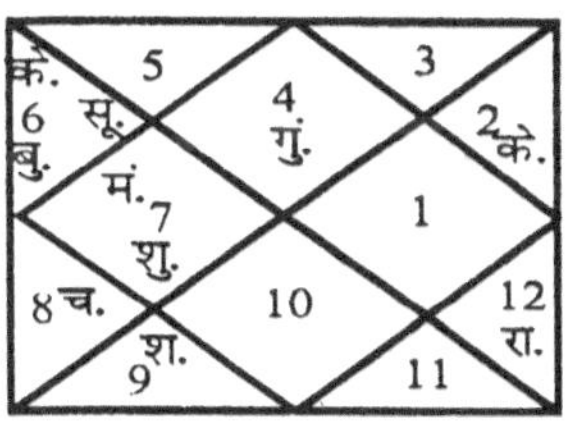

मंगल चौथे होने से कुण्डली मंगलीक है। सप्तमेश शनि छठे में '**विवाहभंग योग**' बनाया। लग्न में बृहस्पति ने '**हंस योग**' तो केन्द्र में स्वगृही

शुक्रे ने **'मालव्य योग'** बनाया। इन दो पंचमहापुरुष योगों के कारण इस कुण्डली का स्वामी भारत के राष्ट्रपति पद पर पहुंचा।

विश्व कोकिला लता मंगेशकर, 28.9.1929, समय-23.00, स्थान-मुंबई

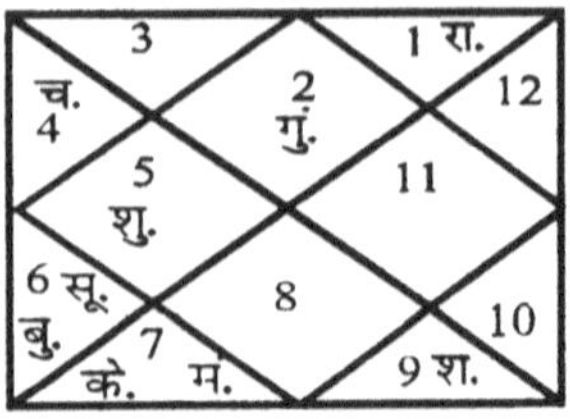

वृष लग्न में मंगल छठे पापपीड़ित, शनि आठवें, राहु बारहवें होने से यह कुण्डली **'त्रिबल मंगलीक'** हो गई है। फलतः विश्व कोकिला की कुण्डली में अविवाहयोग एकदम स्पष्ट है।

अखंड ब्रह्मचारी वीर जुगराज बोहरा

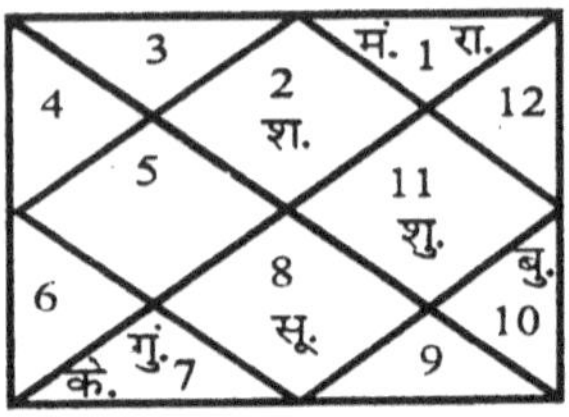

वृष लग्न में शनि, सप्तम भाव में सूर्य, मंगल राहु बारहवें स्थान में होने से यह कुण्डली त्रिबल मंगलीक हो गई। गोभक्त वीर जुगराज बोहरा आजीवन ब्रह्मचारी रहे।

शंकराचार्य श्री चन्द्रशेखर सरस्वती, 20. 5.1894, समय-13.38, स्थान-बिलपुर

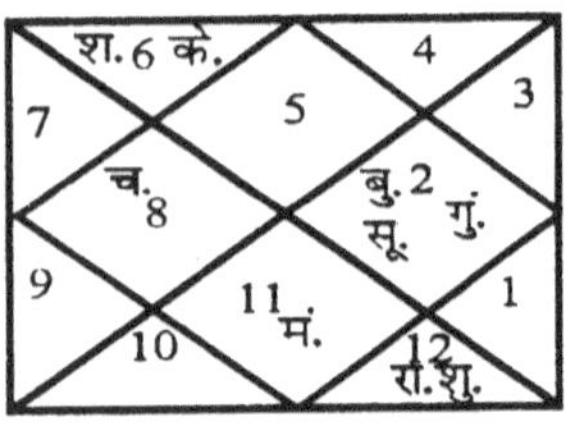

मंगल सातवें होने से कुण्डली मंगलीक है। राहु आठवें होने से कुण्डली **'डबल मंगलीक'** बनी। व्ययेश चन्द्रमा नीच का होकर चौथे स्थान होने से **'अविवाहयोग'** बना।

श्री जयेन्द्र सरस्वती, कांचीमठ, 18.7.1935 समय-7.30, स्थान-इखल्लनेकी (तन्जूर) तमिलनाडु।

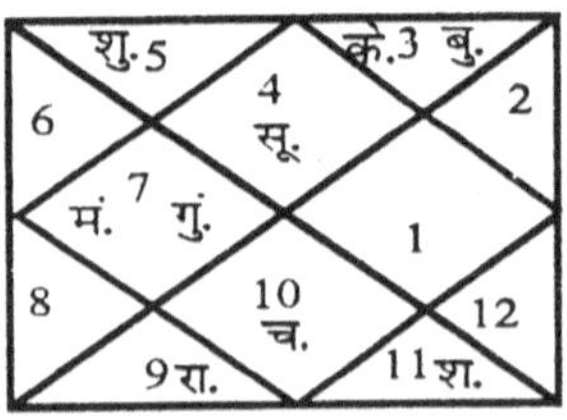

मंगल चौथे होने से कुण्डली मंगलीक बनी। केतु बारहवें होने से **'डबल मंगलीक'** सप्तमेश शनि आठवें होने से **'त्रिबल मंगलीक'** होने से **अविवाह योग** स्पष्ट है। अविवाहयोग वाली कुण्डलियां में लग्न या केन्द्र शुभग्रहों से प्रभावित

हो तो व्यक्ति उच्च दर्जे का संन्यासी बनता है। स्वामी सत्यमित्रानंद जी गिरी एवं धनुलग्न में जन्में स्वामी महेश्वरानन्द की की जन्मकुण्डलियों में भी इसी प्रकार के योग बने।

शंकराचार्य गोवर्धन मठ श्री भारतीय कृष्णतीर्थ 19 मार्च 1868, समय-6.33

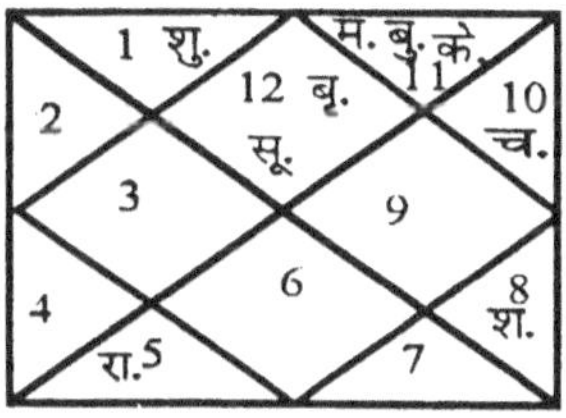

मंगल बारहवें, सप्तमेश बुध बारहवें, केतु बारहवें होने से कुण्डली **'त्रिबल मंगलीक'** बनी। ईस्वी सन् 1946 से 1960 तक गोवर्धन पीठ के शंकराचार्य पड़ पर आरुढ़ पूज्य श्री की कुण्डली में बृहस्पति के कारण **'हंसयोग'** बना। मंगल, शनि के परस्पर परिवर्तन एवं बारहवें केतु ने इन्हें संन्यासी बनाया।

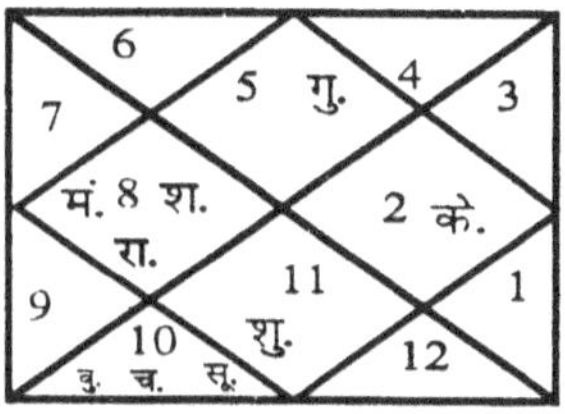

सुश्री मायावती, पूर्व मुख्यमंत्री, जन्म 15. 1.1956, समय 20.34, स्थान-दौलतपुर (उत्तर प्रदेश)

मंगल चौथे होने से कुण्डली मंगलीक है, शनि व राहु भी चौथे होने, कुण्डली **'त्रिबल मंगलीक'** है। लग्नेश छठे होने से अविवाह योग स्पष्ट है।

6. **निष्पत्ति** : राहु अन्य पाप ग्रहों से युत होकर सातवें में बैठा हो तो यह योग बनता है।

7. **निष्पत्ति** : कमजोर चन्द्रमा पांचवें भाव में हो तथा पाप ग्रह लग्न सातवें या बारहवें स्थान में हो तो यह योग बनता है।

परिणाम : ऐसे योगों में जन्में जातक का विवाह करने से इन्कार कर देते हैं, परिस्थितिवश जातक का विवाह नहीं हो पाता है। ऐसे जातक प्रायः जीवन भर कुंवारे ही रहते हैं।

विवाह विच्छेद योग

1. **निष्पत्ति** : शनि लग्न में हो, लग्नेश एवं द्वादशेश आठवें हो अथवा सप्तमेश व अष्टमेश परस्पर एक दूसरे को देखते हों तो यह योग बनता है।

परिणाम : ऐसे जातक के वैवाहिक जीवन में विघ्न आता है तथा ऐसी परिस्थिति भी आ सकती है जिसमें विवाह के पश्चात् मनमुटाव बढ़ जाए और तलाक लेने की स्थिति बन जाए।

उदाहरण : **अमरीष भाई, जन्म: 11.11.1962 समय: 11.48, स्थान मुम्बई।**

विश्लेषण : शनि लग्न में है तथा सप्तमेश चन्द्र व अष्टमेश सूर्य एक दूसरे को देख रहे हैं। फलतः जातक की पत्नी ने जातक को तलाक देकर दूसरी शादी कर ली।

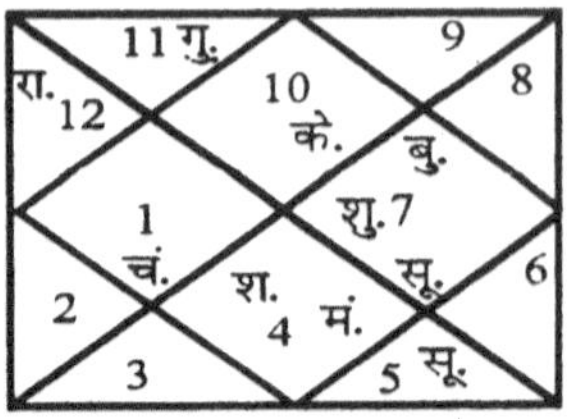

उपाय : 1. शनि की हवनात्मक शान्ति करें।
2. सप्तमेश का रत्नजड़ित यंत्र पहनें।

2. **निष्पत्ति** : सप्तमेश शनि द्वारा देखा जाता है तथा सप्तमेश भाव शुभ ग्रहों से दृष्ट न हो तो यह योग बनता है।

उपाय : 1. शनि की हवनात्मक शान्ति करें।
2. सप्तमेश का रत्नजड़ित यंत्र पहनें।

3. **निष्पत्ति** : लग्नेश शनि से दृष्ट हो तथा षष्ठेश व सप्तमेश छठे स्थान में हो तो यह योग बनता है।

उपाय : 1. शनि की हवनात्मक शान्ति करें।
2. सप्तमेश का रत्नजड़ित यंत्र पहनें।

4. **निष्पत्ति** : लग्नेशेऽङ्गे द्विभार्यो जारो वा।
लग्नेश लग्न में हो तो जातक के दो पत्नियां होती है।

5. **निष्पत्ति** : मंगल यदि मेष, सिंह, वृश्चिक, मकर या कुम्भ राशि में हो तो यह योग बनता है।

परिणाम : ऐसे जातक के दो विवाह की सम्भावना रहती है।

विशेष : यदि यह योग स्त्री जातक की कुण्डली में हो तो ऐसी स्त्री दूसरा विवाह करती है। विदेशी जातकों की कुण्डलियों में यह बहुतायत पाया जाता है।

द्विभार्यायोग

पापाः सप्तमे द्विभार्याः॥

1. **निष्पत्ति** : सप्तम स्थान में यदि पाप ग्रह हो तो यह योग बनता है।

उदाहरण : **डॉ. मोहनलाल आसदेव,** जन्म: 8.10.1947, समय: 23.25, जन्म स्थान-जोधपुर (राजस्थान)

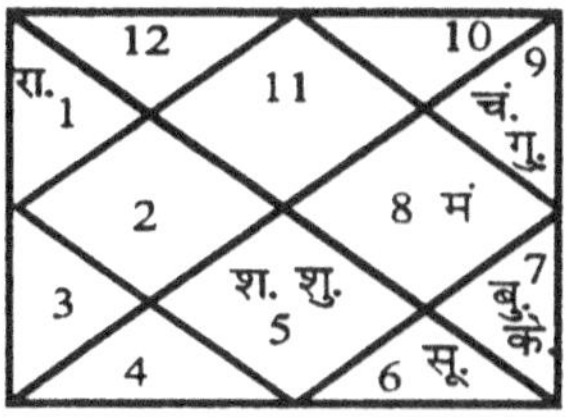

विश्लेषण : सप्तम भाव में पाप ग्रह शनि शत्रु क्षेत्री है। अतः जातक को एक पत्नी द्वारा धोखा होगा या तलाक होगी।

2. **निष्पत्ति** : शुक्र सातवें स्थान में उच्च का या स्वगृही होकर बैठा हो, साथ में राहु या केतु हो तो यह योग बनता है।

परिणाम : उपर्युक्त योगों में जातक की दो पत्नियां होती हैं अर्थात् एक पत्नी गुजरने के बाद वह दूसरी शादी करता है। जीवन में दो विवाह होते हैं।

विशेष : यदि यह योग स्त्री जातक की कुण्डली में हो तो ऐसी स्त्री दूसरा विवाह करती है। विदेशी जातकों की कुण्डलियों में यह योग बहुतायत मात्रा में पाया जाता है।

3. **निष्पति** : बृहस्पति तुला या मकर का हो, कोई अन्य शुभ योग उसके साथ न हो तो यह योग बनता है।

परिणाम : ऐसे जातक के दो विवाह की सम्भावना प्रबल रहती है।

विशेष : यदि यह योग जातक की कुण्डली में हो तो ऐसी स्त्री दूसरा विवाह करती है। विदेशी जातकों की कुण्डलियों में यह योग बहुतायत पाया जाता है।

रन्ध्रेशेऽङ्गेऽस्ते द्विभार्याः॥

4. **निष्पत्ति** : यदि अष्टमेश लग्न स्थान में या सप्तम स्थान में हो तो यह योग बनता है। लग्न में मंगल हो तथा सप्तमेश छठें, आठवें एवं बारहवें स्थान में पाप ग्रहों से युत हो यह योग बनता है।

परिणाम : उपर्युक्त योगों में जन्में जातक के दो पत्नियां होती हैं अर्थात् एक पत्नी गुजरने के बाद वह दूसरी शादी करता है। ऐसे जातक के जीवन में दो विवाह होते हैं।

उदाहरण : **श्री भंवरलाल सोलंकी,** जन्म: 31.10.1934, समय-3.15, जन्म स्थान-जैतारण (राजस्थान)।

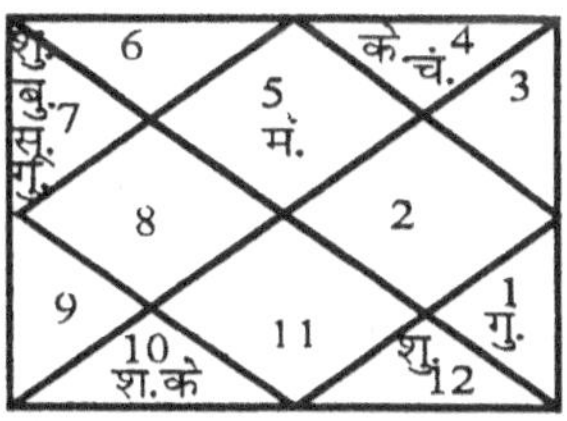

विश्लेषण : जातक का पहला विवाह 13 वर्ष की आयु में हुआ। प्रसव काल में जातक की पत्नी की मृत्यु हो गई, दूसरे विवाह से तीन पुत्र हुए।

षष्ठेऽङ्गपे द्विभार्याः।।

5. **निष्पत्ति** : षष्ठ स्थान में यदि लग्नेश गया हो तो यह योग बनता है। धनेश षष्ठे दारे पापे द्विभार्या।

6. **निष्पत्ति** : धन स्थान में यदि लग्नेशे गया हो तो यह योग बनता है।

उदाहरण : **श्री जयनारायण व्यास**, जन्म: 10.2.1929, समय:13.54, जन्म स्थान: शक्कर (पाकिस्तान)।

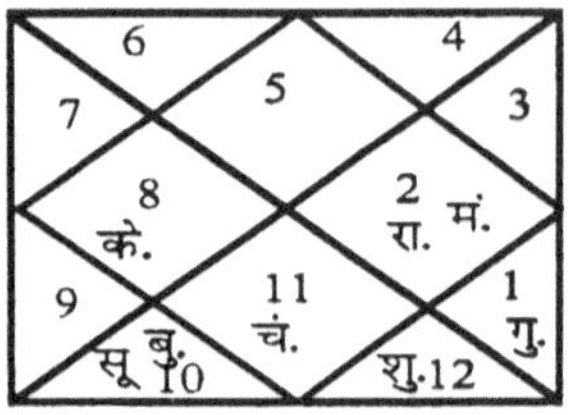

विश्लेषण : धनेश बुध छठे है तथा सप्तमेश शनि पापपीड़ित है। फलतः जातक ने दो विवाह किए।

जायेशेऽरिनीचगे सप्तमे पापे द्विभार्याः।

7. **निष्पत्ति** : सप्तमेश यदि क्रूर ग्रहों से युक्त होकर अपनी नीच रात्रि या शत्रु रात्रि में हो और स्थान में पाप ग्रह हो तो यह योग बनता है।

जासाकारके पापयुते वा नीचारिमूढांशे द्विभार्याः।

8. **निष्पत्ति** : सप्तम स्थान का कारक यदि पाप ग्रह से युक्त हो अथवा नीच नवांश, शत्रु नवांश में हो तो यह योग बनता है।

त्रिभार्या योग

पापैर्धनशादृष्टैः कलत्रत्रयम्।।

9. **निष्पत्ति** : यदि धन स्थान में बहुत से पाप ग्रह हों और उन्हें धन स्थान का स्वामी ग्रह न देखता हो तो यह योग बनता है।

परिणाम : ऐसे जातक के क्रमशः पत्नी की मृत्यु के कारण तीन विवाह होने की सम्भावना रहती है।

कलत्रे जायेशादृष्टाः कलत्रत्रयम्।।

10. **निष्पत्ति** : सप्तम स्थान में कई पाप ग्रह स्थित हों तथा सप्तम स्थान को न देखता हो तो यह योग बनता है।

परिणाम : ऐसे जातक के क्रमशः पत्नी की मृत्यु के कारण तीन विवाह होने की सम्भावना रहती है।

11. **निष्पति** : **कलत्रस्थानगे भौमे शुक्रे जामित्रगे शनौ।**
लग्नेशे रन्ध्रराशिस्थे कलत्रत्रयं भवेत्॥

परिणाम : सप्तम भाव में मंगल, शुक्र और शनि हो तथा लग्नेश अष्टम भाव में हो तो जातक की तीन स्त्रियां होती हैं।

12. **निष्पत्ति** : **शुक्राज्जामित्रे चन्द्रे, चन्द्राज्जामित्रगे बुधे।**
रन्ध्रेशे सुताभावस्थे, प्रथमं दशमाब्दिकम्॥
द्वाविंशे च द्वितीयं च त्रयस्त्रिंशे तृतीयकम्॥

परिणाम : सप्तम में चन्द्रमा और चन्द्र से सप्तम में बुध हो तथा अष्टमेश पंचम भाव में हो तो ऐसे जातक का प्रथम विवाह दस वर्ष में, दूसरा विवाह 22 वर्ष में और तीसरा विवाह 33वें वर्ष में होता है। इस प्रकार पाराशर ऋषि के मत से तीन विवाह होते हैं।

13. **निष्पत्ति** : **पापयुता दारेशे नीचारिमूढादौ कलत्रत्रयम्॥**

14. **निष्पत्ति** : लग्न स्थान, द्वितीय स्थान व सप्तम यदि पाप ग्रहों से युक्त हो और सप्तमेश नीचगत, शत्रुराशिगत या अस्तगत होकर लग्न में स्थित हो तो यह योग बनता है।

परिणाम : ऐसे जातक के क्रमशः पत्नी की मृत्यु के कारण तीन विवाह होने के सम्भावना होती है।

बहुभार्यायोग

उदाहरण : **श्री सोनाराम नट**

जन्म: 5.10.1957, समय: 8.30, स्थान-बिलाड़ा (राज.)

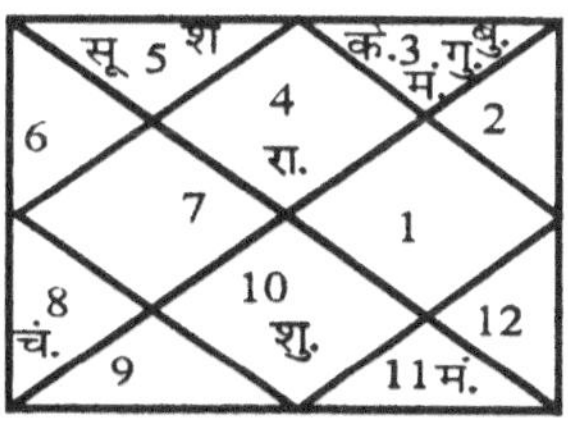

इस जातक के अब तक चार विवाह हो चुके हैं। चारों पत्नियां गुजर गई हैं। एक बीमार होकर। दूसरी गर्भावस्था, तीसरी सन्तान उत्पत्ति के समय, चौथी दमा रोग से गुजरी। व्यक्ति नट जाति का है। 47 वर्ष का है। पांचवीं शादी की तैयारी है। जातक के तीन संतान मौजूद है। यह सब मंगल बारहवें, सप्तम में भाव ग्रह, लग्नेश पापपीड़ित, लग्न पापपीड़ित होने के कारण हुआ। अतः उपरोक्त जो जातक तत्त्व ने बताए शत प्रतिशत इस व्यक्ति पर सही फलित हुए।

स्त्री जातक पर विशेष चिन्तन

1. जिस कन्या के दशम भाव में मंगल हो उसका पति सदा ऋणी रहता है।
2. लग्नेश क्रूर ग्रहों से युक्त हो, मंगल नीच राशि में हो तो कन्या व्यभिचारिणी होती है।
3. जिस कन्या के शुक्र और राहु लग्न में हो, सातवें घर में शनि हो या शनि की दृष्टि हो तो उसका सम्बन्ध विवाह के पश्चात् किसी अन्य पुरुष के साथ हो जाता है।
4. जिस कन्या के लग्न में शनि+मंगल हो तो वह कन्या स्वेच्छाचारिणी होती है।
5. जिस स्त्री के लग्न में मंगल हो, वह अहंकारयुक्त एवं झगड़ालू होती है।
6. जिस स्त्री के लग्न में मंगल हो, वह जिद्दी-हठी एवं अपनी बात को हर हालत में मनवाने वाली होती है।

श्रीमती इन्दिरा गांधी, पूर्व प्रधानमंत्री 19.11.1917, समय: 23.11 इलाहाबाद (यू.पी.)

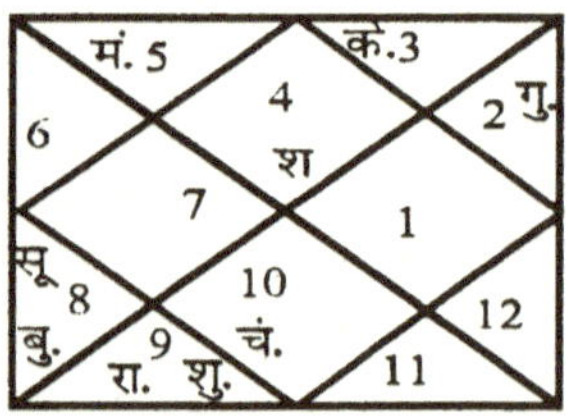

शनि लग्न में, छठे राहु होने से पति की मृत्यु विवाह के 17 वर्ष बाद 8.9.1960 में हुआ। शस्त्रहन्ता योग के कारण स्वयं की मृत्यु 31.10.1984 में हुई। जिसकी पूर्व भविष्यवाणी हमने बहुत पहले 'अज्ञातदर्शन' में कर दी थी।

7. यदि सप्तम भाव में मंगल हो और उस पर शनि की दृष्टि हो तो गर्भ का नाश होता है।
8. जिस स्त्री की कुण्डली में मंगल+शनि हो, उसका गर्भस्राव निश्चित होता है।
9. जिस विवाहिता स्त्री की कुण्डली में लग्न, चतुर्थ, द्वादश या नवम् स्थानों में पापयुक्त मंगल बैठा हो तो उसका पति उसे छोड़ देता है। वह दूसरे पुरुष से आसक्त रहती है।

वैधव्य योग कारण व निवारण

1. जिस कन्या की कुण्डली में सप्तम भाव में मंगल पापग्रहों से युक्त हो तथा पापग्रह सप्तमभाव में स्थित मंगल को देखते हो तो ऐसी कन्या युवावस्था में पंहुचने से पूर्व विधवा हो जाती है।
2. चन्द्रमा से सातवें या आठवें भाव में पापग्रह हो तो मेष या वृश्चिक राशिगत राहु और आठवें या बारहवें स्थान में हो तो ऐसी कन्या निश्चय ही विधवा होती है। यह योग वृष, कन्या, एवं धनु लग्नों में लागू होता है।

3. मकर लग्न हो तो सप्तम भाव में कर्कराशिगत सूर्य + मंगल के साथ हो तथा चन्द्रमा पापपीड़ित हो तो यह योग बनता है। ऐसी स्त्री विवाह के सात-आठ वर्ष के भीतर विधवा हो जाती है।

4. लग्न एवं सप्तम भाव दोनों स्थानों में पापग्रह हों तो, विवाह के सातवें वर्ष में पति का देहांत हो जाता है।

5. सप्तम भाव में पापग्रह हो तथा चन्द्रमा छठे या सातवें स्थान पर हो तो विवाह के आठवें वर्ष स्त्री विधवा हो जाती है।

6. यदि अष्टम स्थान का स्वामी सप्तम भाव में हो, सप्तमेश को पापग्रह देखते हों, सप्तम भाव पापपीड़ित हो तो नवोढ़ा स्त्री भी शीघ्र विधवा हो जाती है।

7. षष्ठ व अष्टम स्थान के स्वामी यदि षष्ठ या व्यय भाव में पापग्रहों के साथ हो, सप्तम भाव शुभग्रहों से दुष्ट न हो, सप्तम भाव पापपीड़ित हो तो नवोढ़ा स्त्री भी शीघ्र वैधव्य को प्राप्त हो जाती है।

8. **सप्तमाधिपति षष्ठे, व्यये वा पापपीड़ितौ।**
तदा वैधव्यमाप्नोति, नारी नैवात्र संशय॥

अर्थात् जन्म लग्न से सप्तम, अष्टम स्थानों के स्वामी पापपीड़ित होकर छठे या बारहवें स्थानों में चला जाए तो निःसन्देह वैधव्ययोग होता है।

9. पापग्रह से दृष्ट पापग्रह यदि अष्टम स्थान में हो तो और शेष ग्रह चाहे उच्चराशि में ही क्यों न हो, ऐसी स्त्री विधवा अवश्य होती है।

10. जिस स्त्री की कुण्डली में लग्न में शनि एवं मंगल छठें, आठवें, बारहवें, स्थान पर हो तो यह कुण्डली डबल मंगलीक कहलाती है। वह स्त्री भी विधवा होती है। **श्रीमती सोनिया गांधी**, 9.12.1946, समय: 21.30, तुरीन (इटली), श्रीमती सोनिया गांधी की कुण्डली के लग्न में शनि एवं मंगल छठें होने से वैधव्य योग बना।

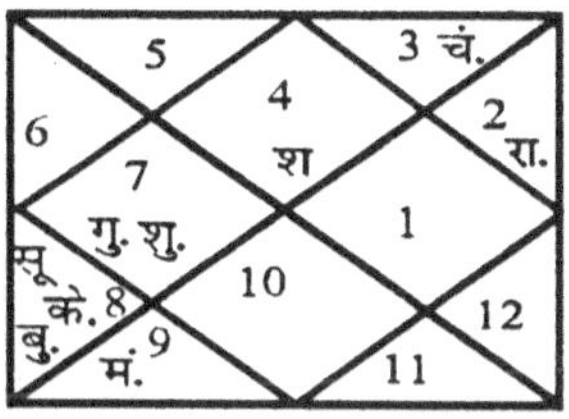

11. जिस स्त्री की कुण्डली में मंगल अथवा सूर्य लग्न या सप्तम स्थान में स्वगृही या उच्च का होकर बैठे तो वह स्त्री अवश्य विधवा होती है किन्तु धनाढ्य होती है।

12. वृष लग्न हो, सप्तम में शनि एवं राहु विवाह के बीस वर्ष बाद हो। मंगल शनि के क्षेत्र में हो, पंचमेश छठें हो तो ऐसी स्त्री विधवा होती है। पुत्र आज्ञा में नहीं रहते। संतान संबंधी चिन्ता बनी रहती है।

13. राहु मेष या वृश्चिक राशि होकर जन्मकुण्डली के सातवें, आठवें या बारहवें स्थान में हो तो स्त्री विवाहोपरान्त विधवा हो जाती है।

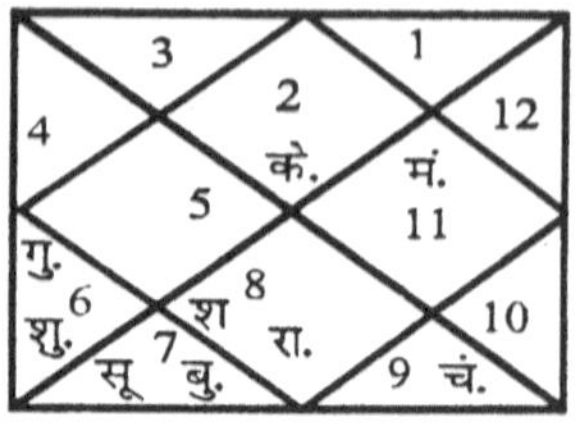

श्रीमती उषा देवी, 7.11.1956, समय-20.01, स्थान-जोधपुर

14. यदि पापग्रह से युक्त मंगल सातवें या आठवें स्थान में हो तो बाल वैधव्य योग बनता है।

15. लग्न में राहु हो, 12, 8वें स्थानों में पापयुक्त मंगल हो स्त्री विधवा होगी।

16. यदि सातवें और आठवें स्थान में मंगल की राशि हो और उसमें शनि पाप ग्रहों के साथ हो तो स्त्री वैश्या होती है।

17. यदि मंगल आठवें हो और पापपीड़ित हो तो ऐसी विवाहिता स्त्री शीघ्र विधवा होती है।

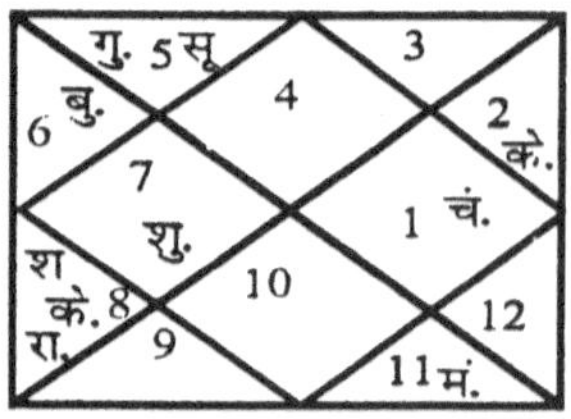

श्रीमती मेनका गांधी, जन्म: 26.8.1956, समय: 5.00, स्थान: दिल्ली, पूर्व केन्द्रीय मंत्री

यहां मंगल आठवें एवं सप्तमेश शनि राहु के साथ होने से पापपीड़ित है। फलत: वैधव्ययोग बना।

17. लग्न में राहु, सातवें शनि हो तो कन्या शीघ्र विधवा होती है।

18. आठवें या बारहवें घर में क्रूर ग्रहों से युक्त मंगल हो और राहु 6,8,12 स्थानों में हो तो इस कन्या की कुण्डली में भी वैधव्य योग बनता है।

19. जिस कन्या के लग्न में मंगल और सातवें भाव में राहु हो तो उसका पति केवल 2 या 3 वर्ष ही जीवित रहता है।

20. जिस कन्या के सातवें घर में मंगल हो व अपने पति को छोड़ देती है या विधवा हो जाती है।

21. राहु, शनि और सूर्य में तीनों पृथक्तावादी ग्रह है। इसमें से किसी दो ग्रहों का प्रभाव जिस भाव पर होता है। उस भाव के सुख में जातक को वंचित कर देते हैं। यदि इनका प्रभाव सप्तम भाव पर है तो जातक को वैवाहिक सुख से वंचित कर देगी।

इस प्रकार के वैधव्य दोष की निवृत्ति हेतु धर्मशास्त्र कहते हैं-

सावित्र्यादिव्रतं कृत्वा, वैधव्यादि निवृत्तये।
अश्वत्थादिभिद्वाह्या, दद्यातां चिरजीवने॥1॥

बालवैधव्ययोग तु कुम्भदुपतिमादिभिः।
कृत्वा लग्नं ततः पश्चात् कन्योद्वाह्येति चापरे॥2॥

अर्थात् वट् सावित्रीव्रत कथा, वटवृक्ष के साथ विवाह, वटवृक्ष की लड़की से बनी सुवर्णयुक्त विष्णुप्रतिभा अथवा कुम्भ (घट) के साथ पहले विवाह करके ही अन्य के साथ विवाह करने से वैधव्य दोष का परिहार हो जाता है।

पुरुष की अकाल मृत्यु

श्री जगदीश गुप्ता, 16.10.1969, समय-7.30, स्थान-लखनऊ

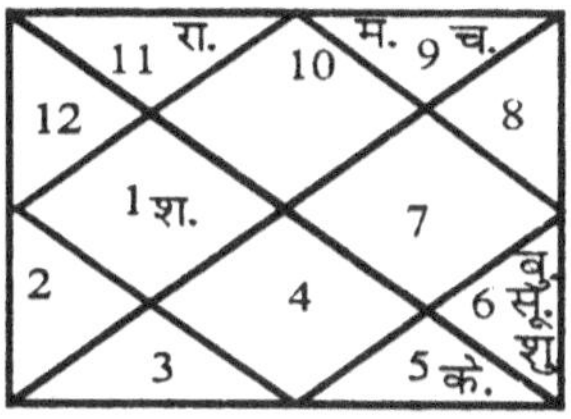

मंगल बारहवें, शनि चौथे नीच का एवं सप्तमेश चन्द्रमा बारहवें होने से कुण्डली **त्रिबल मांगलीक** थी। इस जातक का विलम्ब विवाह 34 वर्ष की आयु में 21.11.2003 को हुआ तथा विवाह के ठीक छः माह के भीतर 23.5.204 को एक सड़क दुर्घटना में अकाल मृत्यु हो गई। इस अकाल मृत्यु का जिम्मेदार आंशिक कालसर्पयोग भी है पर निश्चय ही यह कुण्डली शोध का विषय है।

मंगल और संतान योग

ज्योतिष शास्त्र में मंगल पुरुष ग्रह कहा गया है। यह पुत्र सन्तति का कारक ग्रह है। कहा गया है कि **'भौमे तृतीय क्रमात्'** मंगल यदि तीसरे हो तो तीन भाई और पंचम भाव का स्वामी हो तो **'भौमे पुत्रास्त्रयो वाच्या'** (मानसागरी) तीन पुत्र देता है।

1. यदि पंचम भाव का स्वामी होकर मंगल पंचम में बैठा हो, शुभ ग्रहों द्वारा देखा जाता हो, तो जातक के तीन पुत्र होते हैं। मकर राशि में मंगल पंचम भाव में हो तो भी तीन पुत्रों का योग बनता है।

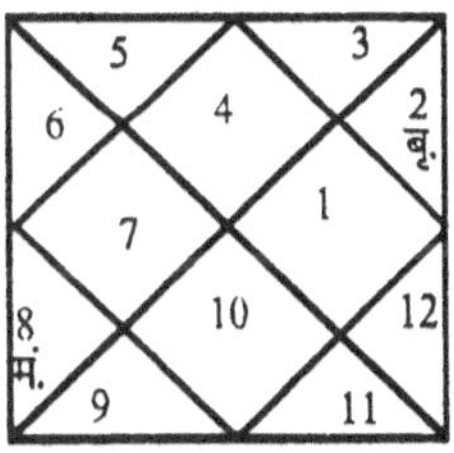

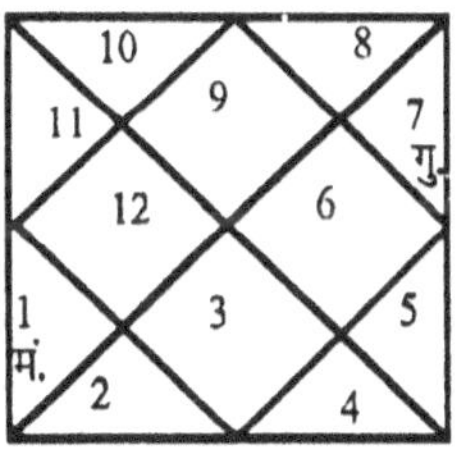

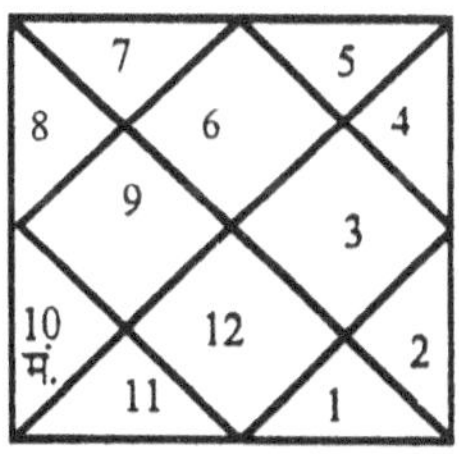

2. जातक तत्त्व के अनुसार यदि लग्न में सूर्य और पंचम भाव में मंगल हो तो जातक **संतानहीन** होता है, यथा

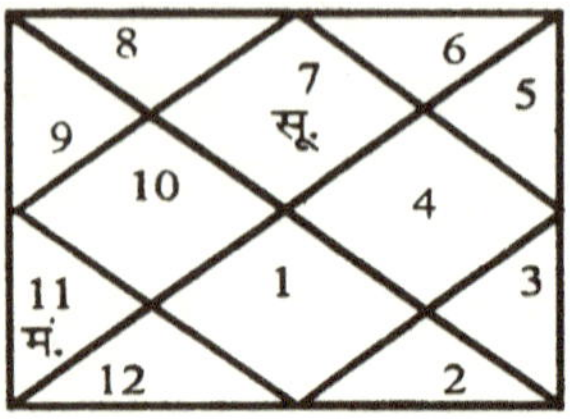

3. जातक तत्त्व के अनुसार पंचम भाव स्थित मंगल पर शत्रुग्रह की दृष्टि हो मंगल शत्रुक्षेत्री या नीच का हो, पापग्रह से युक्त हो तो जातक को 'पुत्र शोक' होता है। यथा-

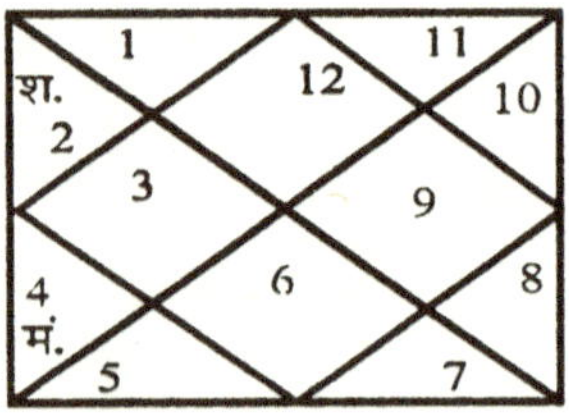

4. 'सुगम ज्योतिष' के अनुसार पंचम भाव का स्थायी मंगल या राहु के साथ हो या पंचमेश राहु एवं मंगल के मध्य हो तो **'पुत्र नाश'** की स्थिति बनती है। यथा-

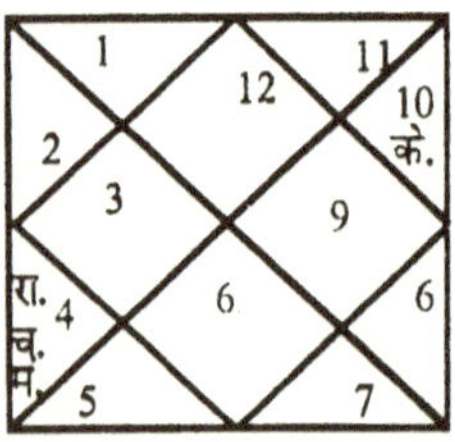

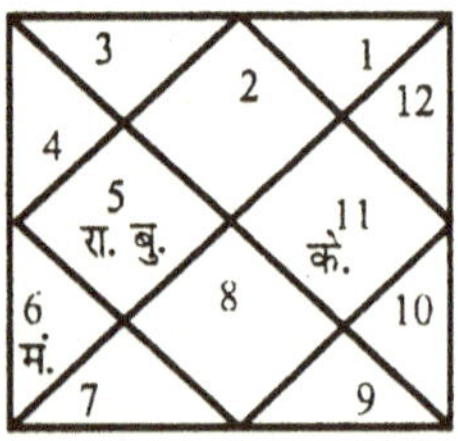

पुत्रमृत्युयोग

5. जातक तत्त्व अ.5/श्लोक 112 के अनुसार पंचम भाव में मंगल की राशि हो, वहां पर् राहु हो, या पंचम भाव राहु, मंगल में दृष्ट हो तो पुत्र सुख नहीं होता।

6. इसी प्रकार पंचम भाव में (जातक तत्त्व अ.5/श्लोक 111) सिंह राशि हो, वहां पर शनि + मंगल बैठे हो और पंचमेश छठे चला गया हो तो पुत्र की मृत्यु होती है यथा-

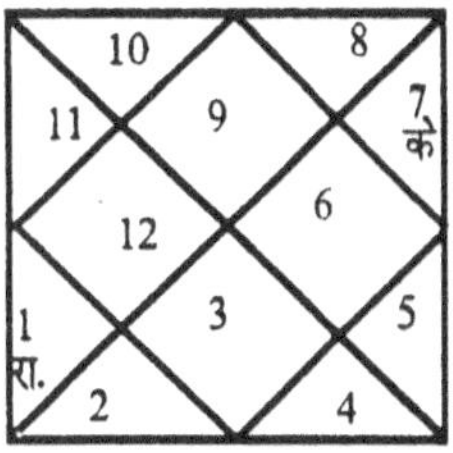

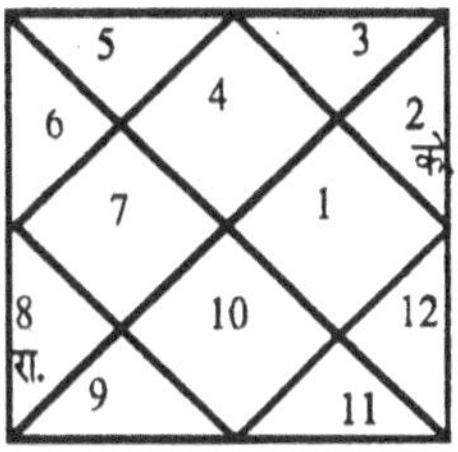

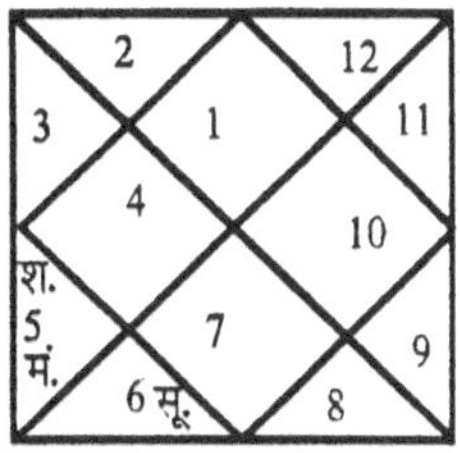

सर्पशाप से पुत्र सन्तति का अभाव

7. जातकतत्व अ.5/श्लोक 89 के अनुसार पंचमेश व लग्नेश निर्बल हो, पंचमेश मंगल से युत हो एवं लग्नेश राहु के युत हो तो सर्प के श्राप से पुत्र सन्तति नहीं होती।
8. जातकतत्व अ.5/श्लोक 82वें अनुसार पंचम भाव में राहु हो और मंगल उसे देखता हो तो सर्प के श्राप से पुत्र की प्राप्ति नहीं होती।
9. जातकतत्व अ.5/श्लोक 87वें के अनुसार पंचमेश मंगल हो पंचम भाव में राहु हो, पंचम भाव शुभ ग्रहों में दृष्ट न हो तो सर्प के श्राप से पुत्र सन्तति नहीं होती।
10. जातक तत्त्व अध्याय 5/श्लोक 93 के अनुसार सूर्य अष्टम में हो, पंचम स्थान में शनि हो, पंचमेश राहु से युत हो तो पितरों के श्राप में सन्तति नहीं होती।
11. वृश्चिक लग्न हो, लग्न में शनि हो (जातकतत्त्व अ.5/96) चतुर्थ स्थान से पाप ग्रह हो, पंचम में चंद्रमा हो तो माता के श्राप से पुत्र सन्तति नहीं होती। उदाहरण–

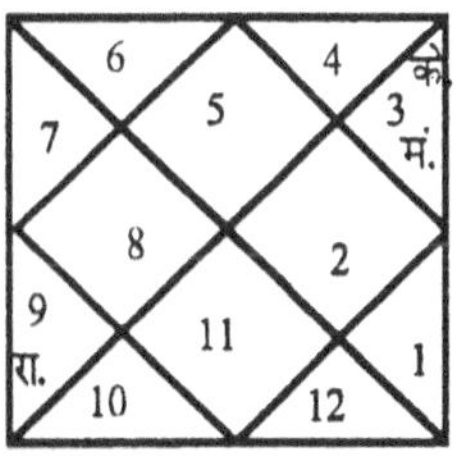

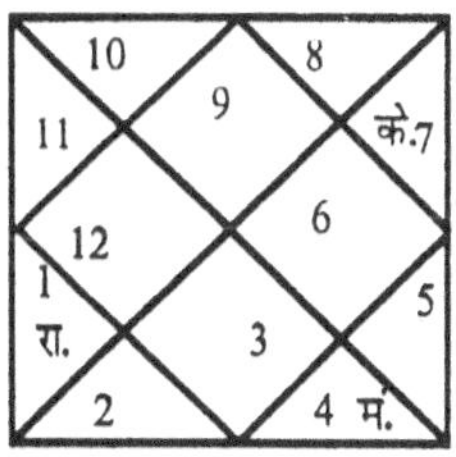

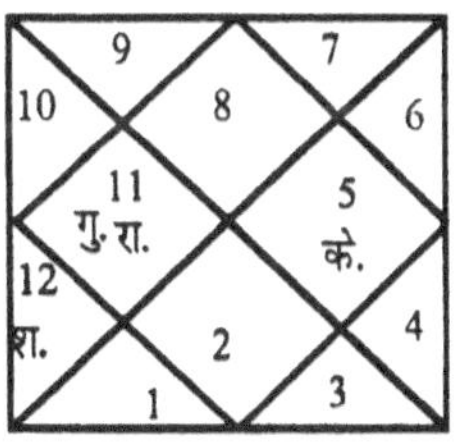

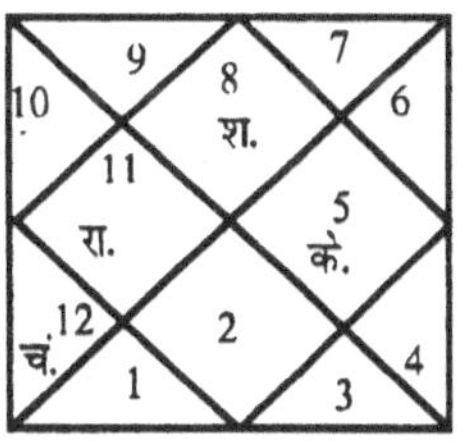

वंश विच्छेद योग

12. जातकतत्त्व 5/श्लोक 156 के अनुसार लग्न में मंगल हो, अष्टम में शनि हो पंचम भाव में सूर्य हो तो जातक का वंश आगे नहीं बढ़ता है।

13. सूर्य लग्न में और शनि सातवें हो अथवा सूर्य+शनि की युति सातवें हो। बृहस्पति दशम भाव को देख रहा हो तो ऐसी स्त्री गर्भ धारण नहीं कर पाती।

उदाहरण–

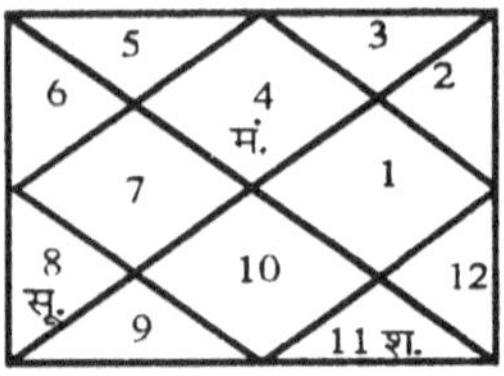

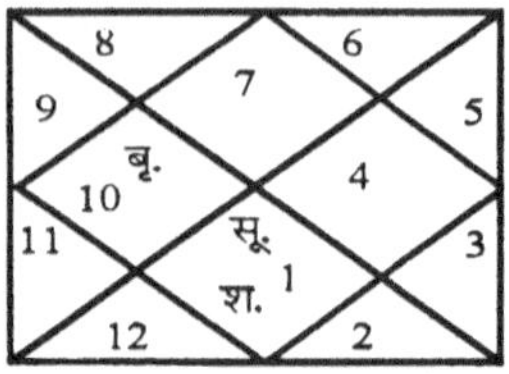

जारज सन्तति

14. यदि सप्तम भाव का स्वामी मंगल के साथ द्वितीय स्थान में हो तो जातक के अनैतिक संबंधों से सन्तान होती है।

15. यदि द्वितीय भाव का स्वामी मंगल के साथ हो, सप्तम भाव में हो तो अनैतिक संबंधों से संतान होती है।

16. पंचम भाव का स्वामी मंगल के साथ हो अथवा पंचमेश मंगल के साथ जन्म कुण्डली द्वितीय स्थान या सप्तम स्थान में स्थित हो तो अनैतिक संबंधों से सन्तान होती है। यथा

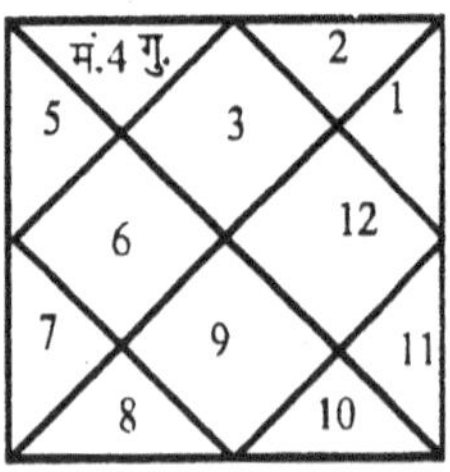

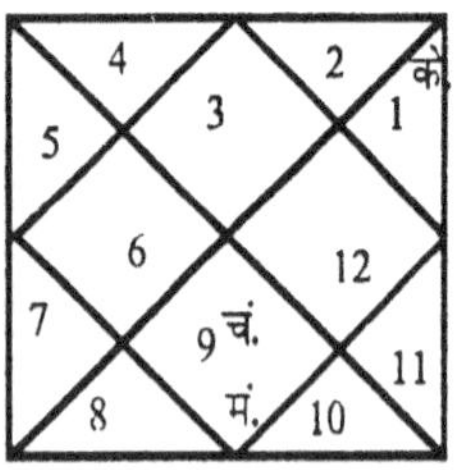

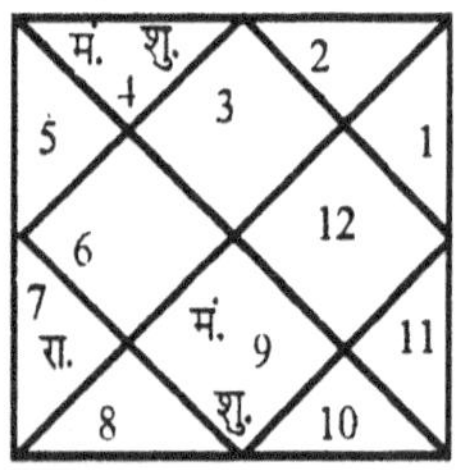

राशि नक्षत्र एवं नक्षत्र चरणानुसार मंगल ग्रह का जातक पर प्रभाव

मंगल मेष राशि अश्विनी नक्षत्र में जन्मगत फल

मंगल मेष राशि में स्वगृही होता है। मंगल 1 अंश से 12 अंश तक मेषराशि में मूल त्रिकोणी होने से पूर्ण बली कहलाता है। जन्म कुण्डली के चौथे व दसवें स्थान पर होने से मंगल **'दिक्बली'** होकर अत्याधिक शुभ फल देगा। लग्न से 1,4,7,8,12 पर होने से कुण्डली **'मंगलीक'** होगी जबकि मेष का मंगल 1,4,7,10 स्थानों में होने से **'रुचकयोग'** बनेगा। जिसके कारण जातक राजा के समान पराक्रमी एवं वैभवशाली होगा। अश्विनी नक्षत्र अश्वमुख, वैश्य जाति का, तामसिक, लघु स्वभाव, मन्द लोचन एवं तिर्यकमुखी है। यह पुर्लिंग है। यह भी गण्डमूल नक्षत्र माना गया है।

अश्विनी प्रथम चरण–अश्विनी नक्षत्र का स्वामी केतु है तथा प्रथम चरण का स्वामी मंगल है। अश्विनी नक्षत्र के प्रथम चरण में जन्म लेने वाला व्यक्ति बहुत ही भाग्यशाली होता है। परन्तु संघर्षमय जीवन रहेगा। जातक गणित व इंजीनियरिंग में विशेष दक्षता प्राप्त करता है। समाज में उच्च पद व प्रतिष्ठा प्राप्त करता है।

अश्विनी द्वितीय चरण–अश्विनी नक्षत्र का स्वामी केतु है तथा द्वितीय चरण का स्वामी शुक्र है। जातक भाग्यशाली होगा। जातक के पास उत्तम भवन-भूसम्पत्ति एवं पत्नी का भी पूर्ण सुख होगा।

अश्विनी तृतीय चरण–अश्विनी नक्षत्र का स्वामी केतु है तथा तृतीय चरण का स्वामी बुध है। जातक भाग्यशाली होगा। उत्तम भवन एवं भूमि का स्वामी होगा। जातक व्यापार प्रिय होगा।

अश्विनी चतुर्थ चरण–अश्विनी नक्षत्र का स्वामी केतु है तथा चतुर्थ चरण का स्वामी चन्द्रमा है। जातक भाग्यशाली होगा। उत्तम भूमि व भवन का स्वामी होगा। जीवन संघर्षमय रहेगा। जातक को माता का सुख एवं सम्पत्ति मिलेगी। सन्तान की दृष्टि से जातक सुखी होता है।

उपचार–अश्विनी नक्षत्र का देवता अश्विनी कुमार है। इस नक्षत्र की शान्ति हेतु ब्राह्मणों को भोजन कराना चाहिए। भोजन से भरी हुई थाली दान करना चाहिए। महामृत्युंजय के मंत्र जाप से इसका दोष शान्त हो जाता है। 28 दिन तक अश्विनी नक्षत्र (मूर्ति) के नित्य दर्शन से ग्रह दोष शांत हो जाता है। कारस्कर नामक वृक्ष की समिधा से हवन करना चाहिए।

मंगल मेष राशि, भरणी नक्षत्र में

भरणी नक्षत्र, भगाकर, स्त्रीलिंगी, चाण्डाल जाति का, राजसी, उग्र स्वभाव का, अधोमुखी एवं मध्यलोचन है। मंगल यहां विलासी होता है।

भरणी प्रथम चरण–भरणी नक्षत्र का स्वामी शुक्र है तथा प्रथम चरण का स्वामी सूर्य है। स्वगृही मंगल के कारण जातक उत्तम भूमि व भवन का स्वामी होता है। जातक के पास उत्तम श्रेणी का वाहन भी होगा। जातक सरकार में वर्चस्व रखेगा।

भरणी द्वितीय चरण–भरणी नक्षत्र का स्वामी शुक्र है तथा द्वितीय चरण का स्वामी चन्द्र है। जातक के पास उत्तम भवन-भूमि का सुख, वाहन एवं माता का सुख भी होगा।

भरणी तृतीय चरण–भरणी नक्षत्र का स्वामी शुक्र है तथा तृतीय चरण का स्वामी शुक्र है। जातक उत्तम भूमि व भवन का स्वामी होगा। सुन्दर वाहन भी होगा। पत्नी सुन्दर होगी। ऐसे जातक को स्त्री-मित्र से बहुत लाभ होगा। जातक विलासी होगा।

भरणी चतुर्थ चरण–भरणी नक्षत्र का स्वामी शुक्र और चतुर्थ चरण का स्वामी मंगल है। ऐसे जातक को उत्तम भूमि व भवन का सुख होगा। पत्नी सुन्दर होगी एवं जातक के पास उत्तम वाहन भी होगा। जातक कुशल चिकित्सक होता है।

उपचार-भरणी नक्षत्र कका देवता यम है। इसकी शान्ति गो-अन्नादि के दान से होती है। 'यमायत्वेतिमंत्र: कि जप से भरणी नक्षत्र के देवता प्रसन्न होते हैं।

मंगल मेष राशि, कृतिका नक्षत्र

अंश 26.40 से 40.00 तक

कृतिका नक्षत्र छुरे की आकृति वाला, स्त्रीलिंग, विप्र जाति का, सात्विक, मिश्र स्वभाव का, अधोमुखी एवं सुलोचन नक्षत्र है।

9. **कृतिका प्रथम भाव**–कृतिका नक्षत्र का स्वामी सूर्य है। कृतिका नक्षत्र के प्रथम चरण का स्वामी बृहस्पति है। ऐसा जातक राज्य (सरकार) में उत्तम पद-प्रतिष्ठा को प्राप्त करता है। जातक उपदेशक व कुशल वक्ता होता है।

स्वगृही मंगल के कारण जातक उत्तम भूमि व भवन का स्वामी होता है। जातक में प्रखर तर्क शक्ति होती है।

मंगल वृष राशि, कृतिका नक्षत्र में

कृतिका का द्वितीय चरण–कृतिका नक्षत्र का स्वामी सूर्य है तथा द्वितीय चरण का स्वामी शनि है। ऐसे जातक को राज्य (सरकार) में उत्तम पद-प्रतिष्ठा की प्राप्ति होती है। जातक की उन्नति होती है व प्रारम्भिक जीवन संघर्षमय रहेगा।

कृतिका तृतीय चरण–कृतिका नक्षत्र का स्वामी सूर्य है तथा तृतीय चरण का स्वामी शनि होगा। ऐसे जातक को अर्ध-सरकारी नौकरी व उत्तम पद की प्राप्ति होती है। जातक प्रारम्भिक जीवन संघर्षमय रहेगा। जातक को सत्ता पक्ष से लाभ होता है।

कृतिका का चतुर्थ चरण–कृतिका नक्षत्र का स्वामी सूर्य है तथा चतुर्थ चरण का स्वामी बृहस्पति होता है। ऐसे जातक को राज्य (सरकार) में उत्तम पद की प्राप्ति होती है। जातक उपदेशक होगा। अध्ययन-अध्यापन में रुचि रखेगा। जातक को सत्तापक्ष से लाभ होता है।

उपचार-कृतिका नक्षत्र का देवता अग्नि है। इस नक्षत्र की शान्ति हेतु स्वर्ण का दान करना चाहिए। 'अग्निमूर्धिति' मंत्र से इसके देवता प्रसन्न होते हैं। उदुम्बर नामक वृक्ष की समिधा से हवन करना चाहिए।

मंगल वृष राशि, रोहिणी नक्षत्र में

अंश 40.00 से 53.20 तक

रोहिणी नक्षत्र रथ के आकार का, स्त्रीलिंग, शूद्रजाति, सात्विक गुण का, ध्रुव संज्ञक, उर्ध्वमुखी अन्धलोचन नक्षत्र है।

रोहिणी प्रथम चरण–रोहिणी नक्षत्र का स्वामी चन्द्र है तथा नक्षत्र चरण स्वामी मंगल है। ऐसा जातक धनवान होता है। जातक को भूमि से लाभ होता है।

रोहिणी का द्वितीय चरण–रोहिणी नक्षत्र का स्वामी चन्द्र है तथा नक्षत्र के द्वितीय चरण का स्वामी शुक्र है। ऐसा जातक धनवान होता है। जातक को गृहस्थ जीवन सुखी रहता है।

रोहिणी का तृतीय चरण–रोहिणी नक्षत्र का स्वामी चन्द्र है तथा नक्षत्र के तृतीय चरण का स्वामी बुध है। ऐसा जातक धनवान होता है।

रोहिणी का चतुर्थ चरण–रोहिणी नक्षत्र का स्वामी चन्द्र है तथा नक्षत्र के चतुर्थ चरण का स्वामी भी चन्द्र है। ऐसा जातक धनवान होता है। जातक जलीय पदार्थों एवं विदेश यात्रा से धन कमाता है।

उपचार–रोहिणी नक्षत्र का देवता ब्रह्मा है। इस नक्षत्र की शान्ति हेतु घृत का दान करना चाहिए। 'ब्रह्मयज्ञेति'' मंत्र से इसके देवता प्रसन्न होते हैं। जम्बु नाम वृक्ष की समिधा से हवन करना चाहिए।

मंगल वृष राशि, मृगशिरा नक्षत्र में

अंश 53.20 से 60.00 तक

मृगशिरा मृग जैसे सिर वाला, नपुंसक, शिल्पी जाति का, तामसिक, मृदु स्वभाव का, तिर्यकमुखी, मंदलोचन नक्षत्र है। मंगल यहां प्रसन्न रहता है।

मृगशिरा का प्रथम चरण–मृगशिरा का स्वामी मंगल है। इसके द्वितीय चरण का स्वामी सूर्य है। ऐसे जातक को उत्तम भूमि एवं उत्तम भवन का लाभ मिलता है। जातक को सरकारी क्षेत्र में भी लाभ होता है।

मृगशिरा का द्वितीय चरण–मृगशिरा नक्षत्र का स्वामी मंगल है। इसके द्वितीय चरण का स्वामी बुध है। ऐसे जातक को उत्तम भूमि एवं भवन का लाभ मिलता है। जातक व्यापार-प्रिय होता है।

मंगल मिथुन राशि, मृगशिरा नक्षत्र में

अंश 60.00 से 66.40 तक

मृगशिरा नक्षत्र तृतीय चरण–मृगशिरा नक्षत्र का स्वामी मंगल है। इसके तृतीय चरण का स्वामी शुक्र है। ऐसे जातक को उत्तम भूमि एवं भवन का लाभ मिलता है। जातक को गृहस्थ सुख उत्तम रहता है।

मृगशिरा नक्षत्र चतुर्थ चरण–मृगशिरा नक्षत्र का स्वामी मंगल है। इसके चतुर्थ चरण का स्वामी बुध है। जातक को श्वास का रोग होता है। ऐसे जातक को उत्तम भूमि व भवन का लाभ मिलता है। जातक व्यापार प्रिय होता है।

उपचार–मृगशिरा नक्षत्र का देवता चन्द्र है। यह तिल (श्वेत) दान से प्रसन्न होता है। 'इम देवेति' मंत्र से मृगशिरा नक्षत्र के देवता प्रसन्न होते हैं। खादिर नामक वृक्ष की समिधा से हवन करना चाहिए।

मंगल मिथुन राशि, आर्द्रा नक्षत्र में

अंश 66.40 से 80.00 तक

आर्द्रा नक्षत्र मणि की आकृति वाला, स्त्रीलिंग, कसाई जाति का, तामसिक, दारुण स्वभाव, उर्ध्वमुखी एवं मध्यलोचन नक्षत्र है। मंगल यहां उद्विग्न रहता है। जातक शिक्षाविद्, विद्वान, गणितज्ञ व श्रेष्ठ ज्योतिषी होता है।

आर्द्रा नक्षत्र प्रथम चरण–आर्द्रा नक्षत्र का स्वामी राहु है। इसके प्रथम चरण को स्वामी बृहस्पति होता है। ऐसा जातक लड़ाकू एवं विचलित मन-मस्तिष्क वाला होता है। जातक बातूनी एवं बड़े बोल बोलने वाला होता है।

आर्द्रा नक्षत्र द्वितीय चरण–आर्द्रा नक्षत्र का स्वामी राहु है। इसके द्वितीय चरण का स्वामी शनि होता है। ऐसा जातक लड़ाकू एवं अव्यवस्थिति चित्तवृत्ति वाला होता है। जातक में ईर्ष्यालु स्वभाव एवं बदला लेने की भावना अधिक होती है।

आर्द्रा नक्षत्र तृतीय चरण–आर्द्रा नक्षत्र का स्वामी राहु है। इसके तृतीय चरण का स्वामी भी शनि होता है। ऐसा जातक लड़ाकू एवं अव्यवस्थित चितवृत्ति वाला होता है। जातक में ईर्ष्यालु स्वभाव एवं बदला लेने की भावना अधिक होती है।

आर्द्रा नक्षत्र चतुर्थ चरण–आर्द्रा नक्षत्र का स्वामी राहु है। इसके चतुर्थ चरण का स्वामी भी बृहस्पति होता है। ऐसा जातक लड़ाकू एवं अस्थिर चितवृत्ति वाला होता है। ऐसा जातक उपदेश में कुशल होता है।

उपचार–आर्द्रा नक्षत्र का देवता शिव है। गोदान करने से यह नक्षत्र प्रसन्न होता है। ''नमस्ते रुद्रेति'' के मंत्र से आर्द्रा नक्षत्र के देवता प्रसन्न होते हैं। कृष्ण नामक वृक्ष की समिधा से हवन करना चाहिए।

मंगल मिथुन राशि, पुनर्वसु नक्षत्र में

अंश 80.00 से 90.00 तक

पुनर्वसु नक्षत्र गृह की आकृति वाला, पुल्लिंग, वैश्य जाति का, सात्विक स्वभाव वाला, चर संज्ञक, तिर्यकमुखी एवं सुलोचन नक्षत्र है।

पुनर्वसु प्रथम चरण–पुनर्वसु नक्षत्र का स्वामी बृहस्पति होता है। परन्तु इसके प्रथम चरण का स्वामी शुक्र होता है। ऐसा व्यक्ति अध्यापक होता है। कृषि वैज्ञानिक होता है। बैंक से सम्बन्धित कर्मचारी होता है।

पुनर्वसु द्वितीय चरण–पुनर्वसु नक्षत्र का स्वामी बृहस्पति होता है। परन्तु इसके द्वितीय चरण का स्वामी शुक्र होता है। ऐसा व्यक्ति अध्यापन-अध्ययन में रुचि रखता है। व्यापारी होता है। व्यापार-व्यवसाय से धनार्जन करने में कुशल होता है।

मंगल कर्क राशि, पुनर्वसु नक्षत्र में

अंश 90.00 से 93.20 तक

मंगल यदि कर्क (नीच) राशि में हो, पुनर्वसु नक्षत्र में हो जातक विद्युत व जलीय सयन्त्रों में रुचि रखता है। जातक निर्माण कार्य, फैक्ट्ररी व उद्योग लगाने में विश्वास रखता है। ऐसा जातक रचनात्मक ऊर्जा एवं सकारात्मक शक्ति से ओत-प्रोत होता है। कर्क राशि के 28 अंशों में मंगल परम नीच का कहलाता है।

पुनर्वसु चतुर्थ चरण–पुनर्वसु नक्षत्र का स्वामी बृहस्पति होता है परन्तु इसके चतुर्थ चरण का स्वामी चन्द्रमा होता है। ऐसा व्यक्ति उपदेशक होता है। ज्योतिषी एवं मनोवैज्ञानिक होता है। जातक मध्यम आयु के बाद धनवान होता है।

उपचार–पुनर्वसु नक्षत्र के देवता अदिति है। पीतल के दान से वह नक्षत्र प्रसन्न होता है। ''अदितिद्यौरिति'' मंत्र से इसके देवता प्रसन्न होते है। ''वंश'' नामक वृक्ष की समिधा से हवन करना चाहिए।

मंगल कर्क राशि, पुष्य नक्षत्र में

अंश 93.20 से 106.40 तक

मंगल यदि कर्क (नीच राशि में हो, पुष्य नक्षत्र में हो जातक धूर्त होता है। उसका कार्य संदिग्ध रहता है। ऐसा जातक नशा, जुआ व स्त्रियों से ज्यादा लगाव रखता है। पुष्य नक्षत्र तीर की आकृति वाला, पुल्लिग, क्षत्रिय जाति, तामसिक, लघुसंज्ञक, उर्ध्वमुखी एवं अंध लोचन होता है।

पुष्य नक्षत्र प्रथम चरण–पुष्य नक्षत्र का स्वामी शनि होता है तथा प्रथम चरण का स्वामी सूर्य है। मंगल यहां उद्विग्न रहता है। ऐसा जातक जुआरी होता है। बीज के धंधे में, स्त्रियों से भागीदारी में रुचि रखता है। खेती, शेयर या बड़ी कम्पनियों से जुड़ने में रुचि रखता है। ऐसे जातक में जीवन शक्ति भरपूर होती है। जातक तार्किक बुद्धि युक्त धनी व्यक्ति होगा।

पुष्य नक्षत्र द्वितीय चरण–पुष्य नक्षत्र का स्वामी शनि तथा द्वितीय चरण का स्वामी बुध है। ऐसा व्यक्ति जुआरी होता है। व्यापार-लॉटरी, शेयर व सट्टे में रुचि रखता है। अचानक भाग्योदय कैसे हो इसमें ज्यादा रुचि रहती है।

पुष्य नक्षत्र तृतीय चरण–पुष्य नक्षत्र का स्वामी शनि है तथा तृतीय चरण का स्वामी शुक्र है। ऐसा व्यक्ति विलासी, व्यभिचारी एवं लम्पट होता है। शीघ्र धनवान होने में रुचि रखता है। जीवन में short-cut कार्य करने की प्रवृत्ति होती है। जातक धनी होगा।

पुष्य नक्षत्र चतुर्थ चरण–पुष्य नक्षत्र का स्वामी शनि है तथा चतुर्थ चरण का स्वामी मंगल है। ऐसा व्यक्ति विलासी, व्यभिचारी व कठोर हृदय वाला होता है। जातक को भूमि सम्बन्धी कार्य में लाभ मिलता है।

उपचार–पुष्य नक्षत्र के देवता गुरु है। तेल व अन्न के दान से यह शान्त होते है। ''बृहस्पतेति'' मंत्र के जाप से पुष्य नक्षत्र के देवता प्रसन्न होते हैं। पीपल की समिधा से हवन करना चाहिए।

मंगल कर्क राशि, आश्लेष नक्षत्र में

अंश 106.40 से 120.00 तक

यह गण्ड मूल नक्षत्र है। मंगल यदि कर्क (नीच राशि में हो, आश्लेषा नक्षत्र में हो तो जातक फर्टिलाइजर या किसी कम्पनी का सेल्समैन होता है। भोज्य पदार्थो के विक्रय में रुचि रखता है। जुए का शौकीन होता है। आश्लेषा चक्र की आकृति वाला, चाण्डाल जाति का, राजसिक, दारुण्य स्वभाव, अधोमुखी एवं मन्द लोचन है।

आश्लेषा प्रथम चरण–आश्लेषा नक्षत्र का स्वामी बुध होता है। परन्तु इसके प्रथम चरण का स्वामी बृहस्पति होता है। ऐसा जातक व्यवहार कुशल एवं व्यापार प्रिय होता है। जातक कथावाचक उपदेशक अथवा शास्त्रज्ञ होता है।

आश्लेषा द्वितीय चरण–आश्लेषा नक्षत्र का स्वामी बुध होता है। परन्तु इसके द्वितीय चरण का स्वामी शनि होता है। ऐसा जातक व्यवहार कुशल एवं व्यापार प्रिय होता है। पर जातक के कथनी और करणी में अन्तर होगा। जातक अन्त: कपटी होगा।

आश्लेषा तृतीय चरण–आश्लेषा नक्षत्र का स्वामी बुध होता है। परन्तु इसके तृतीय चरण का स्वामी शनि होता है। ऐसा जातक व्यवहार कुशल एवं व्यापार प्रिय होता है। जातक के कथनी और करणी में अन्तर होता है। जातक अन्त: कपटी होगा।

आश्लेषा चतुर्थ चरण–आश्लेषा नक्षत्र का स्वामी बुध होता है। परन्तु इसके चतुर्थ चरण का स्वामी बृहस्पति होता है। ऐसा जातक ज्यवहार कुशल एवं व्यापार प्रिय होता है। जातक शास्त्र का ज्ञाता एवं कुशल वक्ता होता है।

उपचार–आश्लेषा नक्षत्र का देवता सूर्य है। गो, गज इत्यादि वाहन के दान से यह प्रसन्न होता है। ''नमोस्तुसर्वेति'' मंत्र से इस नक्षत्र का दुष्प्रभाव नष्ट होता है। ''नाग'' नामक वृक्ष की समिधा से हवन करना चाहिए।

मंगल सिंह राशि, मघा नक्षत्र में

अंश 120.00 से 133.20 तक

मंगल यदि सिंह राशि में, मघा नक्षत्र में हो तो जातक आध्यात्मिक होता है। लकड़ी, फर्नीचर का बड़ा व्यापारी होता है। मघा नक्षत्र स्त्रीलिंग, शूद्र जाति का, तामसिक, उग्र स्वभाव का, अधोमुखी एवं सुलोचन नक्षत्र है। यह गण्डमूल नक्षत्र है। जिसकी शान्ति अनिवार्य है।

मघा प्रथम चरण-मघा नक्षत्र का स्वामी केतु है। इसके प्रथम चरण का स्वामी मंगल है। ऐसा जातक व्यापारी होता है तथा आध्यात्मिक होता है। ऐसे जातक को भूमि लाभ जरूर होता है।

मघा द्वितीय चरण-मघा नक्षत्र का स्वामी केतु है। इसके द्वितीय चरण का स्वामी शुक्र है। ऐसा जातक व्यापारी होता है तथा आध्यात्मिक होता है। ऐसे जातक को पत्नी के अतिरिक्त पराई स्त्री का सुख जरूर मिलता है।

मघा तृतीय चरण-मघा नक्षत्र का स्वामी केतु है। इसके तृतीय चरण का स्वामी बुध है। ऐसा जातक व्यापारी होता है तथा आध्यात्मिक होता है। ऐसे जातक को दो-तीन प्रकार के व्यापार से लाभ होता है जातक उदार हृदय वाला, परोपकारी होता है।

मघा चतुर्थ चरण-मघा नक्षत्र का स्वामी केतु है। इसके चतुर्थ चरण का स्वामी चन्द्रमा है। ऐसा जातक व्यापारी होता है तथा आध्यात्मिक होता है। ऐसे जातक को कला जैसे क्षेत्र में, हैण्डीक्राफ्ट में, कहानी, लेखन, कविता से लाभ होता है। जातक उदार होता है।

उपचार-मघा नक्षत्र का देवता पितर है। ब्राह्मणों को भोजन, वस्त्र व घी दान करने से इसके देवता प्रसन्न होते हैं। **''पितृम्य''** इस मंत्र के जाप से यह नक्षत्र प्रसन्न होता है। 'रोहिणी' नामक वृक्ष की समिधा से हवन करना चाहिए।

मंगल सिंह राशि, पूर्वाफाल्गुनी नक्षत्र में

अंश 133.20 से 146.40 तक

मंगल यदि सिंह राशि में हो, पूर्वाफाल्गुनी नक्षत्र में हो तो जातक आध्यात्मिक होता है। पूर्वाफाल्गुनी मंच के आकार वाला, स्त्रीलिंग, विप्र जाति का, राजसिक, उग्र स्वभाव, अधोमुखी एवं सुलोचन नक्षत्र है।

पूर्वाफाल्गुनी प्रथम चरण–पूर्वाफाल्गुनी का स्वामी शुक्र है। पूर्वाफाल्गुनी के प्रथम चरण का स्वामी सूर्य है। ऐसा जातक आध्यात्मिक होने के साथ-साथ रसिक मिजाज व्यक्ति होता है। ऐसे व्यक्ति का राजकीय क्षेत्र में प्रभाव अक्षुण्ण होता है।

पूर्वाफाल्गुनी द्वितीय चरण–पूर्वाफाल्गुनी का स्वामी शुक्र है। इसके द्वितीय चरण का स्वामी बुध है। ऐसा जातक आध्यात्मिक होने के साथ-साथ रसिक मिजाज व्यक्ति होता है। ऐसे व्यक्ति का व्यापारिक क्षेत्र में प्रभाव अक्षुण्ण होता है।

पूर्वाफाल्गुनी तृतीय चरण–पूर्वाफाल्गुनी का स्वामी शुक्र है। इसके तृतीय चरण का स्वामी शुक्र है। ऐसा जातक आध्यात्मिक होने के साथ-साथ रसिक

मिजाज व्यक्ति होता है। ऐसे व्यक्ति को उत्तम वाहन, उत्तम स्त्री एवं उत्तम सन्तति का सुख होता है।

पूर्वाफाल्गुनी चतुर्थ चरण–पूर्वाफाल्गुनी का स्वामी शुक्र है। इसके चतुर्थ चरण का स्वामी मंगल है। ऐसा जातक आध्यात्मिक होने के साथ-साथ रसिक मिजाज का व्यक्ति होता है। ऐसे व्यक्ति को भूमि संबंधी क्रिया-कलापों में लाभ होता है। जीवन साथी प्राय: बीमार रहता है।

उपचार-पूर्वाफाल्गुनी नक्षत्र का देवता भग है। भोजन, दान करने से इस नक्षत्र की शान्ति होती है। ''भगप्प्रणे:' इस मंत्र जाप से इस नक्षत्र के देवता प्रसन्न होते हैं। पलाश वृक्ष की समिधा से हवन करना चाहिए।

मंगल सिंह राशि, उत्तराफाल्गुनी नक्षत्र में

अंश 146.40 से 150.00 तक

मंगल यदि सिंह राशि में हो, उत्तरा फाल्गुनी नक्षत्र में हो, तो जातक का राजनैतिक कद ऊंचा होता है। जातक सत्ता के प्रमुख पद पर आरूढ़ होता है अथवा न्यायाधिपति होता है। उत्तराफाल्गुनी शैय्या के आकार वाला, स्त्रीलिंग, क्षत्रिय जाति, सात्विक, ध्रुव संज्ञक, उर्ध्वमुखी एवं अन्धलोचन नक्षत्र है।

उत्तराफाल्गुनी प्रथम चरण–उत्तराफाल्गुनी नक्षत्र का स्वामी सूर्य है। इसके प्रथम चरण का स्वामीं बृहस्पति है। ऐसे जातक को सरकारी कार्य से लाभ होता है। जातक प्रोफेसर, प्रिंसिपल एवं विभागाध्यक्ष होता है। अध्ययन-अध्यापन में रुचि रखता है।

मंगल कन्या राशि, उत्तराफाल्गुनी नक्षत्र में

अंश 150 से 160 तक

उत्तराफाल्गुनी द्वितीय चरण–उत्तराफाल्गुनी नक्षत्र का स्वामी सूर्य है। इसके द्वितीय चरण का स्वामी शनि है। ऐसे जातक को सरकारी कार्यों से लाभ होता है। जातक को काफी संघर्ष करना पड़ता है।

उत्तराफाल्गुनी तृतीय चरण–उत्तराफाल्गुनी नक्षत्र का स्वामी सूर्य है। इसके तृतीय चरण का स्वामी शनि है। ऐसे जातक को सरकारी कार्य से लाभ होता है। घर परिवार में संघर्ष रहता है।

उत्तराफाल्गुनी चतुर्थ चरण–उत्तराफाल्गुनी नक्षत्र का स्वामी सूर्य है। इसके चतुर्थ चरण का स्वामी बृहस्पति है। ऐसे जातक को सरकारी कार्य से लाभ होता है। जातक उपदेशक होता है। प्रोफेसर, प्रिंसिपल एवं विभागाध्यक्ष होता है।

उपचार–उत्तराफाल्गुनी नक्षत्र का देवता ''अर्यमा'' है। अन्नदान से इसकी शान्ति होती है। ''दध्यावर्धेति:' मंत्र के जाप से इसके देवता प्रसन्न होते हैं। 'प्लक्ष' वृक्ष की समिधा से हवन करना चाहिए।

मंगल कन्या राशि, हस्त नक्षत्र में

अंश 160 से 173.20 तक

मंगल यदि कन्या राशि में हो, हस्त नक्षत्र में हो, तो जातक कलाकार होता है। हस्त नक्षत्र हाथ के आकार वाला, वैश्य जाति का, पुल्लिंग, सात्विक, लघुसंज्ञक, तिर्यकमुखी एवं मन्दलोचन नक्षत्र है। मंगल के शुभ फल इस नक्षत्र में अधिक मिलेंगे।

हस्त नक्षत्र प्रथम चरण–हस्त नक्षत्र का स्वामी चन्द्रमा है। इसके प्रथम चरण का स्वामी मंगल है। ऐसा जातक कलाकार होता है। जातक को भूमि सम्बन्धी क्रियाकलापों से लाभ होता है।

हस्त नक्षत्र द्वितीय चरण–हस्त नक्षत्र का स्वामी चन्द्रमा है। इसके द्वितीय चरण का स्वामी शुक्र है। ऐसा जातक कलाकार होता है। ऐसे जातकों के पास उत्तम वाहन का सुख होता है।

हस्त नक्षत्र तृतीय चरण–हस्त नक्षत्र का स्वामी चन्द्रमा है। इसके तृतीय चरण का स्वामी बुध है। ऐसा जातक कलाकार होता है। ऐसा जातक व्यापार प्रिय होता है।

हस्त नक्षत्र चतुर्थ चरण–हस्त नक्षत्र का स्वामी चन्द्रमा है। इसके चतुर्थ चरण का स्वामी चन्द्रमा है। ऐसा जातक कवि हृदय व कलाकार होता है। जातक कल्पनाशक्ति के माध्यम से कमाता है।

उपचार–हस्त नक्षत्र का देवता 'रवि' है। तेल दान से इस नक्षत्र की शान्ति होती है। 'उदुत्यंजातवेदो' के मंत्र जाप से इस नक्षत्र के देवता प्रसन्न होते है। 'अम्बष्ठ'' नामक वृक्ष की समिधा से हवन करना चाहिए।

मंगल कन्या राशि, चित्रा नक्षत्र में

अंश 173.20 से 180.00 तक

मंगल यदि कन्या राशि में हो, चित्रा नक्षत्र में हो तो जातक वैज्ञानिक अभिरुचि वाला, क्राफ्टमैन या तकनीकी विद्या, इंजीनियरिंग में सिद्ध हस्त होता है। चित्रा नक्षत्र मुक्ता की आकृति वाला, स्त्रीलिंग, शिल्पी, तामसिक, मृदु स्वभाव, तिर्यकमुखी, मध्यलोचन नक्षत्र है।

चित्रा प्रथम चरण–चित्रा नक्षत्र का स्वामी मंगल है। इसके प्रथम चरण का स्वामी सूर्य है। ऐसे जातक को उत्तम भूमि एवं उत्तम भवन का लाभ मिलता है। जातक को सरकारी क्षेत्र में भी लाभ मिलता है।

चित्रा द्वितीय चरण–चित्रा नक्षत्र का स्वामी मंगल है। इसके द्वितीय चरण का स्वामी बुध है। ऐसे जातक को उत्तम भूमि एवं उत्तम भवन का लाभ मिलता है। जातक व्यापार प्रेमी होगा और व्यापार से धनार्जन करेगा।

मंगल तुला राशि, चित्रा नक्षत्र में

अंश 180 से 186.40 तक

मंगल यदि कन्या राशि में हो, चित्रा नक्षत्र में हो तो जातक वैज्ञानिक अभिरुचि वाला, क्राफ्टमैन या तकनीकी विद्या, इंजीनियरिंग में सिद्धहस्त होता है।

चित्रा तृतीय चरण–चित्रा नक्षत्र का स्वामी मंगल है। इसके तृतीय का स्वामी शुक्र है। ऐसे जातक को उत्तम भूमि एवं उत्तम भवन का लाभ मिलता है। जातक को गृहस्थ सुख श्रेष्ठ मिलता है।

चित्रा चतुर्थ चरण–चित्रा नक्षत्र का स्वामी मंगल है। इसके चतुर्थ का स्वामी भी मंगल है। ऐसे जातक को उत्तम भूमि एवं उत्तम भवन का लाभ मिलता है। जातक को भूमि संबंधी कार्य, क्रय-विक्रय-ठेकेदारी एवं निर्माण कार्यों से लाभ होता है।

उपचार–चित्रा नक्षत्र का स्वामी त्वष्टा है। दुग्ध दान से यह नक्षत्र शान्त हो जाता है। ''त्वष्टातुरियेति' इस मंत्र जाप से इसके देवता प्रसन्न हो जाते हैं। 'बिल्व वृक्ष' की समिधा से हवन करना चाहिए।

मंगल तुला राशि, स्वाति नक्षत्र में

अंश 186.40 से 200.00 तक

मंगल यदि तुला राशि में हो, स्वाति नक्षत्र में हो तो जातक आबकारी विभाग से जुड़ा होता है। शराब के धंधे में या तस्करी में रुचि रखता है। स्वाति नक्षत्र प्रवाल की आकृति वाला, स्त्रीलिंग, कसाई जाति का, तामसिक, चरसंज्ञक, तिर्यकमुखी एवं सुलोचन नक्षत्र है। इस नक्षत्र में मंगल के शुभफल कम प्राप्त होंगे।

स्वाति प्रथम चरण–स्वाति नक्षत्र का स्वामी राहु है। इसके प्रथम चरण का स्वामी बृहस्पति है। ऐसा जातक शराब व गलत धंधों से जुड़ा होता है। जातक कुशल वक्ता व उपदेशक होता है।

स्वाति द्वितीय चरण–स्वाति नक्षत्र का स्वामी राहु है। इसके द्वितीय चरण

का स्वामी शनि है। ऐसा जातक शराब व गलत धंधों से जुड़ा होता है। जातक हठी व दुराचारी होगा।

स्वाति तृतीय चरण–स्वाति नक्षत्र का स्वामी राहु है। इसके तृतीय चरण का स्वामी शनि है। ऐसा जातक शराब व गलत धंधों से जुड़ा होता है। जातक हठी व दुराचारी होगा।

स्वाति चतुर्थ चरण–स्वाति नक्षत्र का स्वामी राहु है। इसके चतुर्थ चरण का स्वामी बृहस्पति है। ऐसा जातक शराब व गलत धंधों से जुड़ा होता है। जातक कुशल वक्ता व उपदेशक होता है।

उपचार–स्वाति नक्षक का देवता 'वायु' है। गौ व घृत दान से यह शांत होता है। 'वायोरग्नेति' मंत्र जाप से इसके देवता प्रसन्न हो जाते हैं। 'अर्जुन' वृक्ष की समिधा से हवन करना चाहिए।

मंगल तुला राशि, विशाखा नक्षत्र में

अंश 200.00 से 210.00 तक

मंगल यदि तुला राशि में हो, विशाखा नक्षत्र में हो तो जातक प्रोफेसर, प्रिंसिपल, विभागाध्यक्ष एवं संस्था को प्रमुख होता है। अध्ययन व अध्यापन में रुचि रखता है। विशाखा नक्षत्र तोरण की आकृतिवाला स्त्रीलिंग, चाण्डाल जाति का, सात्विक, मिस्रसंज्ञक, अधोमुखी एवं अन्ध लोचन नक्षत्र है।

विशाखा प्रथम चरण–विशाखा नक्षत्र का स्वामी बृहस्पति है। इसके प्रथम चरण का स्वामी मंगल है। ऐसे जातक आध्यात्मिक प्रवक्ता होता है। उसे भूमि संबंधी कार्यों में लाभ होता है।

विशाखा द्वितीय चरण–विशाखा नक्षत्र का स्वामी बृहस्पति है। इसके द्वितीयं चरण का स्वामी शुक्र है। ऐसा जातक उत्तम भूमि का स्वामी, सुन्दर पत्नी एवं पुत्र का स्वामी होता है। ऐसे जातक का गृहस्थ सुख उत्तम होता है।

विशाखा तृतीय चरण–विशाखा नक्षत्र का स्वामी बृहस्पति है। इसके तृतीय चरण का स्वामी बुध है। ऐसा जातक उत्तम भूमि का स्वामी, सुन्दर पत्नी एवं पुत्र का स्वामी होता है। ऐसा जातक व्यापार प्रिय होता है।

मंगल वृश्चिक राशि, विशाखा नक्षत्र में

अंश 210.00 से 213.20 तक

मंगल वृश्चिक राशि में स्वगृही होता है। मंगल यदि वृश्चिक राशि एवं विशाखा नक्षत्र में हो तो जातक प्रोफेसर, प्रिंसिपल, विभागाध्यक्ष एवं कार्यपालिका को प्रमुख होता है। अध्ययन व अध्यापन में रुचि रखता है।

विशाखा चतुर्थ चरण–विशाखा नक्षत्र का स्वामी बृहस्पति है। इसक चतुर्थ चरण का स्वामी शुक्र है। ऐसा जातक उत्तम भूमि का स्वामी, सुन्दर पत्नी एवं पुत्र का स्वामी होता है। जातक निष्कंटक एव ऐश्वर्यशाली जीवन जीता है।

उपचार-विशाखा नक्षत्र का देवता 'इन्द्राग्नि' है। गोमेद दान से इसका दोष शान्त हो जाता है। 'इन्द्राग्नि' इस मंत्र के जाप से इस नक्षत्र के देवता प्रसन्न हो जाते हैं। 'विकंकत' नामक वृक्ष की समिधा से हवन करना चाहिए।

मंगल वृश्चिक राशि, अनुराधा नक्षत्र में

अंश 213.20 से 226.40 तक

मंगल यदि वृश्चिक राशि अनुराधा नक्षत्र में होता है तो जातक गांव का प्रमुख, शहर का मेयर, कार्यपालिका या न्यायपालिका का अध्यक्ष एवं किसी प्रशासनिक पद का स्वामी होता है। मंगल की स्थिति यदि प्रतिकूल हो तो जातक गुण्डों का सरदार होता है। अनुराधा पिण्ड के आकारवाला, पुल्लिंग, शूद्र जाति का, तामसिक, मृदुसंज्ञक, तिर्यकमुखी एवं मन्दलोचन नक्षत्र है।

अनुराधा प्रथम चरण–अनुराधा नक्षत्र का स्वामी शनि है। इसके प्रथम चरण का स्वामी सूर्य है। जातक मिनिस्टर होता है। जातक के पास उत्तम भूमि व भवन का पूर्ण सुख होता है।

अनुराधा द्वितीय चरण–अनुराधा नक्षत्र का स्वामी शनि है। इसके द्वितीय चरण का स्वामी शुक्र है। जातक के पास उत्तम भूमि व भवन का पूर्ण सुख होगा। पत्नी सुन्दर होगी। जातक के पास उत्तम श्रेणी वाहन होगा एवं जातक की पत्नी सुन्दर होगी। गृहस्थ जीवन सुखी होगा।

अनुराधा तृतीय चरण–अनुराधा नक्षत्र का स्वामी शनि है। इसके तृतीय चरण का स्वामी शुक्र है। जातक के पास उत्तम भूमि व भवन का सुख होगा। पत्नी सुन्दर होगी। जातक के पास उत्तम श्रेणी का वाहन होगा।

अनुराधा चतुर्थ चरण–अनुराधा नक्षत्र का स्वामी शनि है। इसके चतुर्थ चरण का स्वामी मंगल है। जातक के पास उत्तम भूमि व भवन का पूर्ण सुख होगा। जातक का व्यक्तित्त्व रोबीला होगा। जातक के पास कृषि योग्य भूमि होगी तथा भवन एक से अधिक होंगे।

उपचार–अनुराधा नक्षत्र का देवता 'मित्र' है। गौ और घृत दान से यह नक्षत्र शांत होता है। ''नमोमित्रेति' मंत्र जाप से इसके देवता प्रसन्न होते हैं। 'बकुला' नामक वृक्ष की समिधा से हवन करना चाहिए।

मंगल वृश्चिक राशि ज्येष्ठा नक्षत्र में

अंश 226.40 से 240.00 तक

वृश्चिक राशि में मंगल स्वगृही होता है। वृश्चिक राशि एवं ज्येष्ठा नक्षत्र में मंगल हो तो जातक बड़ा व्यापारी अथवा पत्रकार होता है। जनसम्पर्क से जुड़ा रहता है। यह गण्डमूल नक्षत्र है। ज्येष्ठा नक्षत्र कुण्डल की आकृति वाला, स्त्रीलिंग, शिप जाति का, राजसिक, दारुण संज्ञक, तिर्यकमुखी, मन्द लोचन नक्षत्र है। यह गण्डमूल नक्षत्र है।

ज्येष्ठा प्रथम चरण–जयेष्ठा नक्षत्र का स्वामी बुध है। इसके प्रथम चरण का स्वामी बृहस्पति है। ऐसे जातक को भूमि व भवन का सुख होता है। जातक व्यापार-प्रिय एवं वाचाल होता है। वाणी प्रभावशाली होती है।

ज्येष्ठा द्वितीय चरण–जयेष्ठा नक्षत्र का स्वामी बुध है। इसके द्वितीय चरण का स्वामी बुध है। ऐसे जातक को उत्तम भूमि व भवन का सुख होता है। जातक व्यापार प्रिय होता है। वाक्पटु होता है तथा व्यापार से खूब धन कमाता है।

ज्येष्ठा तृतीय चरण–जयेष्ठा नक्षत्र का स्वामी बुध है। इसके तृतीय चरण का स्वामी शनि है। ऐसे जातक को उत्तम भूमि व भवन का सुख होता है। जातक व्यापार प्रिय होता है। थोड़े से संघर्ष के बाद ही जातक की किस्मत चमकती है।

ज्येष्ठा चतुर्थ चरण–जयेष्ठा नक्षत्र का स्वामी बुध है। इसके तृतीय चतुर्थ का स्वामी शुक्र है। ऐसे जातक को उत्तम भूमि व भवन का सुख होता है। जातक व्यापार प्रिय होता है। मिष्टभाषी होता है। पत्नी का पूर्ण सुख प्राप्त होता है।

उपचार–ज्येष्ठा नक्षत्र का देवता **'इन्द्र'** है। तिलदान से इस नक्षत्र की शान्ति होती है। 'त्रातार भिन्द्रेति' मंत्र जाप से इसके देवता प्रसन्न होते हैं। 'सरल' नामक वृक्ष की समिधा से हवन करना चाहिए।

मंगल धनु राशि मूल नक्षत्र में

अंश 240.00 से 253.20 तक

मंगल यदि धनुराशि में हो, मूल नक्षत्र में हो जातक पत्रकार, अध्यापक या ज्योतिषी होता है। दूसरे के मन की बात को शीघ्र जान लेता है। मूल नक्षत्र सिंह की पूंछ जैसा, नंपुसक, कसाई जाती का, तामसिक, दारुणसंज्ञक, तिर्यकमुखी, मध्यलोचन नक्षत्र है। यह गण्डमूल नक्षत्र है। इस नक्षत्र में मंगल प्रायः शुभ फल देता है।

मूल प्रथम चरण–मूल नक्षत्र का स्वामी केतु है। इसके प्रथम चरण का स्वामी मंगल है। जातक का प्रारम्भिक जीवन संघर्षमय होगा परन्तु उसके पास

पर्याप्त भूमि होगी। घर व सुन्दर मकान होगा। जातक शत्रुहन्ता व सुखी होता है। परन्तु वैवाहिक जीवन कलहपूर्ण होगा।

मूल द्वितीय चरण–मूल नक्षत्र का स्वामी केतु है। इसके द्वितीय चरण का स्वामी शुक्र है। जातक का प्रारम्भिक जीवन संघर्षमय होगा परन्तु उसके पास उत्तम भवन एवं वाहन का सुख होगा।

मूल प्रथम चरण–मूल नक्षत्र का स्वामी केतु है। इसके तृतीय चरण का स्वामी बुध है। जातक का प्रारम्भिक जीवन संघर्षमय होगा परन्तु जातक व्यापार प्रिय होने से पर्याप्त मात्रा में धन अर्जित करेगा।

मूल चतुर्थ चरण–मूल नक्षत्र का स्वामी केतु है। इसके चतुर्थ चरण का स्वामी चन्द्र है। जातक का प्रारम्भिक जीवन संघर्षमय होगा, परन्तु माता-पिता की सम्पत्ति व सहयोग मिलेगा। ननिहाल समृद्ध होगा।

उपचार–'मातापुर्धति' मंत्र जाप से इस नक्षत्र के देवता प्रसन्न होते हैं। 'सर्ज' नामक वृक्ष की समिधा से हवन करना चाहिए।

मंगल धनु राशि पूर्वाषाढ़ा नक्षत्र में

(अंश 253.20 से 266.40 तक)

मंगल यदि धनुराशि में हो, पूर्वाषाढ़ा नक्षत्र में हो तो जातक परिवार नियोजन अथवा न्यायिक विभाग में कार्यरत होता है। पूर्वाषाढ़ा नक्षत्र गजदन्त जैसा, स्त्रीलिंग, विप्र जाति का, राजसिक, उग्र स्वभाव वाला, अधोमुखी एवं मन्दलोचन नक्षत्र है।

पूर्वाषाढ़ा प्रथम चरण–पूर्वाषाढ़ा नक्षत्र का स्वामी शुक्र है। इसके प्रथम चरण का स्वामी सूर्य है। ऐसा जातक न्यायिक विभाग से संबंध रखता है। जातक का गृहस्थ सुख उत्तम होता है।

पूर्वाषाढ़ा द्वितीय चरण–पूर्वाषाढ़ा नक्षत्र का स्वामी शुक्र है। इसके द्वितीय चरण का स्वामी बुध है। ऐसा जातक न्यायिक विभाग से संबंध रखता है। जातक व्यापार में रुचि रखता है।

पूर्वाषाढ़ा तृतीय चरण–पूर्वाषाढ़ा नक्षत्र का स्वामी शुक्र है। इसके तृतीय चरण का स्वामी शुक्र है। ऐसा जातक न्यायिक विभाग से संबंध रखता है। जातक व्यापार में रुचि रखता है।

पूर्वाषाढ़ा चतुर्थ चरण–पूर्वाषाढ़ा नक्षत्र का स्वामी शुक्र है। इसके चतुर्थ चरण का स्वामी मंगल है। ऐसा जातक न्यायिक विभाग से संबंध रखता है। भूमि संबध क्रियाकलापों में रुचि रखेगा। ऐसा जातक साहसी व राजनीति में निपुण होगा।

उपचार–पूर्वाषाढ़ा नक्षत्र के देवता 'जलम्' है। गोमुक्ता के दान से यह शान्त होता है। 'आपोधर्येति' मंत्र का जाप से इसके देवता प्रसन्न होते हैं।

मंगल धनु राशि, उत्तराषाढ़ा नक्षत्र में

अंश 266.40 से 270.00 तक

मंगल धनु राशि एवं उत्तराषाढ़ा नक्षत्र में हो तो जातक सरकार में उच्च पद को प्राप्त करता है। उत्तराषाढ़ा नक्षत्र स्त्रीलिंग, क्षत्रिय जाति का, सात्विक, ध्रुवसंज्ञक, उर्ध्वमुखी, मन्दलोचन नक्षत्र है।

उत्तराषाढ़ा प्रथम चरण—उत्तराषाढ़ा नक्षत्र का स्वामी सूर्य है। इसके प्रथम चरण का स्वामी बृहस्पति है। जातक सरकार में उच्च पद व प्रतिष्ठा को प्राप्त करता है। जातक धर्मध्वज होता है।

मंगल मकर राशि, उत्तराषाढ़ा नक्षत्र में

अंश 270.00 से 280.00 तक

मंगल मकर राशि में उच्च का होता है तथा 28° अंशों तक परमोच्य का होता है। मंगल यदि उत्तराषाढ़ा नक्षत्र में हो तो जातक सेना या पुलिस के उच्च पद पर आरूढ़ रहता है।

उत्तराषाढ़ा द्वितीय चरण—उत्तराषाढ़ा नक्षत्र का स्वामी सूर्य है। इसके द्वितीय चरण का स्वामी शनि है। जातक सरकार में उच्चपद को प्राप्त करता है पर जीवन में संघर्ष रहता है। जातक समाज में उच्च प्रतिष्ठा को प्राप्त करता है। राजातुल्य पराक्रमी होता है।

उत्तराषाढ़ा तृतीय चरण—उत्तराषाढ़ा नक्षत्र का स्वामी सूर्य है। इसके तृतीय चरण का स्वामी शनि है। जातक सरकार में उच्च पद को प्राप्त करता है। जातक का जीवन संघर्षमय रहेगा। ऐसा जातक राजसी वैभव से युक्त होगा।

उत्तराषाढ़ा चतुर्थ चरण—उत्तराषाढ़ा नक्षत्र का स्वामी सूर्य है। इसके चतुर्थ चरण का स्वामी बृहस्पति है। जातक सरकार में उच्च पद प्राप्त करता है। जातक प्रतिष्ठित होता है। जातक श्रेष्ठ उपदेशक व सलाहकार होगा।

उपचार—उत्तराषाढ़ा नक्षत्र के देवता **'विश्वदेवा'** है। भोजन दान से यह नक्षत्र शांत होता है। **'विश्वेदेवेति'** मंत्र जाप से इसके देवता प्रसन्न होते हैं। 'पनत' नामक वृक्ष की समिधा से हवन करना चाहिए।

मंगल मकर राशि, श्रवण नक्षत्र में

अंश 280.00 से 293.20 तक

मंगल यदि मकर राशि में हो तो उच्च का होता है। मकर राशि 28° अंशों

से मंगल परमोच्च का होगा। श्रवण नक्षत्र त्रिचरण की आकृति वाला, पुल्लिंग, चाण्डाल जाति का, सात्विक, चर संज्ञक, उर्ध्वमुखी एवं सुलोचन नक्षत्र है।

श्रवण प्रथम चरण—श्रवण नक्षत्र का स्वामी चन्द्रमा है। इसके प्रथम चरण का स्वामी मंगल है। ऐसा जातक राजा तुल्य पराक्रमी होगा। उत्तम भूमि भवन का स्वामी होगा।

श्रवण द्वितीय चरण—श्रवण नक्षत्र का स्वामी चन्द्रमा है। इसके द्वितीय चरण का स्वामी शुक्र है। ऐसा जातक राजा तुल्य पराक्रमी होगा। उत्तम भूमि भवन का स्वामी होगा। उत्तम वाहन का सुख प्राप्त होगा।

श्रवण तृतीय चरण—श्रवण नक्षत्र का स्वामी चन्द्रमा है। इसके तृतीय चरण का स्वामी बुध है। ऐसा जातक राजा तुल्य पराक्रमी होगा। उत्तम भूमि भवन का स्वामी होगा।

श्रवण चतुर्थ चरण—श्रवण नक्षत्र का स्वामी चन्द्रमा है। इसके चतुर्थ चरण का स्वामी चन्द्रमा है। ऐसा जातक राजा तुल्य पराक्रमी होगा। उत्तम भूमि, उत्तम भवन का स्वामी होगा। जातक कवि हृदय होगा। उसे माता की सम्पत्ति मिलेगी।

उपचार—श्रवण नक्षत्र का देवता 'विष्णु' है। श्रीफल के दान से यह शाांत होता है। 'विष्णोरदाद्वेति' मंत्र जाप से इस नक्षत्र का देवता प्रसन्न होता है। 'अर्क वृक्ष' की समिधा से हवन करना चाहिए।

मंगल मकर राशि, धनिष्ठा नक्षत्र में

अंश 293.20 से 300.00 तक

मंगल यदि मकर में हो तो उच्च का होता है। मकर राशि के 28° अंशों में मंगल परमोच्च का होगा। धनिष्ठा नक्षत्र मृदंग की आकृति वाला, स्त्रीलिंग, शिल्पी जाति का, तामसिक, चरसंज्ञक, उर्ध्वमुखी एवं सुलोचन नक्षत्र है। यह पंचक नक्षत्र भी कहलाता है।

धनिष्ठा प्रथम चरण—धनिष्ठा नक्षत्र का स्वामी मंगल है। इसके प्रथम चरण का स्वामी सूर्य है। ऐसा जातक राजा तुल्य पराक्रमी होगा। उसके पास बड़ा भूखंड होगा। जातक का राज्य सरकार में प्रभाव होगा व उच्च पद पर आरूढ़ होगा।

धनिष्ठा द्वितीय चरण—धनिष्ठा नक्षत्र का स्वामी मंगल है। इसके द्वितीय चरण का स्वामी बुध है। ऐसा जातक राजा तुल्य पराक्रमी होगा। जातक के पास उत्तम भूमि, उत्तम भवन होगा। जातक व्यापार-प्रिय होगा तथा बड़े उद्योग-इन्डस्ट्रीज का स्वामी होगा।

मंगल कुम्भ राशि, धनिष्ठा नक्षत्र में

अंश 300.00 से 306.40 तक

धनिष्ठा तृतीय चरण–धनिष्ठ नक्षत्र का स्वामी मंगल है। इसके तृतीय चरण का स्वामी शुक्र है। जातक के पास बड़ी भूमि व भवन होगा। जातक का गृहस्थ सुख उत्तम होता है।

धनिष्ठा चतुर्थ चरण–धनिष्ठ नक्षत्र का स्वामी मंगल है। इसके चतुर्थ चरण का स्वामी भी मंगल है। जातक के पास बड़ी भूमि व भवन होगी। जातक को भूमि के क्रय-विक्रय, ठेकेदारी एवं निर्माण कार्य में बड़ा भारी लाभ होगा।

उपचार–धनिष्ठा नक्षत्र का देवता 'अष्टवसु' है। अश्व एवं अन्न दान से यह शांत होता है। 'वसोपवित्रेति' मंत्र जाप से इसके देवता प्रसन्न होते हैं। 'शमीवृक्ष' की समिधा से हवन करना चाहिए।

मंगल कुम्भ राशि, शतभिषा नक्षत्र में

अंश 306.40 से 320.00 तक

शतभिषा वृत्ताकार, नपुंसकलिंग, कसाई जाति का, तामसिक, चरसंज्ञक, उर्ध्वमुखी एवं मन्दलोचन नक्षत्र है। यह पंचक नक्षत्र भी कहलाता है।

शतभिषा प्रथम चरण–शतभिषा नक्षत्र का स्वामी राहु है। इसके प्रथम चरण का स्वामी बृहस्पति है। ऐसा जातक अदम्य साहसी होता है। जातक शास्त्रों का ज्ञाता एवं कुशल वक्ता व लेखक होता है।

शतभिषा द्वितीय चरण–शतभिषा नक्षत्र का स्वामी राहु है। इसके द्वितीय चरण का स्वामी शनि है। ऐसा जातक अदम्य साहसी होता है। ऐसा जातक हठी एवं दुराचारी होगा।

शतभिषा तृतीय चरण–शतभिषा का नक्षत्र का स्वामी राहु है। इसके तृतीय चरण का स्वामी शनि है। ऐसा जातक अदम्य साहसी होता है। ऐसा जातक हठी एवं दुराचारी होगा।

शतभिषा चतुर्थ चरण–शतभिषा नक्षत्र का स्वामी राहु है। इसके चतुर्थ चरण का स्वामी बृहस्पति है। ऐसा जातक अदम्य साहसी होता है। ऐसा जातक शास्त्रों का ज्ञाता एवं वाक्पटु होता है।

उपचार–शतभिषा नक्षत्र का देवता 'वरुण' है। भोजन दान से यह शांत होता है। 'वरुणस्योत्तमिति' मंत्र जाप से इस नक्षत्र के देवता प्रसन्न होते हैं। 'कदम्ब वृक्ष' की समिधा से हवन करना चाहिए।

मंगल कुम्भ राशि, पूर्वाभाद्रपद नक्षत्र में

अंश 320.00 से 330.00 तक

पूर्वाभाद्रपद मंच की आकृतिवाला, पुल्लिग, विप्र जाति का, सात्विक, उग्र स्वभाव, अधोमुखी, मध्यलोचन नक्षत्र है। यह पंचक नक्षत्र भी कहलाता है।

पूर्वाभाद्रपद प्रथम चरण–पूर्वाभाद्र नक्षत्र का स्वामी बृहस्पति है। इसके प्रथम चरण का स्वामी मंगल है। ऐसा जातक धार्मिक क्षेत्र का पथिक होता है। अध्ययन-अध्यापन में रुचि रखता है। उसके पास कृषि भूमि होती है।

पूर्वाभाद्रपद द्वितीय चरण–पूर्वाभाद्रपद नक्षत्र का स्वामी बृहस्पति है। इसके द्वितीय चरण का स्वामी शुक्र है। ऐसा जातक धार्मिक क्षेत्र का पथिक होता है। अध्ययन-अध्यापन में रुचि रखता है। ऐसे जातक को गृहस्थ सुख उत्तम श्रेणी का प्राप्त होता है।

पूर्वाभाद्रपद तृतीय चरण–पूर्वाभाद्रपद नक्षत्र का स्वामी बृहस्पति है। इसके तृतीय चरण का स्वामी बुध है। ऐसा जातक धार्मिक क्षेत्र का पथिक होता है। अध्ययन-अध्यापन में रुचि रखता है। ऐसा जातक व्यापार प्रिय एवं बुद्धिमान होता है।

मंगल मीन राशि, पूर्वाभाद्रपद नक्षत्र में

अंश 330.00 से 333.20 तक

पूर्वाभाद्रपद चतुर्थ चरण–पूर्वाभाद्रपद नक्षत्र का स्वामी बृहस्पति है। इसके चतुर्थ चरण का स्वामी चन्द्र है। ऐसा जातक धार्मिक क्षेत्र का पथिक होता है। अध्ययन-अध्यापन में रुचि रखता है। ऐसा जातक कवि हृदय एवं स्वाभिमानी होता है।

उपचार-पूर्वा भाद्रपद नक्षत्र का देवता '**अजैकपाद**' है। भोजनदान से यह शांत होता है। '**अजेकवरणोक्तं**' मंत्र जाप से इसका देवता प्रसन्न होता है। 'निम्ब वृक्ष' की समिधा से हवन करना चाहिए।

मंगल मीन राशि, उत्तराभाद्रपद नक्षत्र में

अंश 333.20 से 346.40 तक

उत्तराभाद्रपद यमल की आकृति वाला, पुल्लिग, क्षत्रिय जाति का, तामसिक, ध्रुवसंज्ञक, उर्ध्वमुखी एवं सुलोचन नक्षत्र है। यह पंचक नक्षत्र भी कहलाता है। मंगल यहां उद्विग्न रहता है।

उत्तराभाद्रपद प्रथम चरण—उत्तराभाद्रपद नक्षत्र का स्वामी शनि है। इसके प्रथम चरण का स्वामी सूर्य है। ऐसा जातक जुआ-सट्टा, शेयर, लाटरी में रुचि रखता है। जातक का राज्य-सरकार में वर्चस्व होगा।

उत्तराभाद्रपद द्वितीय चरण—उत्तराभाद्रपद नक्षत्र का स्वामी शनि है। इसके द्वितीय चरण का स्वामी बुध है। ऐसा जातक जुआ-सट्टा शेयर, लाटरी में रुचि रखता है। जातक की अभिरुचि व्यापार करने में ज्यादा रहेगी।

उत्तराभाद्रपद तृतीय चरण—उत्तराभाद्रपद नक्षत्र का स्वामी शनि है। इसके तृतीय चरण का स्वामी शुक्र है। ऐसा जातक जुआ-सट्टा, शेयर, लाटरी में रुचि रखता है। जातक स्त्री-लोलुप होगा।

उत्तराभाद्रपद चतुर्थ चरण—उत्तराभाद्रपपद नक्षत्र का स्वामी शनि है। इसके चतुर्थ चरण का स्वामी मंगल है। ऐसा जातक जुआ, सट्टा, शेयर, लाटरी में रुचि रखता है। जातक के पास उत्तम भूमि एवं उत्तम भवन होगा।

उपचार—उत्तराभाद्रपद नक्षत्र का देवता 'अहिर्बुध्न्य' है। अन्नदान से इस नक्षत्र की शान्ति होती है। 'अहिर्बुधन्येति' मंत्रजाप से इस नक्षत्र के देवता प्रसन्न होते हैं। आम्रवृक्ष की समिधा से हवन करना चाहिए।

मंगल मीन राशि, रेवती नक्षत्र में

अंश 346.00 से 360.00 तक

रेवती नक्षत्र मृदंग की आकृति वाला, स्त्रीलिंग, शूद्रजाति का, राजसी, मृदुसंज्ञक, तिर्यकमुखी एवं अन्धलोचन है। यह पंचक संज्ञक गण्डमूल नक्षत्र माना गया है।

रेवती प्रथम चरण—रेवती नक्षत्र का स्वामी बुध है। इसके प्रथम चरण का स्वामी बृहस्पति है। ऐसा जातक व्यापार प्रिय एवं व्यवहार कुशल व्यक्ति होगा। जातक बुद्धिमान, शास्त्रज्ञाता एवं उपदेशक होगा।

रेवती द्वितीय चरण—रेवती नक्षत्र का स्वामी बुध है। इसके द्वितीय चरण का स्वामी शनि है। ऐसा जातक व्यापार प्रिय एवं व्यवहार कुशल व्यक्ति होगा। जातक की बुद्धि नकारात्म्क होगी। गलत कार्यों में रुचि अधिक लेगा।

रेवती तृतीय चरण—रेवती नक्षत्र का स्वामी बुध है। इसके तृतीय चरण का स्वामी शनि है। ऐसा जातक व्यापार प्रिय एवं व्यवहार कुशल व्यक्ति होगा। ऐसे जातक की बुद्धि नकारात्मक होगी। गलत कार्यों में रुचि अधिक लेगा।

रेवती चतुर्थ चरण—रेवती नक्षत्र का स्वामी बुध है। इसके चतुर्थ चरण का स्वामी बृहस्पति है। ऐसा जातक व्यापार प्रिय एवं व्यवहार कुशल व्यक्ति होगा। जातक बुद्धिमान, शास्त्रज्ञाता एवं उपदेशक होगा।

उपचार–रेवती नक्षत्र का देवता 'पूषा है। यह वृषभ दान से शांत होता है। **'वृषन्तव वघ्रेति'** मंत्र जाप से इस नक्षत्र का देवता प्रसन्न होता है। 'मधूक वृक्ष' की समिधा से हवन करना चाहिए।

मंगल का गोचर परिभ्रमण

ज्योतिष शास्त्र के अनुसार गोचर का मंगल जातक के व्यक्तिगत जीवन को इस प्रकार से प्रभावित करेगा।

भीतिं क्षतिं वित्तमरि प्रवृद्धि
मर्थप्रणाशं धनमर्थनाशम्।
शस्त्रोपधातं च रुजं च रोगं
लाभ व्ययं भूतनयः करोति॥

गोचर में मंगल पहले स्थान में हो तो भय, दूसरे स्थान में हो तो चोट पहुंचने, तीसरे स्थान में धनहानि हो, चौथे स्थान में हो तो शत्रुओं का प्रकोप बढ़ेगा, पांचवे स्थान में धन नाश, छठे स्थान में हो तो धन लाभ, सातवें स्थान में धन नाश, आठवें स्थान में हो तो शास्त्र में चोट, दुर्घटना, नवें स्थान में रोग, दसवें स्थान में भी रोग, ग्यारहवें स्थान में लाभ और बारहवें स्थान में हो तो व्यय रूप फल होगा। अर्थात् खर्च की अधिकता रहेगा।

गोचर के मंगल का प्रभाव

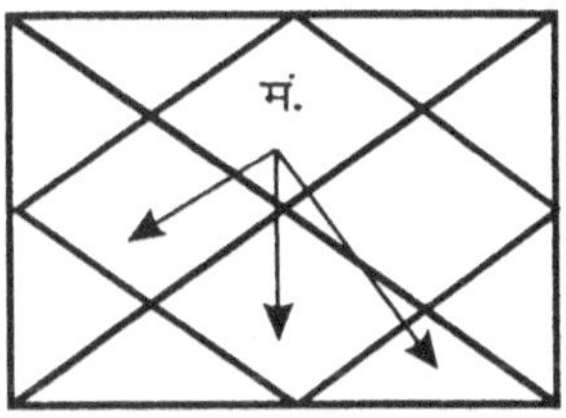

मंगल प्रथम स्थान में–गोचर का मंगल जब प्रथम स्थान में भ्रमणशील होगा तब शक्ति प्रदर्शन एवं स्पर्धा की भावना बढ़ जाएगी। इस समय व्यक्ति अपने अधिकारों के प्रति सचेष्ट रहेगा। जातक का स्वास्थ्य ठीक रहेगा। दुर्घटनाओं से बचाव होगा। इस समय जातक अपने वायदों को पूरा करेगा और उसे सर्वत्र सफलता मिलेगी। शुभ मंगल की दृष्टि भौतिक ऐश्वर्य बढ़ाएगा। भूमि लाभ होगा। मुकदमें में विजयश्री का वरण होगा। उपरोक्त फलादेश में विभिन्न लग्नों के अनुसार न्यूनाधिक वृद्धि होगी।

लग्नानुसार विभिन्न फल-यदि मेष लग्न हो तो जातक को उच्च पद की प्राप्ति होगी। भूमि एवं वाहन का सुख मिलेगा। **वृषलग्न** में झगड़ा कराएगा। व्यर्थ की यात्राएं होगी। **मिथुनलग्न**–सामान्य एवं **कर्कलग्न**–राजसुख एवं संतान सुख की प्राप्ति होगी। **सिंहलग्न**–भाग्य में वृद्धि होगी। **कन्यालग्न**–शत्रुओं से युद्ध लाभ

होगा।.**तुलालग्न**-धन की प्राप्ति होगी। **वृश्चिकलग्न**–स्वास्थ्य लाभ। **धनुलग्न**-यात्राएं होगी। सार्थक ज्ञानार्जन होगा। **मकरलग्न**–व्यापार में लाभ एवं भौतिक सुखों में वृद्धि होगी। **कुम्भलग्न**-पराक्रम बढ़ेगा। राज्यपक्ष से लाभ होगा। **मीनलग्न**-भाग्य एवं धन में वृद्धि होगी।

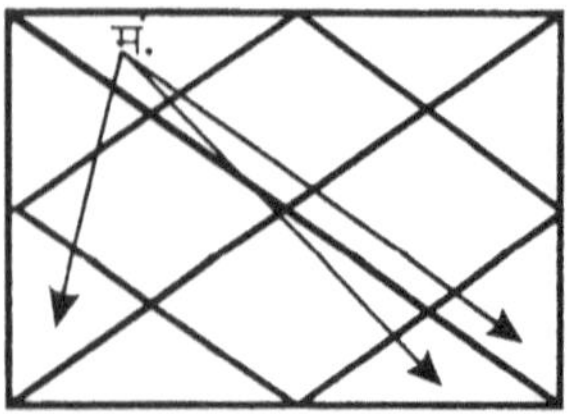

मंगल द्वितीय स्थान में–गोचर का मंगल जब (लग्न) जन्मकुण्डली के द्वितीय स्थान में भ्रमणशील होगा तब व्यक्ति की धन एवं भौतिक सुखों की प्राप्ति हेतु महत्वाकांक्षा बढ़ जाएगी। जातक अपने विचारों एवं इच्छाओं की पूर्ति हेतु विशेष रूप से संचेष्ट रहेगा। जमीन को लेकर विवाद बढ़ सकता है। चोरी-लूट या जायदाद संबंधी चिंताएं बढ़ सकती है।

लग्नानुसार विभिन्न फल-मेषलग्न-धन संबंधी तकलीफें बढ़ जाएगी। **वृषलग्न**-व्यर्थ का खर्च बढ़ जाएगा। **मिथुनलग्न**-नवीन शत्रु बढ़ेंगे। **कर्कलग्न**-राज्य (सरकारी) क्षेत्र में प्रभाव बढ़ेगा। **सिंहलग्न**-भाग्य में अवरोध सम्भव। **कन्या लग्न**-धन हानि में बढ़ोतरी होगी। **तुलालग्न**- धन की प्राप्ति होगी। **वृश्चिकलग्न**-धन प्राप्ति के नए अवसर मिलेंगे। **धनुलग्न**-धन की विशिष्ट प्राप्ति, प्रभुत्व की विशिष्ट प्राप्ति सम्भव। **मकरलग्न**-व्यापार में वृद्धि होगी। **कुम्भलग्न**-पराक्रम बढ़ेगा। **मीनलग्न**-धन एवं भाग्य में अनायास वृद्धि होगी।

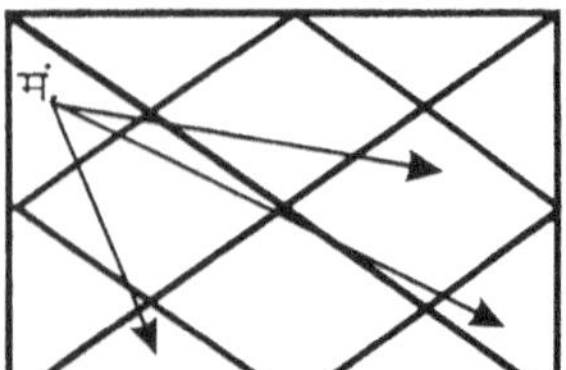

मंगल तृतीय स्थान में–गोचर का मंगल जब (लग्न) जन्मकुण्डली के तृतीय स्थान में भ्रमणशील होगा तब जातक के व्यवहार व विचारधारा से तनाव उत्पन्न होगा। कुटुम्बीजनों, मित्रों और पड़ोसियों के सम्बन्ध बिगड़ेंगे। इन अन्तराल में वाहन दुर्घटना का भय रहेगा। मानसिक तनाव एवं वाणी व लेखनी के द्वारा कटुता उत्पन्न होगी। उन्नति में रुकावटें एवं चलते कार्य में बाधा महसूस करेंगे।

लग्नानुसार विभिन्न फल-मेषलग्न-यदि मेष लग्न हो तो, विवाद में विजय मिलेगी। **वृषलग्न**-कटुता बढ़ेगी। **मिथुनलग्न**-यहां मंगल उग्रता देगा। **कर्कलग्न**-इस समय व्यापारिक संबंध बिगड़ेंगे। **सिंहलग्न**-इस समय पुरुष वर्ग के बजाय स्त्रीवर्ग का सहयोग अधिक रहेगा। **कन्यालग्न**-दुर्घटना का भय, रोग का प्रकोप सम्भव है। **तुलालग्न**-शत्रु वर्ग कष्ट देगा। **वृश्चिकलग्न**-पराक्रम बढ़ेगा। **धनुलग्न**-खर्च बढ़ेगा। **मकरलग्न**-खर्च बढ़ेगा। **कुम्भलग्न**-पराक्रम बढ़ेगा। **मीनलग्न**-धनप्राप्ति एवं भाग्योदय में सहायता मिलेगी।

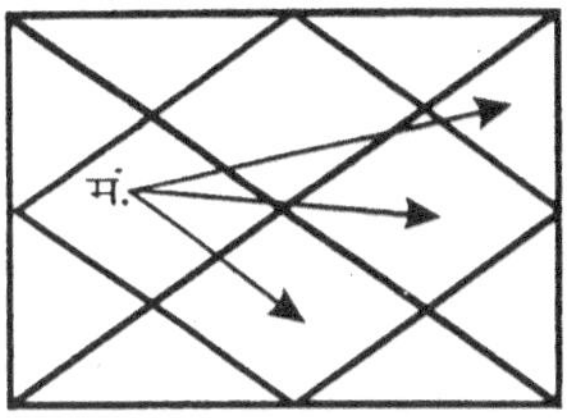

मंगल चतुर्थ स्थान में–गोचर का मंगल जब (लग्न) जन्मकुण्डली के चतुर्थ स्थान में भ्रमणशील होगा तब जातक का मानसिक संतुलन बिगड़ेगा। भौतिक सुविधाओं में कमी आयेगी। परिवार में मातृपक्ष या ननिहाल में कलह होगा। इस समय जातक को अन्य रिश्तेदारों, मित्र एवं सम्बन्धियों की भावनाओं का ध्यान रखना चाहिए। ऐसे में अग्निमय एवं पारिवारिक कलह से मानसिक शान्ति भंग हो सकती है।

लग्नानुसार विभिन्न फल-मेषलग्न-में विपरीत फलों में वृद्धि होगी। **वृषलग्न**-खर्च एवं गृहस्थ विवाद में बढ़ोतरी होगी। **मिथुनलग्न**-व्यापार में हानि, रोग में वृद्धि। **कर्कलग्न**-शुभ कार्यों में खर्च की सम्भावना बढ़ेगी। **सिंहलग्न**-सुख एवं भाग्य में वृद्धि। **कन्यालग्न**-कलह में वृद्धि। **तुलालग्न**-भौतिक सुख व धन आगमन में वृद्धि। **वृश्चिकलग्न**-रोग में वृद्धि। **धनुलग्न**-खर्च में वृद्धि। **मकरलग्न**-भौतिक सुखों एवं व्यापार में वृद्धि की सम्भावना बढ़ेगी। **कुम्भलग्न**-सामान्य फल। **मीनलग्न**-भाग्य एवं धन में वृद्धि होगी।

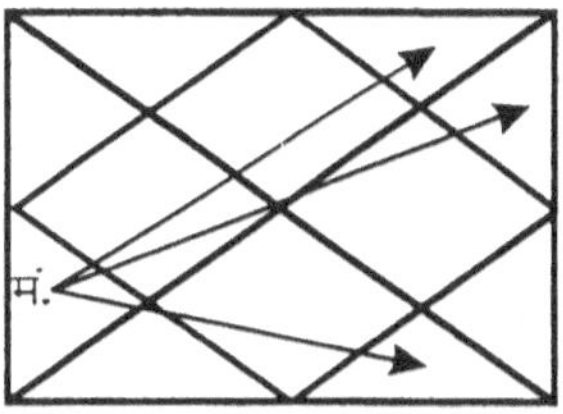

मंगल पंचम स्थान में–गोचर का मंगल जब जन्मकुण्डली के पंचम स्थान में भ्रमण करेगा तब जातक को विद्या एवं संतान संबंधी सुख मिलेगा। जातक को सेक्स संबंधी शारीरिक संतुष्टि मिलेगी। शारीरिक सौन्दर्य, शक्ति प्रदर्शन एवं खेल के मैदान में सफलता मिलेगी। इस समय जातक अहंकारपूर्ण और तेजवाणी बोलेगा। साहसपूर्ण कार्य करने में रुचि रहेगी।

लग्नानुसार विभिन्न फल-मेषलग्न-में मंगल जातक को शारीरिक क्षति नहीं होने देगा। **वृषलग्न**-में खर्च की अधिकता रहेगी। **मिथुनलग्न**-में रोगवृद्धि परन्तु व्यापार में लाभ देगा। **कर्कलग्न**-में कार्य सफलता, सरकार से लाभ एवं समाज में प्रतिष्ठादायक कोई घटना घटित होगी। **सिंहलग्न**-भाग्य में वृद्धि एवं भौतिक उपलब्धियों की प्राप्ति में वृद्धि का संकेत देता है। **कन्यालग्न**-पराक्रम में अद्वितीय वृद्धि का संकेत। **तुलालग्न**- धन प्राप्ति एवं गृहस्थ सुख में वृद्धि। **वृश्चिकलग्न**-रोग में वृद्धि सम्भव। **धनुलग्न**-खर्च में वृद्धि पर खर्च शुभ व सार्थक होगा। **मकरलग्न-**व्यापार में लाभ, भौतिक सुख-ऐश्वर्य में वृद्धि। **कुम्भलग्न**-पराक्रम में वृद्धि, राज्य से लाभ। **मीनलग्न**-धन एवं भाग्य में वृद्धि का संकेत।

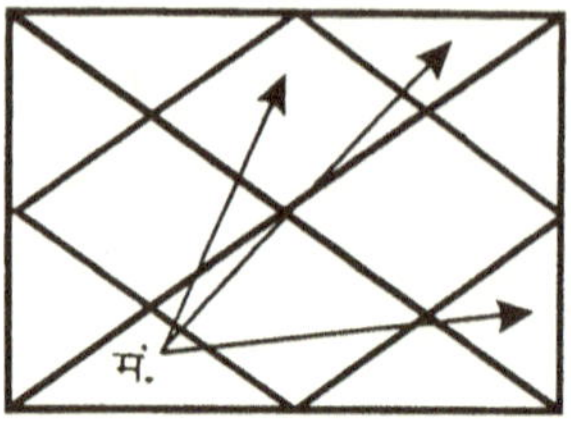

मंगल षष्ठ स्थान में–गोचर का मंगल जब जन्मकुण्डली के छठे स्थान में भ्रमण करेगा तब चलते कार्य में रुकावट महसूस होगी। जातक का अंहकार बढ़ेगा। जिससे अनुयायियों एवं अधीनस्थ कर्मचारियों से टकराव होगा। जातक को बुखार, इन्फेक्शन, एवं हल्की चोट पंहुचने का भय बना रहेगा। शत्रु परेशन कर सकते हैं। व्यर्थ की यात्राओं से परेशानियां बढ़ेगी।

लग्नानुसार विभिन्न फल-मेषलग्न-विपरीत राजयोग के कारण जातक को यथेष्ट धन एवं मान-सम्मान की प्राप्ति होगी। **वृषलग्न**-वैवाहिक मतभेद बढ़ेगे। **मिथुनलग्न**-विपरीत राजयोग के कारण व्यापार बढ़ोतरी होगी। **कर्कलग्न**-विद्या एवं सन्तान को लेकर समस्याएं उत्पन्न होगी। **सिंहलग्न**-भाग्य में रुकावट, भौतिक सुख में बाधा आएगी। **कन्यालग्न**-विपरीत राजयोग के कारण पराक्रम बढ़ेगा। **तुलालग्न**-धन प्राप्ति में रुकावट एवं गृहस्थ सुख में बाधाएं उत्पन्न होगी। **वृश्चिकलग्न**-विपरीत राजयोग के कारण धन प्राप्ति होगी। स्वास्थ्य ठीक रहेगा। **धनुलग्न**-विपरीत राजयोग के कारण विद्या एवं सन्तान संबंधी समस्याएं दूर होगी। **मकरलग्न**-धन व शरीर को लेकर चिन्ताएं बढ़ेगी। **कुम्भलग्न**-पराक्रम घटेगा। **मीनलग्न**-भाग्य में रुकावटें महसूस होगी।

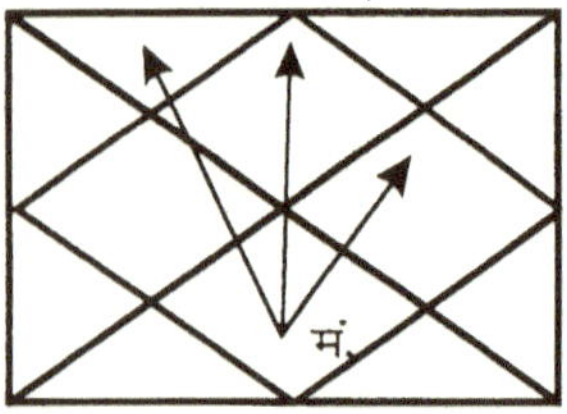

मंगल सातवें स्थान में–गोचर का मंगल जब जन्मकुण्डली के सातवें स्थान में भ्रमणशील हो तब जातक आत्मकेन्द्रित होकर अपने सहयोगियों, भागीदारों के साथ रूखा व्यवहार करेगा। आपसी मतभेद के कारण सगाई या विवाह छूट सकता है। सावधानी रखने पर जातक को आन्तरिक चोट पंहुच सकती है।

लग्नानुसार विभिन्न फल-मेष लग्न-कार्य में सफलता मिलेगी। आर्थिक लाभ होगा। **वृषलग्न**-वैवाहिक मतभेद बढ़ेगे। **मिथुनलग्न**-विपरीतराजयोग के कारण व्यापार में लाभ होगा। **कर्कलग्न**-राजकाज में बाधा पर शत्रुओं पर विजय मिलेगी। **सिंहलग्न**-भाग्य में रुकावट एवं भौतिक सुख में बाधा उत्पन्न होगी। **कन्यालग्न**-विपरीत राजयोग के कारण पराक्रम बढ़ेगा। **तुलालग्न**-आर्थिक परेशानियां बढ़ेगी, गृहस्थ सुख में बाधा महसूस करेंगे। **वृश्चिकलग्न**-शारीरिक कष्टानुभूति सम्भव है पर विपरीतराजयोग के कारण वर्चस्व बढ़ेगा। **धनुलग्न**-विपरीत राजयोग के कारण विद्या के क्षेत्र में, संतान के क्षेत्र में नवीन उपलब्धियां मिलेगी। **मकरलग्न**-

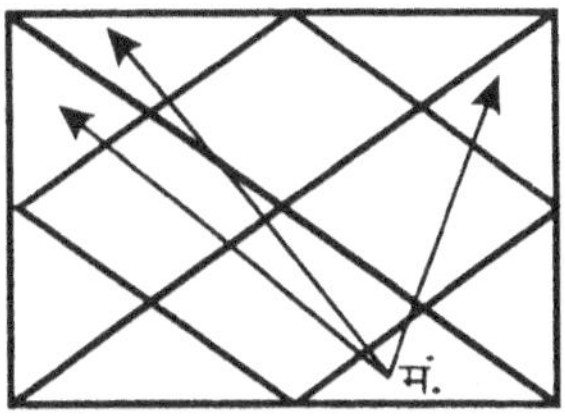

मंगल अष्ठम स्थान में–गोचर का मंगल जब जन्मकुण्डली के आठवें स्थान में भ्रमणशील हो तब संयुक्त भागीदारी पुनर्जीवित हो सकती है। रुका हुआ कार्य अचानक बन सकता है। परिवार में वैमनस्य की स्थिति बन सकती है। अनैतिक शारीरिक संबंधों की स्थापना हो सकती है। जातक की आध्यात्मिक धार्मिक व तांत्रिक अभिरुचि बढ़ेगी परन्तु दुर्घटना को लेकर प्राणमय सम्भव है। अन्य ग्रह स्थिति भी अप्रिय हो तो जेल यात्रा भी सम्भव है।

लग्नानुसार विभिन्न फल-मेषलग्न-कार्य में रुकावट सम्भव है। **वृषलग्न**-विपरीतराजयोग के कारण राजनैतिक वर्चस्व बढ़ेगा पर गृहस्थ सुख में बाधा आएगी। **मिथुनलग्न**-विपरीत राजयोग के कारण व्यापार में उन्नति सम्भव है। **कर्कलग्न**-विद्या संतान एवं राजपक्ष को बाधाएं उत्पन्न होगी। **सिंहलग्न**-भाग्य एवं भौतिक सुख बाधाएं उत्पन्न होगी। **कन्यालग्न**-विपरीत राजयोग के कारण पराक्रम बढ़ेगा। **तुलालग्न**-धन की तंगी एवं गृहस्थसुख में व्यवधान उत्पन्न होगा। **वृश्चिकलग्न**-विपरीत राजयोग के कारण परिश्रम का लाभ मिलेगा। **धनुलग्न**-खर्च की प्रबलता बढ़ेगी। **मकरलग्न**-लाभ में रूकावट, भौतिक सुखों में बाधा महसूस होगी। **कुम्भ लग्न**-पराक्रम भंग होगा। **मीनलग्न**-भाग्य में रूकावट, धन हानि सम्भव।

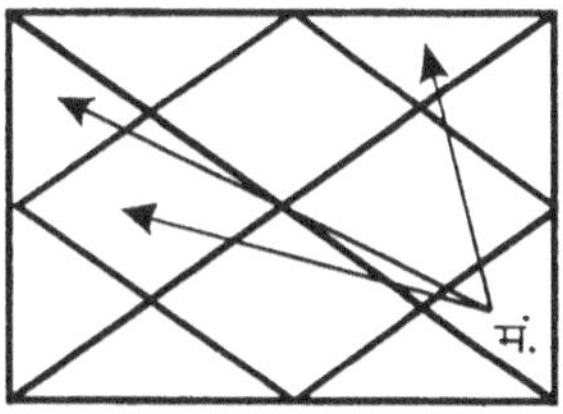

मंगल नवम् स्थान में–गोचर का मंगल जब जन्मकुण्डली के सातवें स्थान में हो तब जातक धार्मिक, आध्यात्मिक व दार्शनिक विचारों की अभिव्यक्ति उग्र रूप से करेगा, जिससे दूसरों की नजर में उसका आदर कम होगा। इस समय दूर की यात्राएं, विदेश यात्राएं भी संभव है। पिता से मतभेद सम्भव है। इस समय जातक कानूनी उलझनों व कोर्ट-केस के चक्कर में फंस सकता है।

लग्नानुसार विभिन्न फल-मेषलग्न-मिश्रित फल मिलेंगे। **वृषलग्न**-विपरीत राजयोग के कारण भौतिक उपलब्धियां मिलेंगी। **मिथुनलग्न**-में विपरीत राजयोग व्यापार लाभ देगा। **कर्कलग्न**-राजपक्ष से लाभ, विद्या एवं संतान संबंधी सुखों की प्राप्ति होगी। **सिंहलग्न**-भाग्य में अद्वितीय वृद्धि, भौतिक सुख-ऐश्वर्य बढ़ेगा। **कन्यालग्न**-विपरीत राजयोग के कारण पराक्रम बढ़ेगा। **तुलालग्न**-धन प्राप्ति एवं गृहस्थ सुख में वृद्धि होगी। **वृश्चिकलग्न**-विपरीत राजयोग के कारण परिश्रम में सफलता मिलेगी। **धनुलग्न**-खर्च बढ़ेगा, साथ ही उपलब्धियां भी मिलेगी।

मकरलग्न-भौतिक सुख एवं ऐश्वर्य बढ़ेगा। **कुम्भलग्न**-पराक्रम बढ़ेगा। राजपक्ष में मजबूती आएगी। **मीनलग्न**-धनप्राप्ति हेतु किए गए प्रयासों में अपूर्व सफलता मिलेगी।

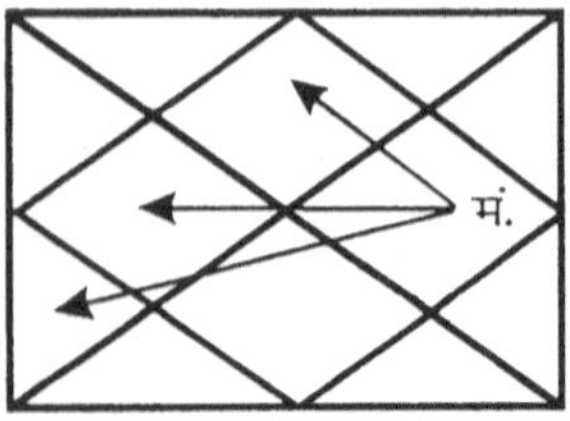

मंगल दशम् स्थान में–गोचर का मंगल जब जन्मकुण्डली के दसवें स्थान में भ्रमणशील हो तो महत्वाकांक्षाएं बढ़ जाती हैं। जातक यश पाने के लिए लालायित हो जाता है। जातक कुछ गर्वीला एवं हठीला हो जाता है। पर जातक की जिद्द सफल होती है। व्यापार में टकराहट के साथ सफलता मिलती है। शत्रु परास्त होते हैं। भौतिक सुखों में वृद्धि होगी। भूमि व भवन संबंधी लाभ का संकेत मिलता है।

लग्नानुसार विभिन्न फल-मेषलग्न-राजपक्ष में अद्वितीय पराक्रम बढ़ेगा। **वृषलग्न**-शुभ खर्च बढ़ेगा। **मिथुनलग्न**-व्यापारिक लाभ में वृद्धि होगी। **कर्कलग्न**-नये ज्ञान की प्राप्ति होगी। राज-काज में पद व प्रतिष्ठा बढ़ेगी। **सिंहलग्न**-भाग्य में वृद्धि, भौतिक सुख में भी वृद्धि होगी। **कन्यालग्न**-मिश्रित फल मिलेंगे। **तुलालग्न**- धन प्राप्ति के साथ, प्रबल खर्च भी होता रहेगा। **वृश्चिकलग्न**-मिश्रित फल मिलेंगे। **धनुलग्न**-शुभ खर्च बढ़ेगा। **मकरलग्न**-भौतिक सुखों के प्रति लालसा बढ़ेगी। **कुम्भलग्न**-पराक्रम बढ़ेगा। सरकारी पक्ष में विजय मिलेगी। **मीनलग्न**-भाग्योदय के नये अवसर प्राप्त होंगे।

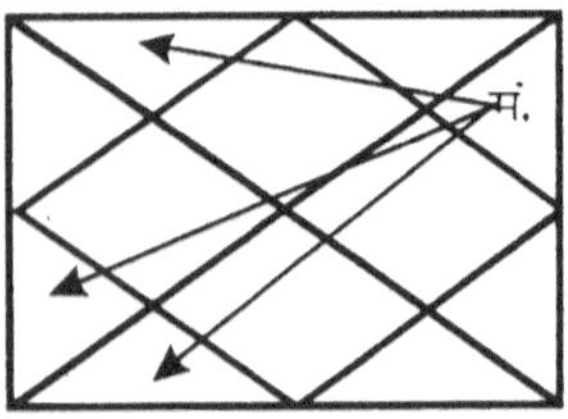

मंगल एकादश स्थान में–गोचर का मंगल जन्मकुण्डली के ग्यारहवें स्थान में भ्रमणशील हो तब जातक को अपने लक्ष्य प्राप्ति में सफलता मिलती है। जातक इस समय अकेला काम करने में रुचि रखता है। अन्य लोगों की सहायता लेता है पर उनका नेता बनकर नेतृत्व करने में रुचि रखता है। जातक संघर्ष करता है और संघर्ष में सफलता प्राप्त करता है। धन-वैभव की प्राप्ति हेतु और शत्रुओं के समूल नाश हेतु गोचर का यह समय पूर्णतः लाभदायक साबित होता है।

लग्नानुसार विभिन्न फल-मेषलग्न-विपरीत राजयोग के कारण कार्य में सफलता मिलेगी। परिश्रम का फल मिलेगा। **वृषलग्न**-गृहस्थ सुख में वृद्धि। **मिथुनलग्न**-व्यापारिक लाभ में वृद्धि होगी। **कर्कलग्न**-राजपक्ष से लाभ सम्भव। विद्या एवं संतानपक्ष से भी शुभ समाचारों की प्राप्ति होगी। **सिंहलग्न**-भाग्योदय

होगा, भौतिक सुख-संसाधनों में वृद्धि होगी। **कन्यालग्न**-मिश्रित फल मिलेंगे। **तुलालग्न**- धन की वृद्धि होगी। **वृश्चिकलग्न**-मिश्रित परिणाम मिलेंगे। **धनुलग्न**-ज्ञान में वृद्धि होगी। प्रतिष्ठा बढ़ेगी। **मकरलग्न**-नये वाहन या भवन की प्राप्ति सम्भव है। **कुम्भलग्न**-राजपक्ष से लाभ, पराक्रम बढ़ेगा। **मीनलग्न**-धन की प्राप्ति होगी। भाग्योदय के नए अवसर प्राप्त होंगे।

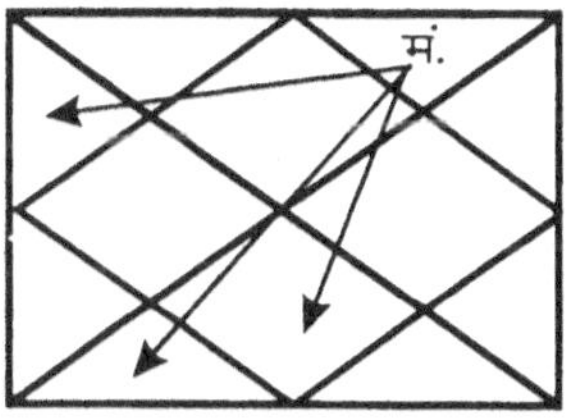

मंगल द्वादश स्थान में–गोचर का मंगल जब जन्मकुण्डली के बारहवें स्थान में भ्रमण करता है तब जातक व्यर्थ की यात्राएं करता है। सहयोगियों द्वारा अपेक्षित सहयोग नहीं मिलता। जातक निरुत्साहित एवं उदासीन रहता है। ऐसे समय में जातक को उदारीकरण में विश्वास रखते हुए परोपकार एवं मानव सेवा के कार्यों में ज्यादा रुचि रखनी चाहिए। गुप्त शत्रुओं से सावधान रहना चाहिए। इस काल में गोपनीयता के आधार पर जातक कार्यों में सफलता प्राप्त कर सकता है।

लग्नानुसार विभिन्न फल-मेषलग्न-विपरीत राजयोग के कारण वैभव बढ़ेगा पर साथ में चिन्ता भी बढ़ेगी। **वृषलग्न**-विपरीत राजयोग के कारण शुभ खर्च की प्रबलता बढ़ेगी। **मिथुनलग्न**-यहां भी विपरीत राजयोग के कारण व्यापारिक लाभ में वृद्धि होगी। **कर्कलग्न**-विद्या एवं व्यापार में हानि संभव है। **सिंहलग्न**-भाग्य में बाधा व रुकावट महसूस होगी। **कन्यालग्न**-विपरीत राजयोग के कारण पराक्रम बढ़ेगा। **तुलालग्न**-धन हानि के प्रबल योग बनेंगे। **वृश्चिकलग्न**-परिश्रम का फल नहीं मिलेगा। **धनुलग्न**-विपरीत राजयोग के कारण धन की प्राप्ति होगी। **मकरलग्न**-भौतिक सुखों की प्राप्ति में बाधा महसूस होगी। **कुम्भलग्न**-पराक्रम भंग होगा, राजदण्ड भी सम्भव है। **मीनलग्न**-भाग्य में रुकावट, धन की हानि सम्भव है।

नक्षत्र आधारित ग्रह फल

'ग्रह जिस नक्षत्र में हो, उसके आधार पर ग्रहफल जानने की यह पद्धति बड़ी सटीक है। महर्षि पराशर व अन्य ऋषियों ने नक्षत्र में स्थिति के अनुसार ग्रहों की अवस्थाएं निश्चित करके फलादेश की विधि बताई है। इन्हें शयनादि अवस्थाएं कहते हैं। इनका फल व्यवहार में उत्तम ढंग से मिलता देखा गया है। हमारा तो विचार है कि जन्मपत्रों में इन अवस्थाओं का विचार अनिवार्य रूप से करना चाहिए।

1. अश्विनी आदि जिस नक्षत्र में ग्रह हो उसकी संख्या जान लें। उसमें ग्रह संख्या (सूर्य-1, चन्द्र-2, मंगल-3 इत्यादि) से गुणा करें।

2. इस गुणनफल को, ग्रह जिस नवांश में हो, उस नवांश की क्रम संख्या से गुणा करें।
3. उक्त गुणनफल में इष्ट घटी, लग्न राशि संख्या, जन्म नक्षत्र संख्या को जोड़ लें। तब योगफल में 12 का भाग दें। जो शेष बचे, उतनी ही संख्या वाली अवस्था में ग्रह होता है।

यस्मिन् ऋक्षे भवेत् खेटस्तेन तं परिपूजयेत्।
पुनरंशेन सम्पूर्य स्वनक्षत्रं नियोजयेत्॥
यातदण्डं तथा लग्नमेकीकृत्य सदा बुधः।
रविभिस्तु हरेद्भागं शेषं कार्ये नियोजयेत्॥

मंगल नक्षत्र गोचर

1. जन्म नक्षत्र से 1.2.3 नक्षत्रों में मंगल शुभ है। तब स्थान निर्माण व पद लाभ की सम्भावना होती है।
2. चौथे नक्षत्र में मंगल हो तो सुखदायक है।
3. 5.6.7.8वें नक्षत्र में मंगल हो तो लक्ष्मी वृद्धि होती है।
4. 9.10.11.12वें नक्षत्र में मंगल हो तो भयदायक, परेशानिया होती है।
5. 13,14,15,16,17वें नक्षत्र में मंगल हो तो भी कष्ट, मृत्यु, भय या विपत्ति होती है।
6. 18 से 27 नक्षत्रों के बीच में कहीं मंगल हो तो पीड़ा होती है।

स्थान च मूर्ध्नि गुणभैरथवामहस्ते
वेदैर्भयं चरणयोर्दशभिश्च पीड़ा।
श्रीर्दक्षहस्तयुगभै हृदि पंच भीरुः
वक्त्रैकतः सुखफलं जनिभात् कुजर्क्षे॥

द्वितीय विधि—आचार्य लल्ल ने बताया है कि जिस नक्षत्र में मंगल हो, वहां से जन्म नक्षत्र तक गोचर देखें।

1. मंगल जिस नक्षत्र में हो, वहां से 1, 2, 3 नक्षत्र में जन्म हो तो रोगभय, लेकिन उत्तम भोजन मिलता है। प्रायः भोजनदोष के कारण रोग हो सकता है।
2. 4, 5, 6 नक्षत्रों में जन्म हो तो धन लाभ व शुभ फल होते हैं।
3. 7, 8, 9 नक्षत्रों में जन्म हो तो यशोवृद्धि होती है।
4. 10, 11 नक्षत्रों में जन्म हो तो शोक समाचार या मानसिक कष्ट मिलता है।
5. 12, 13वें नक्षत्रों में जन्म हो तो सम्भवतः रोग होता है।

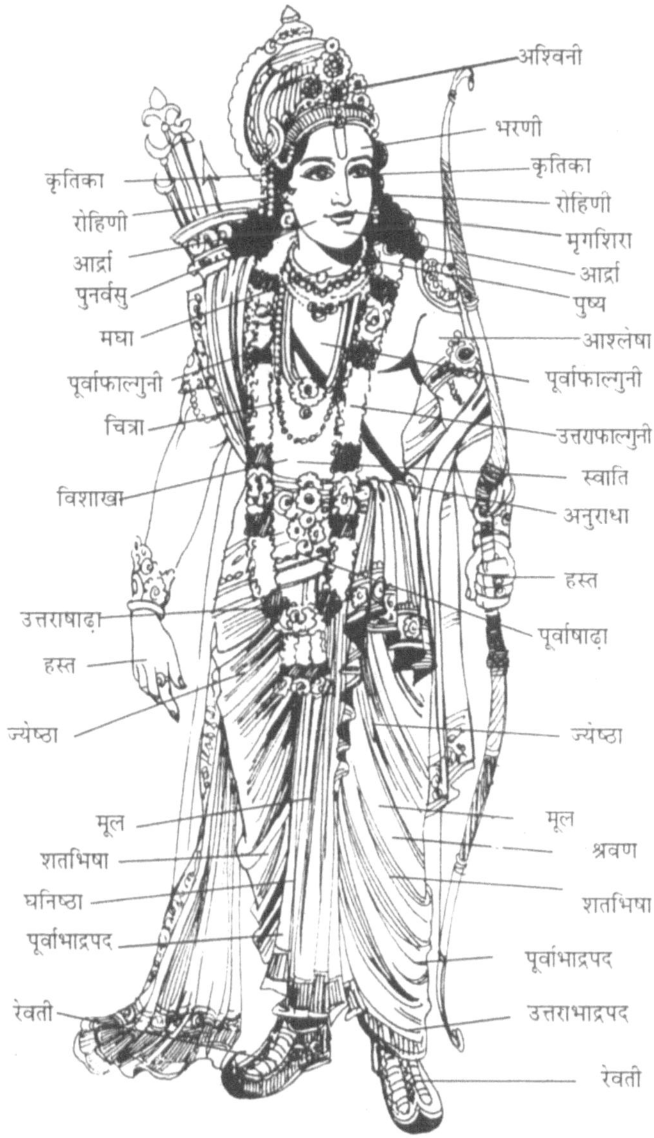

महर्षि पाराशर के अनुसार नक्षत्र पुरुष भगवान विष्णु का स्वरूप

6. 14, 15वें नक्षत्र में जन्म हो तो गले में खराबी, खांसी, खराश आदि होते हैं।
7. 16, 17, 18, 19, 20वें नक्षत्र में जन्म हो तो धन व्यय होता है।
8. 21, 22, 23वें नक्षत्रों में जन्म हो तो सभी सुख, परिवार सुख होता है।
9. 24, 25, 26, 27वें नक्षत्रों में जन्म हो तो भ्रमण, यात्रा, प्रवास होता है।

भौमभाद् आत्मभं यावद् गणनीयमनुक्रमात्॥

(लल्ल)

अरिष्ट शान्ति–मंगल के दोषकारक गोचर के समय प्रतिदिन लाल मसूर का दान करें। हनुमान जी पर प्रसाद चढ़ाएं। हनुमान चालीसा पढ़ा करें।

मंगल चक्र से फल

जिस नक्षत्र में मंगल हो उससे शुरू करके नक्षत्र स्थापित करें। जिस अंग में जन्म नक्षत्र पड़े, तदनुसार फल समझें।

यस्मिन् ऋक्षे भवेद् भौमस्तत्रादौ त्रीणि मस्तके।
मुखे त्रीणि त्रयं नेत्रे कण्ठे द्वे च चतुः करे॥
पंचोदरे त्रीणि गुह्ये पादे चत्वारि दापयेत्।
जन्मतारं स्थितं यत्र फलं तत्र वदेत्पुमान्॥

भौम चक्र

	मस्तक	मुख	नेत्र	कण्ठ	हाथ	पेट	गुदा	पैर
नक्षत्र	3	3	3	2	4	5	3	4
फल	राज्य अधिकार	रोग शोक	सुख	रोगी	रोग	धनी	भोगी	परदेश भ्रमण

मुखे रोगं सुखं नेत्रे शिरोराज्यं रुजा करे।
कण्ठे रोगी धनी क्रोडे गुह्ये भोगी पदे भ्रमः॥

मंगल का अवस्थाफल

1. मंगल शयनावस्था में हो तो चोट खाने वाला होता है। लग्न में हो तो त्वचा रोगी। पंचम में हो प्रथम संतान हानि। सप्तम में हो तो पत्नी हानि होती है। 5.7 में शत्रुदृष्ट या शनि राहु युक्त हो तो हाथ, कान या सिर कटने के योग होते हैं।

2. उपवेशन में हो तो मनुष्य निकृष्ट, धनी, पापी होता है। लग्न में मंगल हो तो यह फल विशेषतया होता है। 9-10 भावों में हो तो स्त्री-पुत्र का नाश होता है।

3. नेत्रपाणि अवस्था का मंगल लग्न में हो तो कुल द्वारा त्यक्त, पीड़ित व दरिद्र होता है।

- अन्य भावों में सब सुख होते हैं, लेकिन शरीर में शिथिलता व जलभय होता है। 2.7 भावों में हो तो पत्नी की मृत्यु होती है।

4. प्रकाशनावस्था में मंगल धनी, जल्दी खुश होने वाला, तुनक-मिजाज, बुद्धिमान, बायीं आंख में चोट खाने वाला, भयंकर ढंग से गिरता है। यह मंगल कहीं भी पापयुक्त हो तो दारुण पाप करने वाला व 5.7 में हो स्त्री, पुत्र नष्ट होते हैं।

5. गमनावस्था में स्त्री कलह, निर्धनता, गुदा रोग व शरीर पर चोट खाने वाला होता है।

6. आगमनावस्था में लग्न में हो तो दु:खी, प्रवासी, साधारण नौकरी करने वाला, अधिक बोलने वाला, जनाने कपड़े पहनने वाला, त्वचा, दांत व सिर में पीड़ा नेत्र रोगी होता है।

- अन्य स्थानों में इससे विपरीत शुभ फल होता है; लेकिन स्वास्थ्य साधारण रहता है।

7. सभावास में मंगल हो तो सम्पत्तिवान्, धार्मिक, धैर्यशाली, मनोबल से युक्त, धर्मकार्यों में अग्रगण्य होता है। यदि यह मंगल उच्च का हो तो यह फल विशेष होता है।

- यही मंगल 9.5 में हो तो क्रमश: भाग्य व विद्या से रहित होता है। अन्य स्थानों में निर्बल राशि वाला यह मंगल हो तो सभा में सम्मान पाने वाला, वृद्धावस्था में पुत्र से दूर रहने वाला होता है। बली मंगल हो तो सब उत्तम फल होते हैं।

8. आगमवस्था में मंगल हो तो कार्यकुशल, धनी, ढीला स्वास्थ्य, दानी, भोगी व यशस्वी होता है।

9. भोजनावस्था में बलवान् मंगल हो तो मिष्ठान्नप्रिय, अपमानित व तिरस्कृत सा जीवन बिताने वाला, महाक्रोधी, धनी होता है।

- 5.8 भावों में यह मंगल हो तो जानवर की मृत्यु होती है।

10. नृत्यलिप्सा अवस्था में मंगल हो तो राजपक्ष से लाभ, दानी भोगी, सुखी व धनी होता है।

- यही मंगल 12वें भाव में हो तो पुत्र नष्ट हो जाते हैं। 8.9 भाव में हो तो अनेक दु:ख पाने वाला, अपमृत्यु के भय से युक्त होता है।
- 1.2.7.10 भावों में यह मंगल सब सुख देता है।

11. कौतुकावस्था में मंगल हो तो मित्रों, पुत्रों व स्त्रियों से युक्त सम्पत्तिशाली, कन्या संतान की अधिकता वाला, दो पत्नियों वाला होता है।

- 5.7.9 में यह मंगल हो तो सब उक्त फल विपरीत होते हैं।

12. निद्रावस्था में मंगल हो तो धनहीन, मूर्ख, क्रोधी, भ्रष्ट होता है। 5.7 भावों में हो तो बहुत सी संतान व बहुत से दु:ख होते हैं। यदि यह मंगल राहु से युक्त हो तो प्रथम संतान को नष्ट करता है।

मेदनीय ज्योतिष के परिपेक्ष्य में मंगलचार

शीतपीडाश्विनीभौमे तुषधान्यमहर्घता।
द्विजपीडाभरण्यादेर्नाशः स्यादतिंशीघ्रगे।।1।।
सर्वदेशे ग्रामपीडा धान्यानां च महर्घता।
कृन्तिकायां देशभंगो, पीडा तापसआश्रमे।।2।।
वृक्षपीडा श्वापदानां रोगः स्याद्रोहिणी कुजे।
महर्घतापि कार्पासे वस्त्रे सूत्रे विशेषतः।।3।।
कार्पासनाशः प्रबलं सुभिक्षं मृगे कुजे भूर्जलपूरितैव।
वृष्टिश्चरौद्रेदितिजे तिलानां नाशो विनाशो महिषीकुलस्य।।4।।
पुष्ये कुजे चौरभयं विरोधाच्छुभं न किंचिन्टप निर्बलत्वम्।
सार्पेल्पवृष्टिर्बहुधान्यनाशो दुर्भिक्षमेवोरगदंशभीतिः।।5।।
पैत्रेय न वृष्टिस्तिलमाषमुदगविनाशनं दुर्लभतान्नधान्ये।
स्याधोनिजे चेतिजेअल्पवृष्टिः प्रजासु पीडा गुरुतैलमूल्यम्।।6।।
तथेत्तरायां जलवृष्टिरोधाज्तुष्पदे पीडनश्वमूल्यम्।
हस्ते कुजेल्पांबु च तुच्छधान्यं घृतं गुरौ वा लवणं महर्घम्।।7।।

अश्विनी नक्षंत्र में मंगल हो तो शीत की पीडा तुष और धान्य मंहगे हों, भरणी नक्षत्र में ब्राह्मणों को पीडा और उनका अनिष्ट हों।।1।।

सब देश और ग्राम में पीडा धान्य तेज, कृतिका नक्षत्र में मंगल आने पर देशभंग और तपस्वियों को पीडा हो।।2।।

रोहिणी नक्षत्र में मंगल हो तो वृक्ष और चौपायों को, पीड़ा और कपास सूत वस्त्र मंहगें हो ।।3।।

मृगशिरा नक्षत्र में हो तो कपास का नाश, शेष सब सुभिक्ष पृथ्वी जल से पूर्ण हो, तिल और महिषीकुल भैंस-बकरियों का नाश हो।।4।।

आर्द्रा नक्षत्र में तिल का उत्पादन कम होगा

पुनर्वसु नक्षत्र में तिल का उत्पादन कम होगा। मंगल पुनर्वसु नक्षत्र में आने के 17 दिन में श्वेत वस्त्र, कपास, लवण-रस धान्यों में तेजी आएगी।

पुष्य नक्षत्र में मंगल हो तो चोर भय विरोध हो शुभ कुछ भी नहीं होगा।

राजा निर्बल हो, आश्लेषा नक्षत्र में थोड़ी वर्षा धान्य नाश

अधिक दुर्भिक्ष और सर्प विषैले प्राणियों का भय बढ़ जाएगा।।7।।

मघा में हो तो वर्षा का अभाव तिल, उड़द, मूंग का नाश धान्य दुर्लभ,

पूर्वाफाल्गुनी नक्षत्र में थोड़ी वर्षा, प्रजा में पीड़ा, तेल का भाव तेज होगा।।8।।

उत्तराफाल्गुनी नक्षत्र में हो तो वर्षा, चौपायों का नाश, घोड़ों का मूल्य अधिक,

हस्त नक्षत्र में हो तो थोड़ा जल बरसेगा, थोड़ा धान होगा हो, घृत, सैंधा नमक मंहगा हो।।9।।

चित्रा कुजे तीव्ररुजोतिपीडा शालीष्टगोधूममहर्घतापि।
स्वातावनावृष्टिरथद्विदेवे कार्पासगोधूममहर्घभावः।।10।।
मैत्रे सुभिक्षं पशुमक्षिं पीडा ज्येष्ठा कुजे स्वल्पजलं च रोगाः।
मूले नक्षत्र द्विजक्षत्रिय वर्ग पीडा महर्घता वा तुषधान्यराशि।।
पूर्वाषाढ़ा नक्षत्र कुजे भूरिजलाः पयोदा, गावोल्पदुग्धा वसुधान्नपूर्णा।
महर्घताशालितिलाज्यमाषेष्वग्रेपि तत्पूर्ववदेवभावं।।
श्रुती च रोगा बहुधान्ययोगोभूम्यां न पश्चाज्जलदागमश्च।
स्यादासवे वासववत्समृद्धि धनियैः समर्घ गुडशर्करादि।।
स्युर्वारूणे कीटकमूषकाद्यास्तथापि धान्यानि बहूनि भूम्यां।
पूभामहीजे तिलवस्त्र रूतकार्पास पूगादिमहर्घता वा।।
दुर्भिक्षमेवोत्तरभाद्रिकायां वर्षा नमेघोन्नयनेपि किंचित्।
सौख्यं सुभिक्षं क्षितिजे सपौष्ण नरेषु रोगा बहुधान्यलक्ष्या।
यत्र राशौ कुजो याति वक्रं तत्र सुनिश्चितं।
तद्वाच्यानि कख्याणानि महर्घाणि भवंति हि।।
सिंहे मीनथे कन्यामिथुनधनुर्षि वा वक्रितौ मंदभूमौ
पृथ्वीमुद्रासरूपां रिपुदलदलितां विग्रहान्तां च घोरां
दुर्भिक्षं सत्यनाशं भयमपि कुरुपः पापरोगं प्रजानां पीडयन्ते
गोमहिष्यो भुवि नरपतयः पापचिन्ता भवन्ति।।

चित्रा नक्षत्र में मंगल हो तो रोग और पीड़ा होंगे धान गेहूं का भाव तेज हो,

स्वाति नक्षत्र में अनावृष्टि, विशाखा नक्षत्र में कपास और गौधूम महंगे होंगे।

अनुराधा नक्षत्र में सुभिक्ष पशुपक्षियों को पीड़ा हो।

ज्येष्ठा नक्षत्र में मंगल हो तो थोड़ा जल और रोग हो,

मूल नक्षत्र में ब्राह्मण क्षत्रियों को पीड़ा हो अथवा तुष और धान्य महंगे हों।

पूर्वाषाढ़ा नक्षत्र में मंगल हो तो बादलों से अच्छी वर्षा हो,

गौ थोड़ा दूध दें। पृथ्वी अन्न से पूर्ण हो, धान्य, तिल, घी, उड़द

महंगे हो, उत्तराषाढ़ा नक्षत्र में भी पूर्ववत् भाव रहे।।

श्रवण नक्षत्र में भी रोग हो, धान्य की प्राप्ति हो, पीछे जल की वर्षा हो।

धनिष्ठा नक्षत्र में इन्द्रवत् समृद्धि हो गुड़ शर्करादि धान्य सस्ते हों।।

शतभिषा नक्षत्र में कीट मूषकों की प्रबलता हों तो भी पृथ्वी में धान्य अधिक हों।

पूर्वाभाद्रपद नक्षत्र में मंगल हो तो दुर्भिक्ष हो वर्षा और अन्न की उत्पत्ति न हो। रेवती नक्षत्र में मंगल हो तो सुख और सुभिक्ष करे मनुष्यों में रोग धान्य की अधिकता हो।

जिस राशि में मंगल होता है उसमें वक्री भी निश्चय होता है वह फलसहित कहते हैं।

सिंह, मीन, कन्या, मिथुन, धनु में शनि मंगल वक्री हो तो पृथ्वी में द्वेष, शत्रु दल से घोर विग्रह दुर्भिक्ष, खेती का नाश, भय और प्रजाओं को पाप रोग पीड़ा गौ महिषी राजा को पीड़ा हो और चित्त में पाप की प्राप्ति हो।।

कन्या मीन धनुः सिंहेप्यार्किभौमौ च वक्रितौ।
कुर्वन्ति विभ्रमं लोके नृपाणां क्षयकारकौ।।
कृतिका रोहिणी सौम्य मघा चित्रा विशाखिकाः।।
ज्येष्ठानुराधामूलानि पूर्वाषाढ़ा तथा पुनः।।
एतेषां चैव ऋक्षाणां भौमः शुक्रस्तथाशनिः।
उत्तरस्यां यदा यांति मास्याषाढे विशेषतः।।
सुभिक्षं क्षेममारोग्यं मध्ये च मध्यमं फलं।
दक्षिणेन यदा यान्ति ईतिरोगभयं भवेत्।।
चलत्यंगार के वृष्टिरूदये च बृहस्पतेः।
शुक्रस्यास्तंगमे वृष्टिस्त्रिधा वृष्टिः शनैश्चरे।।
मेषवृश्चिकयोर्मध्ये यदा तिष्ठति भूसुतः।

तदा धान्यं महर्घं स्यामान्मासद्वमुदाहृतं॥
रविराहुशनिश्चर भूमिसुता उदयन्ति च मध्यमराशिगताः।
धनधान्यहिरण्यविनाशकरा विलयन्ति महीपतिछत्रधराः॥
शनिर्मीने गुरुः कर्के तुलायामपि मंगलः।
यावच्चरति लोकस्य तावत कष्ट परंपरा।
भौमस्याधो गुरुस्तिष्ठेद्गुर्वधोपि शनैश्चरः।
ग्रहाणां मुशलं ज्ञेयमिदं जगदरिष्टकृत्॥
रविराशे पुरो भौमौ वृष्टिसृष्टिनिरोधकः।
भौमाघायामगश्चन्द्राच्चत्वारो वृष्टिनाशकाः॥
भौमवक्रे अनावृष्टिर्बुधवक्रे धनक्षयः।
गुरुवक्रे स्थिरौरोगो शुक्रवक्रे सुखी प्रजा॥
शनि वक्रे जने पीडा राहुः स्यादाग्निकारकः।
चतुर्ग्रहा न वक्राःस्युः योगोयं कथितो बुधैः॥
यत्र मासे ग्रहाः सर्वे वक्रत्वं यान्ति दैवतः।
तन्मासेति महर्घस्यादान्यं वा राजविग्रहः॥

कन्या, मीन, धनु, सिंह में शनि मंगल वक्री हों तो लोक में विभ्रम और राजा (राजनेताओं, मंत्रियों) का क्षय करें। कृतिका, रोहिणी, मघा, चित्रा, विशाखा, ज्येष्ठा, अनुराधा, मूल, पूर्वाषाढ़ा। इन नक्षत्रों में मंगल, शुक्र, शनि उत्तर की दिशा को विशेषकर आषाढ़ मास में आवे तो। सुभिक्ष क्षेम आरोग्य हो। मध्यम में मध्यम फल दक्षिण की दिशा को आवे तो इति और रोग भय हो॥

मंगल के बदलने पर वृष्टि, बृहस्पति के उदय में वर्षा होती है शुक्र के अस्त में और शनि की तीनों अवस्था में वर्षा होती है।

जब मेष वृश्चिक के बीच मंगल स्थित हो तो धान्य दो महीने तेज रहेगा। रवि राहु शनिश्चर मंगल मध्य राशि को प्राप्त हो।

उदय हो तो धन धान्य सुवर्ण का नाश करें छत्रधारी राजा नष्ट हो।

मीन के शनि, कर्क के गुरु, तुला के मंगल जब तक रहें तक कष्ट हो॥

मंगल के नीचे बृहस्पति, गुरु से नीचे शनि हो तो यह ग्रह मुख्य अरिष्ट करने वाले हैं।

रवि का राशि से आगे मंगल हो तो वर्षा और सृष्टि को रोके, और मंगल यदि चन्द्र से आगे हो तो वर्षा का नाश करे।

मंगल के वक्री होने में अवर्षण बुध में धन का क्षय, गुरु वक्री हो तो रोग की स्थिरता, शुक्र वक्री हो तो प्रजा सुखी हो।

शनिश्चर वक्री हो तो मनुष्यों में पीड़ा, राहु वक्री हो तो अग्निभय हो, चार ग्रह वक्री नहीं होते। और जो कदाचित् दैवयोग से सब ग्रह किसी महीने में वक्री हो जाए तो उस माह में अन्न भाव बहुत महंगा तो धान्य न मिले अथवा राजाओं में युद्ध हो।

श्रावणे शनिवक्रत्वे भौमस्यास्तोदयो यदा।
तदा युध्यन्ति भूमिशाधिमासान्तर्न संशयः।।
मेषे भूमिसुतोदयेच चपलमाषास्तिलाः स्यु प्रियाः
नाशः स्याच्च वृषे चतुष्पदकुले युग्मेन्नदुः प्राप्यता।
वेश्यानां बहु पीडनं शशिगृहे वृष्टायाति धान्योदयः,
सिंहे शलिमहर्घता द्विजरूजः कन्योदये भूभुवः।।
धान्यानि भूयांसि तुलोदये स्युः कन्योद्वये तेन सुभिक्षमेव।
चौराग्निभीतिर्न्टपदुष्टनीतिर्निष्पत्तिरन्नस्य तुवृश्चिकस्थे।।
धनुषि रसातलवृष्टिः शलिगुडादेर्महर्घता मकरे।
पश्चिम धान्य विनाशो वर्षाप्यतिशायनीदेशे।।
कुंभेतीडागमात्पीडा यदि वा मूषकादिना।।
मीने कुजोदयोनैव वर्षादुर्भिक्षसाधनं।
अथ अस्तविचारः।।
मंगलास्तगमान्मेषे पाषाणानां महर्घता।
तृणादेः खलु वस्तुनां सुभिक्षं स्वस्थतावृषे।।
युग्मेति वृष्टिः कर्कस्थे तस्मिन् भूधान्यशून्यता।
सिंहेश्वस्तरयोः पीडा चतुष्पद महर्घता।
कन्याद्वये महर्घाः स्युर्गोधूमाश्चणका यदा।
अलौ सुभिक्षं नृपभीर्धनुर्महर्षशालिकृत।।
तुषधान्यागरूस्तद्वन्मकरे विपुलं जलं।
चोरवन्हिभयं देशे कुंभे राजसु विग्रहः।।
मीने कुजास्तंगमनान्नवनागाकुलाः प्रजाः।
बहुप्रजा सुभिक्षेण सोत्सवः शुभलक्षणः।।

श्रवण नक्षत्र में शनि वक्री हो और मंगल का उदय या अस्त हो तो उसी महीने में राजा परस्पर युद्ध करें।।

मेष में मंगल उदय हो तो उड़द, तिल का आदर हो।

वृष में हो तो चौपायों का नाश,

मिथुन में हों तो, अन्न कठिनता से मिले।

कर्क में हों तो वैश्यों को पीड़ा,

सिंह में हो तो धान्य तेज, कन्या में हो तो ब्राह्मण क्षत्रियों को रोग हो। तुला में उदय हो तो धान्य अधिक हो (कन्या मिथुन में सुभिक्ष हो ऐसा कोई कहते हैं) चोर, अग्नि भय और अन्याय हो और वृश्चिक में उदय हो तो अन्न की उत्पत्ति हो।।

धनु में हो तो पाताल में वर्षा हो, धान्य गुड़ महंगे हों।

मकर में हो पश्चिम देश के धान्य का विनाश और वर्षा अधिक हो।।

कुम्भ में टीडी से पीडा हो या मूषकादि से हो।

मीन में हो तो पत्थर महंगे और तृणादि वस्तु सुभिक्ष और स्वस्थता वृष के अस्त में हो।।

मिथुन में वर्षा अधिक, कर्क में धान्य शून्यता,

सिंह में खच्चरों को पीड़ा चौपाए तेज हों।।

मंगल दशा फल भावानुसार

1. लग्नस्थ मंगल की महादशा में जब पाप ग्रह की अंतर्दशा आती है तब दुर्जनों से भय, बहुत कष्ट और क्षति होती है। जातक मन्दाग्नि से पीड़ित होता है। शुभ ग्रह की जब अन्तर्दशा आती है तब राज-नेताओं से प्रीति भाई-बंधु, भूमि और वाहनादि का सुख होता है।
2. द्वितीयस्थ मंगल की महादशा में जब शुभ ग्रह की अंतर्दशा आती है तब भाइयों को सुख, विद्या की प्राप्ति, मन में उत्साह और वाहन तथा भूषणादि का सुख होता है। पाप ग्रह की जब अन्तर्दशा आती है तब पूर्व-संचित धन का नाश, राज-भय और ज्वर एवं अग्नि से पीड़ा होती है।
3. तृतीयस्थ मंगल की महादशा में जब पाप ग्रह की अंतर्दशा आती है तब मन में अशान्ति और भाई-बन्धुओं का नाश होता है। शुभ ग्रह की जब अन्तर्दशा आती है तब भोजन, वस्त्र, भूषण और वाहन आदि का सुख तथा कृषि से लाभ होता है।
4. चतुर्थस्थ मंगल की महादशा में जब पाप ग्रह की अंतर्दशा आती है तब भूमि एवं गृह का नाश और चोरी, अग्नि तथा राज-भय और दुःख होता है। जब शुभ ग्रह की अंतर्दशा आती है तब भूमि, वाहन, पशु, भूषण और वस्त्रादि का सुख होता है।
5. पच्चमस्थ मंगल की महादशा में जब पाप ग्रह की अंतर्दशा आती है तब स्त्री, पुत्र, धन-धान्य, पशु, कृषि आदि की हानि होती है। जब शुभ ग्रह की

अन्तर्दशा आती है तब मंत्र की उपासना से सुख, उसकी सिद्धि, संतान की प्राप्ति तथा राज-सम्मान होता है।

6. षष्ठस्थ मंगल की महादशा में जब पाप ग्रह की अंतर्दशा आती है तब चोर, अग्नि एवं राजपक्ष से पीड़ा और चेचक, क्षय, जननेन्द्रिय रोग आदि होते हैं। शुभ ग्रह की अन्तर्दशा जब आती है तब पशुओं की हानि और मन में दुःख होता; परन्तु अन्त में सुख की प्राप्ति और राज्याधिकारियों से प्रेम होता है।
7. सप्तमस्थ मंगल की महादशा में जब पाप ग्रह की अंतर्दशा आती है तब स्त्री, सन्तान आदि के नाश का दुःख एवं राज-कोष की पीड़ा होती है। शुभ ग्रह की अन्तर्दशा जब आती है तब जातक को अत्यंत सुख और भूषण और वाहन की प्राप्ति होती है। साथ ही वह राज-पक्ष से अनुगृहीत होता है।
8. अष्टमस्थ मंगल की महादशा में जब पाप ग्रह की अंतर्दशा आती है तब शरीर में दुर्बलता और मृत्युवत् पीड़ा होती है। शुभ ग्रह की अंतर्दशा तब जातक को अनेक प्रकार के सुखों की प्राप्ति और कृषि तथा गौ आदि की वृद्धि होती है तथा वह राजनायिकों से अनुगृहीत होता है।
9. नवमस्थ मंगल की महादशा में जब पाप ग्रह की अंतर्दशा आती है तब पिता एवं गुरु की मृत्यु, मन में अशान्ति और धर्म की हानि होती है। शुभ ग्रह की अंतर्दशा जब आती है तब सम्पत्ति, पशु आदि की वृद्धि, विवाह आदि उत्सव, याज्ञादि क्रिया और देवताओं के पूजन का सौभाग्य होता है।
10. दशमस्थ मंगल की महादशा में जब पाप ग्रह की अंतर्दशा आती है तब विदेश-यात्रा, कीर्ति की हानि और पराजय होती है; परन्तु अनेक विद्वानों की सम्मति है कि इसमें अशुभ फल नहीं होता।
11. एकादशस्थ मंगल की महादशा में जब पाप ग्रह की अंतर्दशा आती है तब नाना प्रकार से सुख-सम्पत्ति की वृद्धि और भूषण एवं सुगन्धित द्रव्यों की प्राप्ति होती है। शुभ ग्रह की जब अंतर्दशा आती है तब दानादि धर्म कार्य का सौभाग्य होता है और बहुत सुख की प्राप्ति होती है।
12. द्वादस्थ मंगल की महादशा में जब पाप ग्रह की अंतर्दशा आती है तब अनेक प्रकार के दुःख मिलते हैं और जेल जाना पड़ता है। शुभ ग्रह की अंतर्दशा आने पर अंतर्दशा के आदि में वाहन, भूषण और वस्त्रादि की प्राप्ति तथा अंतर्दशा के शेष भाग में राज-भय, पद-च्युति एवं मन में विकलता होती है।

मंगल महादशा व अंतर्दशा फल

मं, मं.–मंगल की महादशा में जब मंगल की अंतर्दशा आती है तब सुहृदयों से मतभेद, भाइयों से पीड़ा, राज-भय, सब कार्यों का विनाश, शारीरिक उष्णता की वृद्धि, पित्त और उष्णता-जनित रोग और वक्रादि से पीड़ा होती है।

मं, रा.–मंगल की महादशा में जब राहु की अंतर्दशा आती है तब राजा, चोर, अग्नि, शस्त्र एवं शत्रु से भय, धन-धान्य का विनाश, गुरुजन एवं बंधुओं की हानि, नाना प्रकार की आपत्ति और दुष्ट-कर्म की सिद्धि होती है।

म.बृ.–मंगल की महादशा में जब बृहस्पति की अंतर्दशा आती है तब राजा एवं ब्राह्मणों से धन और पृथ्वी की प्राप्ति, आरोग्य, तेज की वृद्धि, पुत्र, मित्र तथा वाहनों का सुख, श्रेष्ठ कर्म अर्थात् कर्म और तीर्थ में रुचि, सुख और विजय की प्राप्ति, जनता से समादर तथा श्लेष्मा-रोग का भय होता है।

म. श.–शनि की अंतर्दशा जब आती है (यहां से महादशा का पुनःपुनः लिखना छोड़ दिया जाता है।) तब स्त्री, पुत्र और स्वजनों की बाधा तथा मरणान्तक शरीर-कष्ट, शत्रु, चोर एवं राजा से भय, धन की हानि, रोग से पीड़ा एवं अपने स्थान पर लौट जाने की यात्रा होती है।

मं. बु.–बुध की अंतर्दशा जब आती है तब वैश्यों से धन की प्राप्ति, गृह, गौ एवं अन्न की वृद्धि, शत्रु, चोर और राजा से भय, मन से क्लेश, स्त्री-पुत्रादि से वियोग तथा किसी प्रकार के उत्सव का भी सुख होता है।

मं., के.–केतु की अंतर्दशा तब आती है तब पेट के रोग से संताप, बंधु एवं भाइयों से कष्ट, दुष्टजन से शत्रुता और शस्त्र तथा अग्नि से अकस्मात् पीड़ा होती है।

मं.शु.–शुक्र की अंतर्दशा तब आती है तब बंधुवर्ग से धन की प्राप्ति, स्त्री को वस्त्राभूषण का सुख, स्त्री-मात्र से घृणा तथापि स्त्रियों की गोष्ठी, धन का अधिक व्यय एवं विदेश में रहने से मन में चंचलता होती है।

मं. र.-सूर्य की अंतर्दशा जब आती है तब धन का लाभ, राज-द्वार में सम्मान और विजय, वन-पर्वतादि में निवास की इच्छा, पितृकुल के लोगों से वैरभाव, गुरुजनों से अपवाद और रोग एवं स्वजनों से दुःख होता है।

मं च.–चन्द्रमा की अंतर्दशा जब आती है तब उच्च पद की प्राप्ति, भूषण धन और रत्नादि का लाभ, मित्र-समागम, आलस्य एवं निरन्तर उत्सव में प्रेम तथा श्लेष्मा अर्थात् कफ-रोग भी होता है।

मंगल की अंतर्दशा में भौमादि ग्रहों की प्रत्यन्तर्दशा का फल

मं.मं.-मंगल की अंतर्दशा में जब मंगल की प्रत्यन्तर्दशा आती है तब शत्रु-भय, घोर कलह, अकस्मात् झगड़ा, रक्तस्त्राव और अपमृत्यु होती है।

बंधुनाश, महाक्लेश, स्त्रीनाश, शत्रु का भय, परस्त्री-ग्रहण होता है।

मं. रां.–मंगल की अंतर्दशा में जब राहु की प्रत्यन्तर्दशा आती है तब बंधन राज्य (अधिकार) और धन का नाश, अरुचिकर भोजन और शत्रु से कलह होता है।

क्षुद्र उपद्रव, क्षुद्र-दोष, धन-धान्य का विनाश पशुओं को पीड़ा होती है।

मं. गु.—मंगल की अंतर्दशा में जब गुरु की प्रत्यन्तर्दशा आती है तब बुद्धिनाश, दु:ख, सन्ताप, कलह और सभी मनः चिन्तित कार्य विफल होते हैं।

प्रभुता, स्थिरबुद्धि, राज-सेवा में तत्परता, सब प्रकार के साधन और सम्पत्ति का लाभ होता है।

मं. श.—मंगल की अंतर्दशा में जब शनि की प्रत्यन्तर्दशा आती है तब स्वामी का नाश, कष्ट-पीड़ा, धन-हानि, शत्रुभय, विकलता, कलह और त्रास होता है।

शूद्रों या स्त्रियों से झगड़ा, देशत्याग, धनक्षय, कन्दन और निगड़ (बंधन) की प्राप्ति होती है।

मं.बु.-मंगल की अंतर्दशा में जब बुध की प्रत्यन्तर्दशा आती है तब बुद्धिनाश, धनहानि, शरीर में ज्वर, वस्त्र, अन्न और मित्रों का नाश होता है।

मनः संतोष, राजपक्ष से सत्कार, बंधुओं से संतोष, सुवर्ण और मुक्ताओं की प्राप्ति होती है।

मं. के.—मंगल की अंतर्दशा में जब केतु की प्रत्यन्तर्दशा आती है तब आलस्य, शिर में पीड़ा, पाप, रोग, अपमृत्यु, राजभय और शास्त्राघात होता है।

गाय आदि पशुओं की हानि, खेती में अन्न का अभाव और अंत में इसी चिन्ता से मृत्यु का भय होता है।

मं. शु.—मंगल की अंतर्दशा में जब शुक्र की प्रत्यन्तर्दशा आती है तब चांडालादि निम्न जाति से कष्ट, त्रास और राज्य एवम् शस्त्र से भय, अतिसार और वमन रोग होता है।

मुक्ता और आभूषणों की प्राप्ति, देश और ग्राम का आधिपत्य, कुलटा स्त्रियों से संसर्ग और उससे व्याधि का भय होता है।

मं. सू.—मंगल की अंतर्दशा में जब सूर्य की प्रत्यन्तर्दशा आती है तब भूमि, धन-सम्पत्ति का लाभ, वृद्धि, संतोष एवं मित्र-लाभ और सर्वत्र सुख की प्राप्ति होती है।

नेत्रों में रोग, शिर में व्यथा, कुक्षिरोग और गुप्तांगों में रोग होते हैं।

मं. चं.—मंगल की अंतर्दशा में जब चन्द्रमा की प्रत्यन्तर्दशा आती है तब दक्षिण दिशा से लाभ, श्वेत, वस्त्राभूषण की प्राप्ति और सभी कार्यों की सिद्धि होती है।

लोक में कीर्ति का विस्तार, लोक-कल्याण की प्रवृत्ति, सब प्राणियों में सम भाव होता है।

भौम के प्रत्यन्तर में भौमादि ग्रहों की सूक्ष्म दशा का फल

मं. मं.–मंगल के प्रत्यन्तर में मंगल की सूक्ष्म दशा में भूमि की हानि से चित्त में खेद, मृगी रोग, बंधन, मनस्ताप और ग्राम से लाभ होता है।

भूमि का नाश, मानसिक संताप, अपस्मार रोग (मिरगी), बन्धन, दूसरों के अपमान से ग्लानि आदि होती है।

मं. रा.–मंगल के प्रत्यन्तर में राहु की सूक्ष्मदशा में अंग-विशेष में विकार, जन-भय, स्त्री-संतान का नाश, अग्नि तथा सर्प-भय होता है।

अङ्गच्छेद, स्त्री-भय, असावधानी के कारण धन का नाश, अग्नि का भय, विषजन्य व्यथा होती है।

मं. गु.–मंगल के प्रत्यंतर में गुरु की सूक्ष्म दशा में देवता में भक्ति, मंत्रसाधन में तत्परता, लोक में आदर और प्रमोद प्राप्त होता है।

देव-पूजा में प्रेम, श्रेष्ठ जन और मित्रों से दोस्ती, मंत्रानुष्ठान में तत्परता होती है।

मं श.–मंगल के प्रत्यन्तर में शनि की सूक्ष्मदशा में बंधन से मुक्ति होती है। जातक धन-धान्य-वस्त्रायुक्त, सेवक आदि से विशेष सुखी, श्रीसम्पन्न होता है।

बंधन से मुक्ति, धन-धान्य और प्रजा का नाश, स्त्री सेवकों की हानि होती है।

मं.बु.–मंगल के प्रत्यन्तर में बुध की सूक्ष्म दशा में वाहन, छत्र-चामर आदि राजकीय वैभव से परम सुख-लाभ, किन्तु कास-श्वास आदि से पीड़ा भी होती है।

छत्र चामर आदि राजकीय वाहनों की प्राप्ति, कास-श्वासादि रोगों का नाश होता है।

मं. के.–मंगल के प्रत्यन्तर में केतु की सूक्ष्म दशा में दूसरे की प्रेरणा से जातक अनुचित कार्य करता एवं सर्वत्र निन्दित होता है। उसके सभी कार्य अपवित्र होते हैं।

दूसरों की बुद्धि से कार्य करता है सब कार्यों में गलतियां करता है।

मं. शु.–मंगल के प्रत्यन्तर में शुक्र की सूक्ष्मदशा में अभीष्ट स्त्री से सुख-भोग, धन का संग्रह होता है।

मनचाहा भोजन, सब प्रकार की इष्ट-सिद्धि और आर्थिक लाभ होता है।

मं. सू.–मंगल के प्रत्यन्तर में सूर्य की सूक्ष्म दशा में राज-कोष, ब्राह्मणों से कष्ट, कार्याभिप्राय में वञ्चकता और लोक-निन्दा होती है।

राज-द्वेष, ब्राह्मणों से द्वेष, कामचोरी की प्रवृत्ति, सबकों दोष देने की प्रवृत्ति पैदा होती है।

म. चं.–मंगल के प्रत्यन्तर में चन्द्र की सूक्ष्म दशा में चित्त की शुद्धता एवं धन-लाभ, देवता और ब्राह्मण में भक्ति, किन्तु व्याधिग्रस्त होता है।

सब प्रकार की सम्पत्ति, देवता और ब्राह्मणों की भक्ति, शुचिता, सब प्रकार को व्याधियों से छुटकारा होता है।

महिला जातकों पर मंगल का विशेष प्रभाव

प्रथम भाव–

लग्नाश्रितो भूतनयः प्रसूते
नारी महारक्तसुः दुःखिताङ्गीम्।
गत प्रभावां पतिनां निरस्तां
सुदुर्भगां गर्व समन्वितां च्॥

–ज्योतिषतत्त्वप्रकाश, अ.5/श्लोक 203

जिस महिला के लग्न में मंगल हो, वह महिला अहंकार सम्पन्न, ऐश्वर्य हीन, पीड़ित अंगों वाली, परित्यक्त, रक्तविकार वाली महिला होती है।

टिप्पणी–ऐसी कुण्डली मंगलीक कहलाती है। इसे चुनरी मंगल वाली कुण्डली कहते हैं।

लग्न में यदि बुध या शुक्र हो तो उस स्त्री का पति सुन्दर, दर्शनीय व काम में कलानिपुण होता है।

शनि लग्न में, सूर्य पंचम में और नवम में मंगल हो तो इस योग में उत्पन्न कन्या '**विषकन्या**' होती है।

शनि लग्न में हो, लग्न या चन्द्रमा पापग्रहों के मध्य हो तो स्त्री विधवा अवश्य होती है।

लग्न में मंगल के साथ राहु व सूर्य हो तो स्त्री अवश्य विधवा होती है।

ज्योतिषतत्त्वप्रकाश के अनुसार लग्न में सूर्य या मंगल वैधव्य देता है। राहु या केतु पुत्रनाश करते है। बुध, बृहस्पति व शुक्र पति को पूर्ण सुख देते हैं।

यदि लग्नस्थ बृहस्पति हो, सप्तम भाव में चन्द्रमा हो, दशम भाव में शुक्र स्वगृही हो तो ऐसी कन्या साधारण परिवार में जन्म लेकर राजपत्नी होती है। यह योग सिंह लग्न एवं मकर लग्न में ही घटित होता है।

द्वितीय भाव–

धनाश्रितों भूतनमो विशालां
धननेहीनां कुरुते कुकान्ताम्।

पराधिकां कामपरां सरोगाम्
क्लेशाधिकां केशविवाजतां च

–ज्योतिषतत्त्वप्रकाश, अ.5/श्लोक 204

जिस महिला के धन भाव में मंगल हो वह साधारण धन वाली, दुष्ट स्वभाव, कामासक्त, रोगयुक्त, क्लेश सहन करने वाली एवं केश विहीन होती है।

टिप्पणी–यदि जन्मकाल में मंगल दूसरे, चन्द्रमा सातवें और शनि चौथे हो तो ऐसी नारी कुएं, बावड़ी या तालाब में गिरकर मरती है।

द्वितीय में चन्द्रमा बहुपुत्र देता है। बुध, बृहस्पति व शुक्र सौभाग्य देते है। जबकि राहु, केतु दरिद्रता देते है। दूसरे स्थान में स्थित मंगल पुत्र को अग्नि संबंधी या एक्सीडेन्ट से हानि देते हैं।

तृतीय भाव–

तृतीयसंस्थः कुरुते कुपुत्रां,
नारी नितांत सुभगां सुशीलाम्।
बंधु प्रिया साधुरतां प्रशस्तां
विहीनरोगां प्रथित प्रभावाम्।

–ज्योतिषतत्त्वप्रकाश, अ.5/2लोक 205

जिस महिला के तृतीय स्थान में मंगल हो, वह कुत्सित पुत्रों वाली, सौभाग्यवती, सुशील, बंधुजनों से प्रेम रखने वाली सज्जनों से अनुरक्त, उदार मनोवृत्ति वाली, रोग विहीन एवं प्रभाव सम्पन्न होती है।

टिप्पणी–

- 'ज्योतिषतत्त्वप्रकाश' के अनुसार तृतीय भाव में स्थित सूर्य, चन्द्रमा, मंगल, बुध, गुरु तथा शुक्र धन और पुत्र प्रदाता है। शनि, राहु व केतु जैसे पाप ग्रह भी तृतीय में धन प्रदाता है। पर कुटुम्ब से नहीं बनेगी।
- तीसरा मंगल छोटे भाई को देने वाला व उसका मारक भी होता है।

चतुर्थ भाव–

चतुर्थगो भूतनयः प्रसूते,
नारी हताशां हतकर्मकृत्याम्
सौख्येन हीना मघनां विशीलाम्,
जनैर्निरस्तां सतानं सरोगाम्।।

ज्योतिषतत्त्वप्रकाश, अ.5/श्लोक 206

जिस महिला के चतुर्थ स्थान में मंगल हो वह महिला असफल मनोरथों वाली, धर्म-कर्म-विहीन सुखरहित, निर्धन, दु:शील, रोगमुक्त एवं लोगों से बहिष्कृत होती है।

टिप्पणी-

- ऐसी कुण्डली मंगलीक कहलाती है। इसे चुनरीमंगल कहते हैं।
- यदि मंगल के साथ सूर्य भी चतुर्थ में हो या दशम में हो तो ऐसी स्त्री पहाड़ से गिर कर मरती है।
- ज्योतिषतत्त्व प्रकाश के अनुसार चतुर्थ भाव में शनि स्त्री के स्तनों में अल्प दुग्ध देता है। चतुर्थ में राहु या केतु पुत्र का नाश करते हैं।

पंचम भाव–

सुताश्रितो भूतनयः प्रसूते,
नारी कुपुत्रां कृपया विहीनाम्।
कुसंगति पापविधान रक्तां,
श्रुतेन हीनां हतबन्धु वर्गाम्॥

-ज्योतिषतत्त्वप्रकाश, अ.5/श्लोक 207

जिस महिला के पंचम भाव में मंगल हो, तो वह महिला कुत्सित पुत्रों वाली, दयारहित, दु:संगिनी, पाप (दुष्ट) कर्म में निरत, शास्त्र विरुद्ध कार्य करने वाली एवं बान्धवों से हीन होती है।

टिप्पणी-

- पंचम भाव में सूर्य व मंगल गर्भस्राव कराते हैं। चन्द्रमा बहुकन्या, बुध, बृहस्पति तथा शुक्र बहुसन्तति शनि रोग तथा राहु, केतु प्रथम संताम में अवरोध पैदा करते हैं।
- पंचम व एकादश भवन का मंगल पुत्रकारक और मारक होते है।
- पाचवें, सातवें और बारहवें में स्थित मंगल वाली स्त्रियां परनिन्दा में ज्यादा रुचि लेती हैं।

छठा भाव–

रिपु स्थितो भूतनयः प्रसूते,
नारी सनाथां हतशत्रुयक्षाम्।
प्रभूतकेशां सुजनानुरक्तां,
विद्याधिकां रोग विवर्जितां च''

ज्योतिषतत्त्वप्रकाश, अ.5/श्लोक 208

जिस महिला के छठे स्थान में मंगल हो, वह स्वामी (पति) से मुक्त, शत्रुओं का दमन करने वाली, सघन केश, विन्यास वाली, रोगविहीन, सज्जना से प्रेम रखने वाली एवं ज्ञान सम्पन्न होती है।

टिप्पणी-

- छठे स्थान में चन्द्रमा वैधव्य देता है।
- छठे, सातवें और बारहवें स्थान में स्थित मंगल शत्रु और रोग में वृद्धि करते हैं।

सप्तम भाव–

अस्ते स्थिते वै धरणी सुतस्तु,
वाल्ये प्रसूते विधवां च नारीम्।
दुष्टस्वभावां विभवेन हीनां,
सुकुत्सिताङ्गी गुणवर्जितां च।

ज्योतिषतत्त्वप्रकाश, अ.5/श्लोक 209

जिस महिला के सप्तम भाव में मंगल हो, वह कन्या बाल्य अवस्था में ही विधवा होती है। दुष्ट स्वभाव, टेढ़े-मेढ़े अंगों वाली, वैभवहीन एवं गुणविहीन होती है।

टिप्पणी-

- ऐसी कुण्डली चुनरी मंगल वाली कुण्डली कहलाती है।
- जिस स्त्री की कुण्डली के सप्तम भाव में कोई ग्रह न हो, सप्तम स्थान बल रहित हो, सप्तम भाव को शुभ ग्रह न देखते हो तो उसका पति अच्छा नहीं होता।
- सप्तम भाव में बुध व शनि दोनों ग्रह हो तो उसका पति नपुंसक होता है।
- सप्तम भाव में मंगल के अलावा सूर्य, शनि, राहु या केतु में से कोई भी एक ग्रह हो तो जीवनसाथी (पति) का सुख नहीं मिलता।
- निर्बल पापग्रह सप्तम में हो, शुभ ग्रह उसे न देखते हो तो ऐसी महिला को उसका पति त्याग देता है।
- मंगल के साथ चन्द्रमा और शुक्र भी हो तो स्त्री अपने पति की इच्छा से पर पुरुष में आसक्त रहती है।
- सप्तम भाव में राहु या केतु हो पति मलिन व नीच मनोवृत्ति वाला होता है।
- सप्तम भाव में पापग्रह एवं नवम में भी पापग्रह हो तो स्त्री अवश्य फकीरी धारण करती है।
- यदि सप्तम भाव में चन्द्रमा और बुध बैठा हो, शनि उसे देखता हो तो मात्र कन्या ही कन्या औलाद पैदा होगी।

- सप्तम भाव में मंगल हो तो स्त्री के स्तन सुन्दर व लालिमा लिए हुए होगे। शनि हो तो स्तन ढीले होगे। गुरु हो तो स्तन कठोर होंगे। शुक्र हो तो उन्नत एवं कम्पनीय स्तनों वाली महिला होगी।

अष्टम भाव–

मृति स्थितो भूमिसुतः प्रसूते,
प्रभूतरोगां सुकृशां विनायाम्।
दारिद्रय दुःखां कृतशोकमाजां,
हिंसाधिकां कान्तिविवर्जितां च॥

ज्योतिषतत्त्वप्रकाश, अ.5/श्लोक 209

जिस महिला के अष्टम स्थान में मंगल हो वह कृशकाय, रोगिणी, स्वामी (पति) सुख हीन, दारिद्रय युक्त, दुःखी, शोकसंतप्त, हिंसक और कान्तिविहीन होती है।

टिप्पणी-

- ऐसी कुण्डली चुनरी मंगल वाली कुण्डली कहलाती है।
- एक अन्य महिला जातक के अनुसार यदि बृहस्पति भी आठवें हो तो पहला गर्भ ही नष्ट होता है। शुक्र आठवें में हो तो मृतसंतान पैदा कराता है।
- मंगल आठवें वाली स्त्री चंचल नेत्रों वाली एवं कुटिल स्वभाव की होती है।
- शनि आठवें में हो तो पति का सुख शीघ्र ही नष्ट हो जाता है।
- शनि आठवें में हो तो पति सदैव रोगी रहता है।
- सूर्य आठवें में हो तो ऐसी स्त्री नित नूतन श्रृंगार करके पुरुष से संसर्ग करती है एवं कुल का गौरव नष्ट कर देती है।
- अष्टम भाव से पति की मृत्यु एवं वैधव्य का चिंतन होता है।
- अष्टम स्थान का स्वामी सप्तम में हो तथा सप्तमेश को पापग्रह देखते हो नवविवाहिता विधवा होती है।
- अष्टम स्थान में राहु या केतु हो तथा चन्द्रमा या लग्न पापग्रहों के मध्य हो तो ऐसी स्त्री पिता व पति दोनों कुल को कलंकित करती है।
- यदि अष्टम भाव में बुध हो तो स्त्री **'काकबंध्या'** होती है। उसके एक बार सन्तति होकर रह जाती है।
- शनि + सूर्य कुण्डली के अष्टम भाव में हो तो ऐसी स्त्री बांझ होती है।
- जिस स्त्री के अष्टम भाव में शुक्र बृहस्पति एवं मंगल(तीन ग्रह) से उसे केवल गर्भस्राव होता है। संतान नहीं होती।

नवम भाव–

धर्मश्रितो भूतनयो विधर्मा
करोति नारी सुमुखां सरोगाम्
भाग्यैर्विहीनां स्वजनैः निरस्तां,
प्रियामिषा पानरतां सदैव॥

ज्योतिषतत्त्वप्रकाश, अ.5/श्लोक 211

जिस महिला के नवम भाव में मंगल हो, वह धर्म के विपरीत आचरण करने वाली होती है।

टिप्पणी-

- नवम भाव स्थित चन्द्रमा पुत्र देता है। बुध उत्तम वस्तुओं का भोगः शुक्र, बृहस्पति तथा शुक्र धर्मवृद्धि, जबकि शनि, राहु या केतु स्त्रियों के लिए वन्ध्याकारक होते हैं।

दशम भाव–

कर्माश्रितो भूतनयः प्रसूते,
नारीं कुकुर्मश्रवणां कुभावाम्।
हीलेन हीनां नितरां विधर्मा,
लज्जाविहीनां मतिवर्जितां च॥

ज्योतिषतत्त्वप्रकाश, अ.5/श्लोक 212

जिस महिला के दशम स्थान में मंगल हो तो महिला कुकर्मी, कुत्सित भावों वाल, लज्जाहीन व बुद्धिहीन होती है।

टिप्पणी-

- दशम भाव में स्थित राहु या केतु वैधव्यकारक होते हैं। शनि व मंगल पापकारक वैधव्यकारक होते हैं। बुध, बृहस्पति तथा शुक्र पतिव्रत सुख एवं सौभाग्यकारक होते हैं।

एकादश भाव–

लाभाश्रितः सं कुरुते महीजः
प्रभुतलाभां वनितां निरीहाम्।
शुभस्यभावां विविधोयचारां
अम्बारतां प्रीतिपरां च धर्मे॥

ज्योतिषतत्त्वप्रकाश, अ.5/श्लोक 213

जिस महिला के एकादश भाव में मंगल हो वह प्रत्येक कार्य में सफलता प्राप्त करने वाली, स्वच्छाप्रिय, शांत स्वभाव वाली, धर्म में अभिरुचि रखने वाली, भौतिक सुविधाओं व ऐश्वर्य से सम्पन्न होती है।

टिप्पणी-

- एकादश भाव में स्थित सूर्य, मंगल तथा शुक्र पुत्र प्रद, चन्द्रमा धनप्रद, बुध, सर्व सौभाग्यप्रद, बृहस्पति आयुदायक, राहु व केतु सौभाग्यप्रद होते हैं।

द्वादश भाव

व्ययस्थितो भूतनय प्रसूते,
नारी कृतघ्नां गुणवर्जितांगीम्
असद्व्ययां पानपरां नृशंसा,
सदातुरां प्रीतिविवर्जितां च॥

ज्योतिषतत्त्वप्रकाश, अ.5/श्लोक 214

जिस महिला के द्वादश स्थान में मंगल हो वह कृतघ्न, गुणहीन, व्यर्थ का खर्च करने वाली, मद्यप, निर्दयी, प्रीतिविहीन एवं कामातुर रहने वाली महिला होती है।

टिप्पणी-

- ऐसी कुण्डली चुनरी मंगल वाली कुण्डली कहलाती है।
- बारहवें भाव में स्थित सूर्य दरिद्रता व नेत्र पीड़ा देता है। चन्द्रमा दिवान्धता, मंगल वन्धयादोष, बुध पुत्र-पौत्र सुख, शनि दरिद्रता व राहु केतु दुर्घटना देते हैं।

मंगल की विभिन्न ग्रहों से युति

ज्योतिष शास्त्र में युतियों का अपना अलग महत्त्व है। युतियों से ग्रह के सारे गुण-धर्म बदल जाते हैं। मंगल का विभिन्न ग्रहों के साथ युति का प्रभाव इस तरह से होगा।-यदि एक ही अंश में युति हो तो उसकी सार्थकता ज्यादा बलवान रहती है।

1. मंगल + सूर्य-सूर्य मंगल का नैसर्गिक मित्र है। इसे **भौमादित्य युति** कहते हैं। सूर्य ग्रहों का राजा है तो मंगल ग्रहों का सेनापति है। दोनों के मध्य राज्यपद-प्रतिष्ठा को प्राप्त करने का अदम्य तालमेल है। मंगल सूर्य के सान्निध्य में ज्यादा विस्फोटक व तेजस्वी को जाता है। राज्य पद, प्रतिष्ठा को प्राप्त करने की महत्वाकांक्षा बढ़ जाती है एवं इसमें जातक सफल भी होती है। मंगल के साथ सूर्य की युति सार्थक व सकारात्मक परिणामों को देती है। व्यक्ति अधिक उग्र एवं

अधैर्यशाली हो जाता है। जातक हिंसक होता है। यदि दोनों में से कोई भी ग्रह स्वगृही या उच्च का हो तो युति का महत्त्व बढ़ जाता है। यह युति सबसे ज्यादा मेष राशि में खिलती है। जहां **'किम्बहुनानामक योग'** बनता है। ऐसा जातक निश्चय ही राजा होता है। राजा से कम नहीं होता। सिंह, वृश्चिक एवं मकर राशि में यह युति सार्थक रहती है।

मंगल 1 सूर्य, मंगल 5 सूर्य, मंगल 8 सूर्य, मंगल 10 सूर्य

2. मंगल + चन्द्र–चन्द्रमा मंगल का परम मित्र है। यह मंगल के शुभत्व में वृद्धि करता है। यदि कुण्डली मंगलीक दोष नष्ट हो जाता है। मंगल उग्र है, उष्ण है तो चन्द्र शीतल है। ठंडक देता है फलत: मंगल की नकारात्मक ऊर्जा को सकारात्मक बनाता है। मंगल + चन्द्र की युति **'लक्ष्मीयोग'** की सृष्टि करती है। मंगल यदि चन्द्रमा के आमने-सामने या केन्द्रवर्ती है तो **केमद्रुमयोग भंग** होकर लक्ष्मीयोग की सृष्टि होती है। ऐसे में दोनों में से कोई भी एक ग्रह स्वगृही या उच्च का हो तो **'महालक्ष्मी'** योग बनेगा। ऐसा जातक निश्चय ही एक राजा के समान पराक्रमी व ऐश्वर्य सम्पन्न होगा फिर चाहे यह युति कुण्डली के किसी भी भाव में हो कोई फर्क नहीं पड़ता। परन्तु युति यदि अच्छे स्थान में हो तो शुभ फलों में कई गुणा वृद्धि हो जाती है।

यथा–मंगल 1 चन्द्र, मंगल 2 चन्द्र, मंगल 4 चन्द्र, मंगल 8 चन्द्र, मंगल 10 चन्द्र

मेष, वृष, कर्क, वृश्चिक एवं मकर राशि में हुई चन्द्र+मंगल युति जातक को लक्षाधिपति एवं करोड़पति बनाने में सहायक होती है। इन राशियों में हुई युति को **'महालक्ष्मीयोग'** के नाम से पुकारा जाता है। ऐसा जातक प्रबल महत्वाकांक्षी होता है। इनका गृहस्थ सुख भी संतोषजनक होता है।

3. मंगल + बुध–मंगल एवं बुध में परस्पर शत्रुभाव माना गया है। परन्तु बुध मंगल से समभाव रखता है जबकि मंगल बुध को अपना शत्रु मानता है। ऐसा जातक प्रखर बुद्धिमान, परोपकारी, मिष्टभाषी, सत्यवादी, ठेकेदारी, निर्माण कार्य एवं चिकित्सा क्षेत्र में सफलता प्राप्त करता है। मंगल बुध की यह युति मेष, मिथुन, कन्या एवं मकर राशियों में ज्यादा उत्तम ढंग से मुखरित होती है। हम युति वाले जातक का भाग्योदय संघर्ष के पश्चात् ही होता है। उत्तम बुद्धि एवं रचनात्मक कार्य के संयोग से जातक का भाग्योदय 28 से 32 वर्ष की आयु के मध्य होगा।

मंगल 1 बुध, मंगल 3 बुध, मंगल 6 बुध, मंगल 10 बुध

4. मंगल+बृहस्पति–देवगुरु बृहस्पति मंगल का मित्र एवं शुभचिंतक है। मंगल बृहस्पति की युति व्यक्ति को उच्च राजनेता, किवां मिनिस्टर बनाती है। यह

युति यदि कर्क या मकर राशि में हो तो '**नीचभंग राजयोग**' की सृष्टि करती है। ऐसा व्यक्ति राजा तुल्य पराक्रमी एवं वैभवशाली होता है। बृहस्पति की युति या दृष्टि से मंगल का अशुभत्व नष्ट हो जाता है। ऐसा कुण्डली मंगलीक होते हुए भी मंगलीक नहीं कहलाती '**न मंगली यस्य पश्यन्ति जीवः**' इसके अतिरिक्त मेष, वृश्चिक, धनु एवं मीन राशियों में भी यह युति पूर्णतः सार्थक व सफल कहलाती है। यद्यपि अलग-अलग लग्नों में अलग-अलग भावों में इस युति को अलग-अलग प्रभाव होता है तथापि इसका शुभफल जातक को सफल व्यक्तित्त्व प्रदान करता है।

मंगल 1 बृहस्पति, मंगल 4 बृहस्पति, मंगल 8 बृहस्पति,
मंगल 9 बृहस्पति, मंगल 10 बृहस्पति, मंगल 12 बृहस्पति

5. मंगल + शुक्र–दैत्याचार्य शुक्र मंगल से समभाव रखता है। शुक्र मंगल का न मित्र है, न शत्रु। देशकाल, परिस्थिति एवं भावों के आधिपत्य के अनुसार इनमें परस्पर शत्रुता एवं मित्रता का भाव उत्पन्न होता रहता है। वैसे शुक्र विलासी एवं स्त्रीग्रह है तो मंगल तेजस्वी पौरष प्रधान ग्रह है। इनकी युति से व्यक्ति विलासी होता है। व्यक्ति की सकारात्मक ऊर्जा, मद्य-मदिरा, सुरापान, जुआ, सेक्स, क्राइम की ओर आकर्षित हो जाती है। व्यक्ति में साहस के साथ-साथ धूर्तता बढ़ जाती है। मंगल का बल शुक्र तोड़ देता है। यह युति से तीन सुखदायक है।

मंगल 1 शुक्र, मंगल 2 शुक्र, मंगल 7 शुक्र,
मंगल 8 शुक्र, मंगल 10 शुक्र, मंगल 12 शुक्र

मंगल+शुक्र की यह युति मेष, वृष, तुला, वृश्चिक, मकर एवं मीनराशियों में ज्यादा मुखरित होती है। व्यक्ति ऐश्वर्यशाली एवं वैभवयुक्त जीवन जीता है। ऐसा जातक साहसिक कार्य करने में रुचि रखेगा। शुक्र+मंगल की युति केन्द्र में हो और जब-जब मंगल उसी जन्म राशि अंशों में आएगा, चोट देगा।

6. मंगल + शनि–मंगल शनि से समभाव रखता है पर शनि मंगल से पूरी तरह शत्रुता रखता है। शनि एक पापग्रह है। मंगल क्रूर ग्रह है, पापी भी है। शनि की युति से मंगल की क्रूरता-पापत्व बढ़ जाता है। ऐसा जातक दुस्साहसी हठी, दुराग्रही, दुराचारी एवं लम्पट होता है।

मंगल 1 शनि, मंगल 7 शनि, मंगल 8 शनि,
मंगल 10 शनि, मंगल 11 शनि

इसमें मेष एवं मकर राशि में '**नीचभंगराजयोग**' बनेगा। ऐसा जातक राजा के समान पराक्रमी एवं ऐश्वर्यसम्पन्न होता है। इसके अतिरिक्त, तुला, वृश्चिक एवं कुम्भ राशियों में यह युति यदि केन्द्र त्रिकोण में हो तो व्यक्ति राजा से कम नहीं

होता है परन्तु यदि कुण्डली के दु:स्थानों में भी मध्युति हो, तो भी व्यक्ति के पास **'विपरीत राजयोग'** के कारण गाड़ी, कार, बंगला, नौकर-चाकर का सुख होगा। जातक दस्यु-सम्राट होगा तथा असम्भव कार्य करने में रुचि रखेगा।

7. मंगल+राहु–राहु पापग्रह है। राहु दैत्यराज है तो मंगल ग्रहों के सेनापति, दोनों वीर है, पराक्रमी है। अपने-अपने क्षेत्र में प्रमुख स्थान को प्राप्त है। अत: दोनों में टकराहट होती रहती है। राहु के सान्निध्य में मंगल ज्यादा विस्फोटक हो जाता है। मंगल की राशि में राहु उद्विग्न रहता है। फलत: वृश्चिक राशि में राहु नीच का कहलाता है। मेष राशि में राहु समभाव रखता है। राहु कन्या राशि में स्वगृही तथा वृष में उच्च का होता है।

मंगल 1 राहु, मंगल 2 राहु, मंगल 3 राहु, मंगल 6 राहु,
मंगल 8 राहु, मंगल 10 राहु, मंगल 11 राहु

राहु + मंगल की युति महान् अनिष्टकारी एवं शुभ कार्यों में बाधक है। यह युति **द्विभार्यायोग** बनाती है। पंचम भाव में यह युति संतान सुख में बाधक है। धनस्थान में यह युति धन की हानि कराती है। राहु राजयोग भी देता है। अत: मेष, वृष, मिथुन, कन्या, वृश्चिक, मकर एवं कुम्भ राशियों यह युति राजयोगप्रदाता है। व्यक्ति राजा तुल्य पराक्रमी एवं वैभव सम्पन्न होता है।

8. मंगल+केतु-केतु राहु का धड़ है और पापग्रह का अनुपयोग हिस्सा है। मंगल के साथ यह प्रबल विस्फोटक नहीं है। मेष केतु की मित्र राशि कही गई है जबकि वृश्चिक राशि में केतु उच्च का कहलाता है। मंगल की राशि में केतु हर्षित रहता है। केतु मकर एवं मीन में स्वगृही तथा वृश्चिक व धनु में उच्च का कहलाता है।

मंगल 1 केतु, मंगल 5 केतु, मंगल 8 केतु,
मंगल 9 केतु, मंगल 11 केतु, मंगल 12 केतु

सप्तम भाव में केतु मंगल की यह युति द्विभार्या योग बनाती है। पंचम भाव में पुत्र सन्तति में बाधक है। धनभाव में धन का अपव्यय एवं द्वादश भाव में व्यर्थ की यात्राएं कराती है। केतु + मंगल की यह युति मेष, सिंह, वृश्चिक, धनु, कुम्भ या मीन राशियों में हो तो राजयोग दिलाती है। व्यक्ति राजा के समान पराक्रमी एवं वैभव सम्पन्न होता है।

त्रिग्रह युति

त्रिग्रह युति पर अब तक शोधपूर्ण कार्य नहीं हुआ है। प्राचीन ग्रन्थों में जो फलादेश कहे गए हैं। वे सटीक नहीं बैठते। हमने प्राचीन ग्रन्थों में उपलब्ध फलादेश

के साथ हमारे अपने स्वानुभूत प्रयोग, योगों के परिपेक्ष्य में लिखे है। जो सत्यता के आस-पास है। फिर भी ज्योतिषशास्त्र में बहुत विस्तृत में शोध-कार्य की आवश्यकता है। यदि वास्तव में गणना की जाए तो 'त्रिगुहयुतियां' सैकड़ों की संख्या में फलित होगी।

1. सूर्य + चन्द्र + मंगल

जातक पारिजात : शत्रुहंता + धनवान + नीतिमान।

सारावली : निर्लज्ज + पापकर्मरत + शत्रुहंता।

मानसागरी : यंत्र शास्त्रज्ञ। अश्व परीक्षण में प्रवीण। शूरवीर पुत्रहीन।

भोजसंहिता (स्वानुभूत)–यदि यह युति मेष राशि (लग्न) या वृश्चिक राशि (लग्न) में हो तो जातक राजा या मिनिस्टर होता है। यहां **लक्ष्मी योग, रुचक योग, किम्बहुना योग कुलदीपक योग** भी बनता है।

2. सूर्य + चन्द्र + बुध

ज्योतिष तत्व विवेक-शूर, यंत्र तथा अश्व-विद्या जानने वाला, लज्जा व कृपा से हीन।

भोजसंहिता–यदि यह युति कन्या या मिथुन लग्न में हो तो '**भद्रयोग**' के कारण जातक राजा या मिनिस्टर होता है। यहां **बुधादित्य योग, चन्द्रादित्य योग कुलदीपक योग** भी बनता है।

3. सूर्य + चन्द्र + गुरु

ज्योतिष तत्व विवेक-पराक्रमी, राजकार्य करने वाला, वाचाल व शस्त्र निपुण।

भोजसंहिता–यदि यह युति **कर्क लग्न** में हो ता जातक राजा या राजगुरु होगा। यहा **'गजकेसरी योग' हंस योग किम्बहुना योग** एवं **यामिनीनाथ योग** बनेगा।

4. सूर्य + चन्द्र + शुक्र

ज्योतिष तत्व विवेक-दूसरों का धन हरने वाला, व्यसनी व सुकर्म हीना।

भोजसंहिता–यदि यह युति वृष लग्न में हो तो **'किम्बहुना योग' 'मालव्य योग'** के कारण जातक यशस्वी राजनेता या मिनिस्टर होगा। साथ में **'चन्द्रादित्य योग** एवं **यामिनीनाथ योग**' कुलदीपक भी बनेगा।

5. सूर्य + चन्द्र + शनि

ज्योतिष तत्व विवेक-दूसरों की चेष्टा जानने वाला, धनरहित, मंद, धातु क्रिया में रत।

भोजसंहिता–यदि यह युति मेष लग्न या तुला लग्न में हो तो **'नीचभंगराज योग'** के कारण जातक निश्चय ही राजा के समान पराक्रमी होगा। यहां **'नीचभंग राजयोग' 'चन्द्रादित्य योग'** व **शश योग** बनेगा।

6. सूर्य + मंगल + बुध

सारावली : प्रसिद्ध मल्ल। साहसी। निष्ठुर। लज्जाहीन। सपंति, संपत्ति तथा पत्नी से रहित।

जातक पारिजात : प्रसिद्ध। साहसी। करुणाहीन। निर्लज्ज। संतति-संपत्ति एवं स्त्रियों से युक्त।

भोजसंहिता (स्वानुभूत)–यदि यह युति मेष लग्न में हो तो जातक राजा या मिनिस्टर होता है। यहां **रुचकयोग, बुधादित्य योग, कुलदीपक योग** भी बनता।

7. सूर्य + मंगल + गुरु

सारावली : वाक् प्रवीण। सत्यवादी। धनी। मंत्री पद पर सुशोभित।

जातक पारिजात : सेनापति। रति सुख के लिए लालायित।

मानसागरी : सत्यवादी। मिष्टभाषी। प्रतिष्ठित-सम्मानित।

भोजसंहिता (स्वानुभूत)–यदि यह युति **'कर्क लग्न'** में हो तो जातक राजा या मिनिस्टर होता है। यहां **'नीचभंगराज योग, कुलदीपक योग'** बनता।

8. सूर्य + मंगल + शुक्र

सारावली : नेत्र रोगी। कुलीन। उत्तम आचरण। भाग्यवान।

जातक पारिजात : नेत्र रोगी। भोगी। कुलीन। धनी।

मानसागरी : सुन्दर। नेत्र रोगी। परिवार के प्रति आसक्त। शील रहिता।

भोजसंहिता (स्वानुभूत)–यदि यह युति **'तुला लग्न'** में हो तो जातक राजा या मिनिस्टर होता है। यहां **नीचभंगराज योग** एवं **मालव्य योग, कुलदीपक योग** बनता है।

9. सूर्य + मंगल + शनि

सारावली : पंगु। रुग्णा। धन एवं स्वजन रहित। मूर्ख।

जातक पारिजात : रुग्ण। मूर्ख। स्वजन रहित। रुग्ण।

भोजसंहिता (स्वानुभूत)–यदि यह युति मेष या **'तुला लग्न'** में हो तो जातक राजा या मिनिस्टर होता है। यहां **नीचभंगराज योग एवं शश योग** बनेगा।

10. सूर्य + बुध + गुरु

ज्योतिष तत्त्व विवेक: शास्त्र में चतुर, धन एकत्रित करने वाला, बलवान, सुशील व नेत्र रोगी।

भोजसंहिता–यह युति यदि **'मीन लग्न'** में हो तो **नीचभंगराज योग** के जातक राजा के समान पराक्रमी होगा। यहां **कुलदीपक योग, बुधादित्य योग** भी बनेगा।

11. सूर्य + बुध + शुक्र

ज्योतिषतत्त्व विवेक : साधु द्वेषी, स्त्री आसक्त, वाचाल व विदेश यात्रा।

भोजसंहिता (स्वानुभूत)–यह युति यदि **कन्या लग्न** या **मीन लग्न** में हो तो **नीचभंगराजयोग** के कारण व्यक्ति राजा के समान पराक्रमी होगा। यहां **बुधादित्य योग** भी बनेगा तथा **भद्रयोग, कुलदीपक योग, नीचभंगराज योग** व **बुधादित्ययोग** भी बनेगा।

12. सूर्य + बुध + शनि

ज्योतिष तत्त्व विवेक : तिरस्कृत, द्वेषी, हिजड़ो-सी आकृति व कुसंगति से युक्त।

भोजसंहिता – यह युति **मेष लग्न** या **तुला लग्न** में हो **नीचभंग राजयोग के कारण व्यक्ति राजा के समान पराक्रमी होगा। यहां बुधादित्ययोग, कुलदीपक योग, रविकृतराजयोग, शशयोग** भी बनेगा।

13. सूर्य + गुरु + शुक्र

ज्योतिष तत्त्व विवेक: बोलने में अदृष्ट, धन रहित, राजसेवी, शौर्यशाली, परोपकारी।

भोजसंहिता- यदि यह युति **कर्क लग्न** में हो तो व्यक्ति राजा या राजगुरु, विधायक या सांसद होगा। यहां **हंसयोग, कुलदीपक योग** बनेगा।

14. सूर्य + गुरु + शनि

ज्योतिष तत्त्व विवेक: राजा का प्रिय, मित्र, स्त्री, पुत्रों से युक्त, सुन्दर व प्रौढ़।

भोजसंहिता-यह युति **मकर लग्न** या **तुला लग्न** में हो तो **नीचभंग राजयोग** के कारण व्यक्ति राजा के समान पराक्रमी होगा। यहां **शश योग, कुलदीपक योग** भी बनेगा।

15. सूर्य + शुक्र + शनि

ज्योतिष तत्त्व विवेक : शत्रु भय से युक्त, सन्मार्ग व शास्त्र रहित, कुत्सित कार्य करने वाला, कब्ज रोग से पीड़ित, स्वजन व धनहीन।

भोजसंहिता—यह युति यदि **'मेष लग्न'** या **'तुला लग्न'** में हो तो **नीचभंग राजयोग** के कारण व्यक्ति राजा के समान पराक्रमी होगा। इसके साथ **'रविकृत राजयोग'** एवं **'कुलदीपकयोग'** भी बनेगा।

16. चन्द्र + मंगल + बुध

सारावली : पापकर्मरत्। निंदाप्रिय। अत्यधिक भोजन में रुचि।

जातक पारिजात : पापकर्मरत्। निंदाप्रिय। अत्यधिक भोजन में रुचि।

मानसागरी : पापकर्मरत्। बंधु-हीन।

भोजसंहिता (स्वानुभूत)—यदि यह युति **'कर्क लग्न'** में हो तो जातक राजा या मिनिस्टर होता है। यहां **नीचभंगराजयोग** एवं **लक्ष्मीयोग** बनेगा। इसके साथ **यामिनीनाथयोग** एवं **कुलदीपकराजयोग** भी बनेगा।

17. चन्द्र + मंगल + गुरु

सारावली : कोमल शरीर। स्त्री के प्रति आसक्त। कलह-प्रिया।

जातक परिजात : सुन्दर। कामासक्त। परुष वचन बोलने वाला। क्रोधी।

मानसागरी : स्त्रियों के प्रति आसक्त। चोर्य वृत्ति। क्रोधी। कलहप्रिय।

भोजसंहिता (स्वानुभूत)- यदि यह युति **कर्क लग्न** में हो जातक राजा या मिनिस्टर होता है। यहां **'नीचभंग राजयोग' किम्बहुना योग, हंसयोग, लक्ष्मीयोग, कुलदीपक योग** बनता है।

18. चन्द्र + मंगल + शुक्र

सारावली : पत्नी आचरण रहित। प्रवास प्रिय।

जातक पारिजात : दुर्गुण युक्त। यायावर।

मानसागरी : आचरण हीन पत्नी। यायावर। शीत के प्रकोप से त्रस्त।

भोजसंहिता (आचरण)—यदि यह युति कर्क लग्न में हो तो जातक राजा या मिनिस्टर होता है। यहां **नीचभंगराजयोग, यामिनी नाथयोग, लक्ष्मीयोग कुलदीपक** की सृष्टि होगी।

19. चन्द्र + मंगल + शनि

सारावली : बचपन में मातृसुख रहित लोक विरुद्ध कार्य। ओछा स्वभाव।

जातक परिजात : चंचल बुद्धि। मातृहंता।

मानसागरी : मातृसुख से हीन। ओछा स्वभाव । लोक विरोधी।

भोजसंहिता (स्वानुभूत)—यदि यह युति **'कर्क लग्न'** में हो तो जातक राजा या मिनिस्टर होता है। यहां **'नीचभंगराजयोग, यामिनीनाथयोग** एवं **लक्ष्मी योग** बनता है।

20. चन्द्र + बुध + गुरू

ज्योतिषतत्त्व विवेक : विख्यात्, बुद्धिमान, प्रतापी, मित्रों से युक्त, भाग्यवान, सदाचारी तथा पण्डित।

भोजसंहिता-यह युति यदि **'कर्कलग्न'** में हो तो **किम्बहुनायोग** के कारण व्यक्ति राजा या राजगुरु होगा। यहा **हंसयोग** तथा **गजकेसरी योग, कुलदीपक योग** बनेगा।

21. चन्द्र + बुध + शुक्र

ज्योतिषतत्त्व विवेक : विद्यावान, नीच आवरण वाला, स्पर्धा से युक्त, धनलोभी।

भोजसंहिता-यह युति यदि **'कन्यालग्न** या **मीन लग्न** में हो तो **नीचभंग राजयोग** के कारण व्यक्ति राजा होगा। यहां **मालव्ययोग** एवं **कुलदीपक योग** भी बनेगा।

22. चन्द्र + बुध + शनि

ज्योतिषतत्त्व विवेक : समस्त कलाओं में, अच्छी बुद्धिवाला, विख्यात राजा का मान्य, नगर व ग्राम का स्वामी।

भोजसंहिता-यह युति यदि **कन्यालग्न** में हो तो व्यक्ति उच्च राजनेता, विधायक या सांसद होगा। यहां **भद्रयोग, कुलदीपक यो**ग बनेगा।

23. चन्द्र + गुरु + शुक्र

ज्योतिषतत्त्व विवेक : सुकीर्ति, अत्यन्त आजीविका वाला और भाग्यवान।

भोजसंहिता-व्यक्ति का यदि **कर्कलग्न** में जन्म हो तो **'किम्बहुनायोग'** के कारण राजा या मिनिस्टर होगा। यहां **गजकेसरीयोग** भी बनेगा। यह युति केवल कर्कलग्न में होगी।

24. चन्द्र + गुरु + शनि

ज्योतिष तत्त्व विवेकः विद्वान, राजा का प्रिय, मंत्रशास्त्रवेत्ता और तेजस्वी।

भोजसंहिता-यह युति यदि **मकरलग्न** में हो तो व्यक्ति **नीचभंग राजयोग** के कारण मिनिस्टर होगा। यदि कर्कलग्न में हो तो **किम्बहुनायोग** के कारण राजा ही होगा। यहां **गजकेसरी योग** बनेगा।

25. चन्द्र + शुक्र + शनि

ज्योतिष तत्त्व विवेक : पुरोहित, वेदविज्ञ, पुण्यात्मा, पुस्तक देखने वाला, लेखक।

भोजसंहिता-यह युति यदि मीन लग्न में हो तो मालव्य योग के कारण व्यक्ति उच्च राजनेता, विधायक या सांसद होगा।

26. मंगल + बुध + गुरू

सारावली	:	उत्तम कवि। पत्नी सुन्दर। सद्‌गुणी। लोकोपकारी। संगीतज्ञ।
जातक परिजात	:	ललित कला प्रेमी।
मानसागरी	:	कवि धनी। सत्ता-सम्पन्न।

भोजसंहिता (स्वानुभूत)-यदि यह युति **'कर्क लग्न'** में हो तो जातक राजा या मिनिस्टर होता है। यहां पर **हंसयोग, नीचभंगराजयोग** भी बनता है।

27. मंगल + बुध + शुक्र

सारावली	:	पंगु शरीर। चपल। दुष्ट स्वभाव।
जातक पारिजात	:	हीन अंग। खलमति।
मानसागरी	:	चंचल। आत्मसंतोषी। उत्साहपूर्ण।

भोजसंहिता (स्वानुभूत)-यदि यह युति कन्या लग्न में हो तो जातक राजा या मिनिस्टर होता है। यहां पर **भद्रयोग, नीचभंगराजयोग** बनता है।

28. मंगल + बुध + शनि

सारावली	:	सुख रोगी। नौकरी पेशा।
जातक परिजात	:	नौकरी पेशा। प्रवासी। नेत्र रोगी।
मानसागरी	:	नेत्र रोगी। प्रवासी।

भोजसंहिता (स्वानुभूति)-यदि यह युति मेष या **मकर लग्न** में हो तो जातक राजा या मिनिस्टर होता है। यहां पर **नीचभंगराजयोग**, एवं **रुचकयोग** बनेगा।

29. मंगल + गुरु + शुक्र

सारावली	:	राजप्रिय। सद्‌गुणी। पत्नी-संतति युक्त। सबको आन्नद देने वाले।
जातक परिजात	:	राजप्रिय। सुखी। सद्‌गुणी। पुत्रादि से युक्त।
मानसागरी	:	राजप्रिय। सबको सुख देने वाले। पत्नी-बच्चे अच्छे।

भोजसंहिता (स्वानुभूति)-यदि यह युति **'मकरलग्न'** में हो तो जातक राजा या मिनिस्टर होता है। यहां **रुचक योग** बनता है।

30. मंगल + गुरु + शनि

सारावली	:	राजा से सम्मान। मित्रों द्वारा परित्यक्त। दुराचारी।
जातक पारिजात	:	कृश शरीर। अभिमानी। दुराचारी। सुख से रहित।
मानसागरी	:	राजा से मान्यता प्राप्त। दरिद्र दुराचारी। कुष्ठ रोग से ग्रस्त।

भोजसंहिता (स्वानुभूति)-यदि यह युति **मेष लग्न** में हो तो जातक राजा या मिनिस्टर होता है। यहां पर **नीचभंगराजयोग** एवं **रुचकयोग, कुलदीपक योग** बनता है।

31. मंगल + शुक्र + शनि

सारावली : प्रवासी। शील रहित संतति।

जातक परिजात : प्रवासी। संतति । कुसंगति का शिकार।

मानसागरी : प्रवास प्रिय। दुखी। पत्नी शील रहित।

भोजसंहिता (स्वानुभूति)-यदि यह युति **'तुलालग्न'** में हो तो जातक राजा या मिनिस्टर होता है। यहां **मालव्ययोग** बनता है।

32. बुध + गुरु + शुक्र

ज्योतिष तत्त्व विवेक : राजसेवी, सुकीर्ति वाला, प्रसन्नमूर्ति, शत्रु को जीतने वाला सत्यवादी होता है।

भोजसंहिता-यह युति यदि **मीनलग्न** में हो तो **नीचभंग राजयोग** एवं **मालव्य योग** के कारण व्यक्ति राजा का राजमंत्री होगा।

33. बुध + गुरु + शनि

ज्योतिष तत्त्व विवेक : स्थान और धन, ऐश्वर्य आदि से युक्त, बहुभाषी, धैर्यवान व सदाचारी।

भोजसंहिता-यह युति यदि **'मकर लग्न'** में हो तो **नीचभंग राजयोग** एवं **शश योग** के कारण व्यक्ति राजा या राजमंत्री होगा।

34. बुध + शुक्र + शनि

ज्योतिषतत्त्व विवेक : साधु स्वभाव से हीन, झूठ बोलने वाला, बहुत बोलने वाला, धूर्त, गमन करने वाला, कलाओं का वेत्ता।

भोजसंहिता-यह युति यदि कन्यालग्न में या **'मीनलग्न'** में हो तो **नीचभंगराज योग** एवं **भद्रयोग'** के कारण व्यक्ति राजा या राजमंत्री होगा। यहां **कुलदीपक योग** भी बनेगा।

35. शनि + शुक्र + गुरु

ज्योतिष तत्त्व विवेक : नीचकुलोत्पन्न, सुन्दर कीर्तिमान, पृथ्वीपति, सदाचारशील।

भोजसंहिता-यह युति यदि **मकरलग्न** में हो तो **नीचभंग राजयोग** के कारण व्यक्ति राजा या राजगुरु होगा।

उपचार खंड

विधवापन एवं मंगलदोष को हटाने वाला घट-विवाह

ज्योतिष शास्त्र में एक सर्वाधिक प्रसिद्ध श्लोक है-

लग्ने व्यये च पाताले, चाष्टमे जामित्रे कुजे
कन्या भर्तुः विनाशाय, भर्तु कन्या विनश्यति

-मानसागरी अ, 4/श्लोक 4

अर्थात् जिस किसी जातक की जन्मकुण्डली के प्रथम भाव (लग्न स्थान), चतुर्थ (जामित्र), सातवें (पाताल), आठवें एवं बारहवें (व्यय स्थान) में मंगल हो तो वह कुण्डली **मंगलीक** कहलाती है। स्त्री जातक कुण्डली ऐसी ग्रह स्थिति के कारण 'चुनरी मंगल वाली'' तथा पुरुष जातक की कुण्डली ''मौलिये मंगल'' वाली कहलाती है। विवाह मेलापक करते समय ज्योतिष शास्त्र में मंगल का मिलान करना अति आवश्यक समझ जाता है। वरना दोनों में से एक की मृत्यु हो जाती है। कई बार ऐसा होता है कि लड़का पसन्द है, लड़की मागलीक है, पर मंगल का मिलान नहीं हो रहा है ऐसे में शास्त्र इसे **घट विवाह** या **कुम्भ विवाह** कहते हैं, करने का निर्देश देता है। अतः विवाह के पूर्व कन्या का विवाह पहले विष्णु रूप घट (कुम्भ) से कराया जाता है। इससे मंगल दोष का परिहार हो जाता है।

इसके अतिरिक्त लड़की की जन्मकुण्डली में यदि ''वैधव्य योग'' हो या ''विषयोग'' हो तो उस दोष की निवृत्ति करने हेतु भी ''धर्मसिन्धु'' में ''कुंभ विवाह' करने की व्यवस्था दी है। अतः कुल तीन कारणों की वजन से घट विवाह किया जाता है।

1. **मंगलीक कुण्डली**-कन्या की जन्मकुण्डली में 1/4/7/8/12वें स्थान में मंगल हो तथा इन-इन स्थानों में वर की जन्मकुण्डली में मंगल न हो तो शास्त्र कन्या के अखंड सौभाग्य की रक्षा हेतु घट विवाह करने की आज्ञा देते हैं। इसके पूर्व मंगलीक भंग योग हो तो वह भी देख लेने चाहिए।

2. **विष कन्या योग-**

सूर्य भौमार्किवारेषु तिथि भद्राशताभिषम्।
आश्लेषा कृत्तिका नागे, तत्र ज्ञाता विषांगना।।1।।
जर्नुलग्ने रिपुक्षेत्रे संस्थितः पापखेचराः।
द्विसाम्यऽपि योगेऽस्मिनसजाता विषकन्यका।।2।।
लग्ने शनिश्चरो यस्याः सूतेऽर्को नवमें कुजः।
विषाख्या सापि नौद्वाहया, त्रिविधा विषकन्यका।।3।।

रवि, मंगल, शनिवार हो, भद्रातिथि 2/7/12 हो, शतभिषा, आश्लेषा, कृतिका, मूलनक्षत्र हो तथा इन में से किन्हीं तीनों का जन्म के समय पूर्ण योग हो तो उत्पन्न बालिका विषय कन्या होती है।।1।।

जन्म लग्न में शत्रुक्षेत्री पापग्रह हो, तथा उपर्युक्त प्रथम श्लोकों में से कोई दो योग बनते हों तो ऐसी बालिका विष कन्या होती है।।2।।

जिस कन्या के लग्न में शनि स्थित हो, पंचम भाव से सूर्य हो, नवम भाव में मंगल हो तो वह भी विषकन्या होती है। इस तरह तीन प्रकार से विषकन्या योग में उत्पन्न में उत्पन्न कन्या शोक पीड़ित, परिवार को कष्ट देने वाली, पति तथा संतानसुख से हीन कही गई है। अतः विवाह करने से पूर्व अष्टकूट एवं मंगल मिलान के अतिरिक्त यह योग भी सूक्ष्मता से देखना चाहिए।

गुजराती व राजस्थानी में इसी आशय की एक कहावत सर्वत्र प्रचलित है-

''चौथ चतुर्थी षष्ठी जाण, वारशनि के मंगल भाण।
ज्येष्ठा मूला श्रवण सही, आ पुत्री विषकन्या थई।
आप मरे के कुटुम्ब संहारे, नाम देवतो ब्राह्मण मारे,
इम करतो विषकन्या मोटी थाय, चंवरी माये वर ने खाय।
देव संजोगे परणी जाय, ब्रह्मा विष्णु जोवण आय ।।4।।

अर्थात् 4/6/14 इन तिथियों में से किसी भी तिथि को शनि या मंगलवार हो तो उस दिन ज्येष्ठा, मूल या श्रवण में से कोई भी नक्षत्र हो तो तीनों के सम्मिश्रण काल में यदि कोई लड़की पैदा हो तो वह विषकन्या कहलाती है।

इस योग में जन्मी कन्या जीवित नहीं रहती। प्रथमतः पैदा होते ही मर जाती है। या फिर कुटुम्ब को नष्ट कर देती है। नामकरण संस्कार के समय यह नाम देने है वाले ब्राह्मण को मार डालती है। बड़ी हो जाए तो विवाह के समय (फेरे देते वक्त) वर को मार डालती है। विवाह हो जाए तो ब्रह्मा, विष्णु, महेश तीनों देवता, उसको देखने आते हैं। यदि किसी कन्या की कुण्डली में इस प्रकार के योग हों तो उसका भी परिहार **घट विवाह** से होता है।

लग्न का स्वामी पापग्रहों में युक्त हो, लग्न एवं लग्नेश पर शुभ या मित्र ग्रहों की यदि दृष्टि न हो तो वह कन्या भी अपने वंश के लिए विष के समान होती है।

विषकन्या भंग योग

द्युनेपे वा शुभेस्ते विषाख्या न।

अर्थात् सप्तम स्थान में स्वयं सप्तमेश स्थिति हो, चाहे व पापग्रह ही क्यों न हो अर्थात् सप्तम स्थान में स्वयं सप्तमेश हो तथा सप्तम भाव में शुभग्रह स्थिति हो तो विषकन्या योग भंग हो जाता है। सप्तम भाव में स्त्री के सौभाग्य का विचार होता है। यह बात हमें सदैव स्मरण रखनी चाहिए कि सप्तम में शुभग्रह हो, सप्तम भाव पर शुभग्रहों का प्रभाव हो तो सौभाग्य तो बढ़ेगा ही।

यदि ये दोनों योग पड़े हों तो उपर्युक्त तीनों प्रकार के विषकन्या योग नष्ट हो जाते हैं। इस बात का विशेष ध्यान रखना चाहिए। इस विषय में कल्याण वर्मा ने 'सारावली' में कहा है-

वैधव्यं निधने चिन्त्यं, शरीर जन्मलग्नतः।
सप्तमे पतिसौभाग्यं, पंचमे प्रसवस्था।

-सारावली (स्त्री जातक)

अर्थात् पुरुष के अष्टम भाव से विधुरता एवं स्त्री के अष्टम भाव से वैधव्य का विचार करना चाहिए। सप्तम से दम्पत्ति की स्थिति सम्पदा, वैभव एवं पति के सौभाग्य का पता चलता है। पंचम से प्रसव पुत्र-कन्या की स्थिति का पता लगाना चाहिए। अतः यहां भी पति सौभाग्य सुख हेतु स्त्री के सप्तम भाव की प्रधानता दी गई है।

मंगली दोष निवारण हेतु घट विवाह का निर्देश

जन्मोत्थं च विलोक्य बालविधवायोग विहायं व्रतं
सावित्र्यां उत पैप्पलं हि सुतया दद्यादिमां वा सहः।
सल्लग्नेऽच्युत मूर्ति पिप्पलघटैः कृत्वा विवाहं स्फुटं
दद्यातां चिरजीविनेऽत्र न भवेद् दोषः पुनर्भूभवः॥
अवैधव्यकरैर्योगे विवाह पटलोदितैः।
वरायायुष्मते देया कन्या वैधव्य योगजा॥
स्वर्णाम्बुपिप्पलानां च प्रतिमा विष्णुरुपिणी।
तथा सह विवाहे च पुनर्भूत्वं न जायते॥

लक्ष्मी रूपा सदा कन्या, हरिरुपं सदा जलम्।
हरेर्दत्तं च यद्दानं, दातुः पापहरं सदा॥
लक्ष्मीनारायण प्रीत्ये, यादत्ता कन्यका बुधैः॥
तारयेत् सकलं दातुः कुलं पूर्वापरं सदा॥
चन्द्र-गन्धर्व-वहनयम्बु शित सोमस्मरा इमे।
पतयः कन्याकानां च वाल्यात् सन्ति सदैव हि॥
तदुद्वाहविधिर्यत्नात् कृतो नो जनयेदर्धम्
तथाभिभुक्तं कमलं देवानां पूजनाय वै।
अहं भवति सर्वत्र तथा कन्या नृणां भवेत्।

जन्मकालीक नक्षत्र, गृहदोष या जन्मकुण्डली गत मंगलीक दोष के अनुसार कन्या की कुण्डली में सौभाग्य का अभाव एवं सन्तानादि दोषों के निवारण हेतु सुवर्ण-प्रतिमा-स्वरूप विष्णु, पिप्पल सावित्री व्रत तथा घट (कुम्भ) के साथ विधिवत् एकान्त में पूजा एवं कन्या का विवाह कर देने के उपरान्त चिरंजीवी वर के साथ विवाह करना शास्त्रीय विधान है। कन्या लक्ष्मी का रूप है और वर विष्णु का स्वरूप है अतः कन्या को भगवान विष्णु का दान रूप में देने से कुण्डलीगत सभी दोष शांत हो जाते हैं तथा सभी पापों का नाश हो जाता है। इसलिए विद्वान लोग योग्य वर के साथ पाणिग्रहण संस्कार (विवाह) कराने के पूर्व विष्णु भगवान की सुवर्ण प्रतिमा के साथ घट विवाह करा देते है। इस विवाह से दूसरी बार विवाह का दोष उसी प्रकार नहीं होता है जिस प्रकार कमल के फूलों को भ्रमर (भौरों द्वारा उच्छिष्ट (झूठा) कर देने पर भी देव पूजा के लिए कमल शुद्ध ही रहता है।

बालवैधव्ययोगे तु कुम्भदु प्रतिमादिभिः।
कृत्वा लग्नं रहः पश्चात् कन्योद्वाहोति चापरे॥

अथ घट-विवाह प्रयोग प्रारम्भ

जिस कन्या का घट (कुम्भ) विवाह करना हो उस कन्या का पिता सपत्नीक किसी देवालय, नदी या किसी एकान्त स्थल में विवाह संबंधी सामग्री लेकर जाए। शुभ आसन पर पूर्वाभिमुख होकर बैठे, प्राणायाम एवं पवित्रीकरण करके अपनी कन्या के विष-दोष, मंगली-दोष अथवा वैधव्य-दोष के परिहार हेतु घट-विवाह का प्रयोग निम्न प्रकार से करें।

घट विंवाह पूजन विधि–विवाह के माह, शुभ पक्ष, शुभतिथि-नक्षत्र-आदि शुभ लग्न में एकान्त पूजा-स्थल पर कन्या के पिता (दाता) नित्य-नैमित्तिक कर्म करके शुद्ध आसन पर पूर्वाभिमुख होकर अपने दाहिने तरफ नवीन वस्त्राभूषणों से

अलंकृत कन्या को बैठाकर आचमन-प्राणायाम, शिखाबंधन करें पवित्रियां धारण कर, शान्तिपाठ करें या दाहिने हाथ में लेकर श्रवण करें।

शान्ति पाठ

अथ भद्रसूक्तम्-

ॐ आनोभद्द्रा: क्रतवो यन्तु विश्श्वतोउदब्धासोऽअपरीतासऽउद्भिद:।
देवानोयथासद्मिद्वृधेऽअसन्नप्रायुवो रक्षितारो दिवेदिवे॥1॥
देवानाम्भद्द्रासुमतिर्ॠजूयतान्देवाना ठं रातिरभिनोनिवर्त्तताम् देवाना ठं
सक्ख्यमुपसे दिमाव्वयन्देवानऽआयु: प्रतिरन्तुजीवसे॥2॥
तान्पूर्व्वयानिविदाहूमहे व्वयम्भगम्मित्रमदितिन्दक्षास्त्रिधम्॥
अर्य्यमणंवरुण ठं सोममश्श्विना सरस्वतीन: सुभगामयस्करत्॥3॥
तन्नोव्वातो मयोभुव्वातुभेषजन्तन्मातापृथिवीतत्त्पिताद्यौ:।
तद्ग्रावाण: सोमसुतोमयोभुवस्तदश्श्विना श्रृणुतन्धिष्ण्या युवम्॥4॥
तमीशानञ्जगतस्तस्थुसस्प्पतिन्धियाञ्जिन्नमवसेहूमहेव्व यम्॥
पूषानो यथाव्वेद सामसद्व्वृधेरक्षितापायुरदब्धय: स्वस्तये॥5॥
स्वस्ति न इन्द्रोव्वृद्धश्श्रवा: स्वस्ति न:-पूषाविश्ववेदा:।
स्वस्तिनस्ताक्ष्यर्योऽअरिष्ट्टनेमि: स्वस्ति नो बृहस्प्पतिर्द्दधातु॥1॥
पृष्पदश्श्वामरुत: पृश्चिमातर: शुभयावानोव्विदथेषुजग्गमय:
अग्निर्जिह्वामनव: सूरचक्षसोव्विश्श्वेनोदेवाऽअवसागमन्निह॥2॥
भद्द्रङ्कर्ण्णेभि: श्रृणुयामदेवाभद्द्रपश्यमाक्षभिर्य्यजत्रा:।
स्थिरैरङ्गैस्तुष्टुवा ठं सस्तनूभिर्व्वयशेमहिदेवहितँय्यदायु:॥3॥
शतमिन्नुशरदौऽअन्तिदेवायत्रानश्च्चक्क्राजरसन्तनूनाम्।
पुत्रासोयत्रपितरोभवन्तिमानोमद्ध्यारीरिषतायुर्ग्गन्तो:॥4॥
अदितिरद्यौरदितिरन्तरिक्षमदितिर्म्मातासपितासपुत्र:।
विश्वेदेवाऽअदिति: पञ्चजनाऽअदितिर्ज्जातमदितिर्ज्जनित्त्वम्॥5॥
द्यौ: शान्तिरन्तरिक्ष शान्ति: पृथिवीशान्तिराप:
शान्तिरौषधय: शान्ति: व्वनस्प्पतय: शान्तिर्व्विश्श्वेदेवा:
शान्तिर्ब्बह्मशान्ति: सर्व्वं शान्ति: शान्तिरेवशान्ति सा माशान्तिरेधि॥6॥
॥सुखशान्तिर्भवुत॥

अथ गणेशगुर्वादीन्नमस्कारा:

अथगुरुनमनम्–

गुरुर्ब्रह्मा गुरुर्विष्णु: गुरुर्देवो महेश्वर:।
गुरु: साक्षात्परब्रह्म तस्मै श्री गुरवे नम:॥1॥
ध्यान मूलं गुरो: मूर्ति: पूजामूलं गुरो: पदम्।
मन्त्रमूलं गुरोर्वाक्यं मोक्षमूलं गुरो: कृपा॥2॥
न गुरोरधिकं तत्त्वं न गुरोरधिकं तप:।
गुरो: परतरंनास्ति तस्मात्सम्पूज्यते गुरु:॥3॥
नमामि सद्गुरुं शान्तं प्रत्यक्षं शिवरूपिणम्।
गिरसायज्ञपीठस्थ तस्मै श्री गुरवे नम:॥4॥
त्वं पिता, त्वं च मे माता, त्वं बन्धु त्वं च देवता।
त्वं मोक्ष प्राप्तिहेतुश्च तस्मै श्री गुरवे नम:॥5॥

अथसर्वदेवनमस्कारम्

ॐ लक्ष्मीनारायणाभ्यां नम:। ॐ उमामहेश्वराभ्यां नम:।
ॐ वाणीहिरण्यगर्भाभ्यां नम:। ॐ शचीपुरन्दराभ्यां नम:।
ॐ मातृपितृचरणकमलेभ्यो नम:। ॐ इष्टदेवताभ्यो नम:।
ॐ कुलदेवताभ्यो नम:। ॐ ग्रामदेवताभ्यो नम:।
ॐ सर्वेभ्यो देवेभ्यो नम:। ॐ सर्वभ्यो ब्राह्मणेभ्यो नम:।
ॐ सिद्धिबुद्धिसहिताय श्री मन्महागणाधिपतये नम:॥

गणपति स्मरण

समुखश्चैक दन्तश्च कपिलो गजकर्णक:।
लम्बोदरश्च विकटो विघ्ननाशो विनायक:॥1॥
धूम्रकेतुर्गणाध्यक्षो भालचन्द्रो गजानन:।
द्वादशैतानि नामानि य: पठेच्छृणुयादति॥2॥
विद्यारम्भे विवाहे च प्रवेशे निर्गमे तथा।
संग्रामें संकटे चैव विघ्नस्तस्य न जायते॥3॥
शुक्लाम्बरधर देवं शशिवणं चतुर्भुजम्।
प्रसन्नवदनं ध्यायत्सर्वविघ्नो पशान्तये॥4॥

अभीप्सितार्थ-सिद्धयर्थं पूजितो यः सुरासरैः।
सर्वविघ्न हरस्तस्मै गणाधिपतये नमः।।5।।
सर्वमंगलमाङ्गल्ये, शिवे सर्वार्थ साधिके।
शरण्ये त्र्यम्बके गौरि नारायणि नमोऽस्तु ते।।6।।
सर्वदा सर्वांकार्येषु नास्ति तेषाममङ्गलम्।
येषां हृदिस्थो भवान्मङ्गलायतनो हरिः।।7।।
तदेव लग्नं सुदिनं तदेव, ताराबलं चद्रबलं तदेव।
विद्याबलं दैवबलं तदेव, लक्ष्मीपते तेंऽध्रि युगं स्मरामि।।8।।
लाभस्तेषां जयस्तेषा कुतस्तेषां पराजयः।
येषामिन्दी वरश्यामो हृदयस्थे जनार्दनः।।9।।
यत्र योगेश्वरः कृष्णो, यत्र पार्थो धनुर्धरः।
तत्र श्रीर्विजयो भूमिः ध्रुवा नीतिर्मतिर्मम।।10।।
सर्वेष्वारब्धकार्येषु त्रयस्त्रिभुवनेश्वराः।
देवा दिशन्तु नः सिद्धिं, ब्रह्मेशान जर्नादनः।।11।।

घट विवाह हेतु संकल्प

कन्या या पीड़ित व्यक्ति के माता-पिता दक्षिण हाथ में जल लें। जल में कुंकुम, अक्षत, पुष्प व द्रव्य रखकर, दृढ़चित्त होकर निम्न संकल्प बोलें। संकल्प के परिपूर्ण हो जाने पर हाथ का जल पवित्र स्थान में त्याग दें।

ॐ विष्णुर्विष्णुर्विष्णुः, श्रीमद्भगवतो महापुरुषस्य विष्णोराज्ञया प्रवर्त्तमानस्य अद्य ब्रह्मणो द्वितीये परार्द्धे श्री श्वेतवाराहकल्पे वैवस्वतमन्वन्तरे अष्टाविंशतितमे कलियुगे कलिप्रथचरणे जम्बूद्वीपे भरतखण्डे आर्यावर्तान्तर्गत ब्रह्मावर्तैकदेशे, श्रीमन्नृपविक्रमादित्य राज्यात् अमुकनाम्नि संवत्सरे संवत्... अमुकायने...अमुकऋतौ...अमुकमासे....अमुकपक्षे...अमुकतिथौ...अमुकवासरे. ..अमुकनक्षत्रे... अमुक राशि स्थिते चन्द्रे...अमुक राशि स्थिते सूर्ये...अमुक राशि स्थिते देवगुरौ बृहस्पति ...शेषेनु ग्रहेषु यथायथं राशिस्थानस्थितेषु सत्सु एवं ग्रहर्णविशेषणविशिष्टायां शुभपुण्यतिथौ अमुक गोत्रोत्पन्नोहं ....अमुक शर्माहं... ममात्मनः श्रुतिस्मृतिपुराणोक्तफलप्राप्त्यर्थं निरन्तरऐश्वर्याभिवृद्धयर्थम् अप्राप्तलक्ष्मीप्राप्त्यर्थम् प्राप्तलक्ष्याश्चिरकालसंरक्षणार्थं सकलमनईप्सित-कामनासंसिद्धयर्थं लोकेसभायां राजद्वारे वा सर्वत्र यशोलाभादिप्राप्त्यर्थम् इह जन्मान्तरे वा सकलदुरितोपशमनार्थं मम सभार्यस्य सुपुत्रस्य सबान्धवस्य

अखिलकुटुम्बसहितस्य सपशोः समस्तभयव्याधिजराजीडामृत्युपरिहारद्वारा आयुष्य आरोग्यैश्वर्याभिवृद्ध्यर्थं मम जन्मराशेरखिलकुटुम्बस्य वा जन्मराशेः सकाशाद्ये केचिद्विरुद्धचतुथाष्टमद्वादशस्थास्थितक्रूरग्रहस्तैः सूचितं सूचयिष्माणं च यत्सर्वारिष्टं तद्विनाशद्वारा एकादशस्थानस्थितवच्छुभफलप्राप्त्यर्थं पुत्रपौत्रादिसन्ततेर विच्छिन्न वृद्ध्यर्थम्-आधिदैविकाऽधिभौतिकाऽध्यात्मिकात्रि-विधतापोषशमनार्थम् धर्मार्थकाममोक्ष-फलावाप्त्यर्थं मम अस्याः कन्याया नक्षत्रादि प्रहरादि योगेन ग्रहयोगेन च विषाख्य योग जननसूचित वैधव्यारिष्ट परिहारार्थम् श्री परमेश्वर प्रीत्यर्थ घटविवाहख्यं कर्म करिष्ये।

इतना कहकर संकल्पित जल भूमि पर त्याग दें एवं पुनः हाथ या आचमनी में जल लें। पुनः जल हाथ में लें।

अमुक गोत्रात्पन्नः अमुक शर्मा अहं ममात्मजायाः अस्याः अमुक नाम्नी कुमारिकायाः जन्मकालिक जन्म लग्नावधिक वर्ष कालिक वर्ष लग्नाधिक, गोचर कालिक गोचर लग्नावधिक लग्न-चतुर्थ-सप्तमाष्टमद्वादशस्थानगत लग्न चन्द्राभ्यां शत्रुणपयुतवीक्षित कुजादि पापग्रह- संसूचित-संसूच्यमाण-संसुचयिष्यमाण वैधव्यादिदोष निवारणपूर्वक लग्न-पंचम-सप्तमाष्ट नवम भावानां सकल शुभ फल प्राप्तयर्थ श्री गणेशादि देवता पूजनपूर्वक श्री विष्णुप्रतिमया/कुम्भेन/अश्वत्थेन वा सह उदवाहयिष्ये।

नोट-''अमुक'' स्थानों पर उचित शब्द बोलें। संकल्प के पश्चात् दिग्यरक्षणएवं आचार्यादि वरण करे, तत्पश्चात् गणपति पूजन करें।

श्री गणपति पूजन

मिट्टी के सकोरे में रक्षा-सूत्र (मौली) लपेट कर सुपारी या गरी गोला के ऊपर स्थापित करके। षोडशोपचार गणपतिपूजन करे। षोडशोपचार पूजन के बाद गणपति जी दक्षिणा चढ़ा कर, कर्पूर की आरती निम्न मंत्रों से करे।

दक्षिणा-द्रव्य

हिरण्य गर्भस्तं हेमबीजं विभावसोः।

अनन्त पुण्यफलद मतः शान्ति प्रयच्छ मे।।

(दक्षिणा-द्रव्यं समर्पयामि)

आरती

चन्द्रादित्ये च धरणी विद्युतदाग्निस्तथैव च।
त्वमेव सर्वज्योतिषी आर्त्तिक्यं प्रतिगृह्यताम्।।

प्रार्थना पुष्पाजंलि

नमो हेरम्बाय लम्बोदराय मम सर्व संकष्ट निवारणाय स्वाहा।
नमस्ते ब्रह्मरुपाय विष्णुरूपाय ते नमः।
नमस्ते रुद्ररुपाय करिरूपाय ते नमः।।
विश्वरूप स्वरूपाय नमस्ते ब्रह्मचारिणे।
भक्तप्रियाय देवाय नमस्तुभ्यं विनायक।।
गजाननं भूत गणादि सेवितं, कपित्थ जम्बूफल चारुभक्षणम्।
उमासुतं शोक विनाशकारकं, नमामि विघ्नेश्वरपाद पंकजम्।।
(पुष्पांजलि : प्रार्थना च समर्पयामि)
विशेषार्घ्य-जल-फल-पुष्पाक्षत-दुर्वा सहित
रक्ष रक्ष गणाध्यक्ष रक्ष त्रैलोक्य रक्षक।
भक्तानामभयं हर्त्ता, त्राता भव भवार्ण वात्।
वरद त्वं वरदमीशं, फलानां वांछितार्थद।
अनेन सफलाहर्येण फलदोऽस्तु सदा मम।
वरदोऽस्तु सदा मम।। (सफलार्ध्यं समर्पयामि)
नमो सिद्धिगणेश्वराय नमः।
अनया पूजया गणपति प्रीयताम्।।

इसके बाद अखंड सौभाग्य की कामना से गौरी का पूजन किया जाता है। गौरी गणेश की पूजा में गाय के गोबर की गौरी की मूर्ति बनाकर, गणेश प्रतिमा (मौली लपेटी हुई सुपारी) जिसकी प्रतिष्ठा अभी की गई है। गौरी के बगल में स्थापित करके निम्न मन्त्र में गौरी का आवाहन करें।

अम्बे अम्बिके अम्बालिके न मानयति कश्चन।
सशक्यतश्वकः सुभद्रिकां काम्पीलवासिनीम्।।

इस मंत्र से गौरी का आवाहन (ध्यान) कर ओं गणेशाम्बिके आवाहयामि-स्थापयामि-यह कहकर गणेश पूजन में लिखित विधि से सर्वोपचार पूजा करनी चाहिए केवल मंत्रान्त में-

श्री गणेशाम्बिके .....समर्पयामि
पाद्यं-अर्घ्यं-आचमनीयं-नैवेद्यं आदि।

प्रार्थना में श्रीसूक्तं देवीसूक्त पठनीय है।

समायाभाव में-

शरणागत दीनार्त्त परित्राण त्रायणे।
सर्वस्यार्ति हरे देवि नारायणि नमोस्तुते।।
।इति गौरी गणेश पूजन।।

विवाह में माया की स्थापना

अथ मातृकास्थापनं पूजनम्

मातृका स्थापन एक प्रकार से शक्ति पूजन है। शक्ति के बिना शिव भी 'शव' हो जाता है। शास्त्रकारों ने कहा है कि संकल्पित कार्य एवं मण्डप (अनुष्ठान) के सभी कार्य निर्विघ्न परिपूर्ण हो जाए इसलिए एक बार मातृका (शक्ति) पूजन अवश्य करना चाहिए। उसके बाद विश्वदेव, वसौद्धारा एवं नान्दीश्राद्ध करना चाहिए।'[1] बोलचाल की भाषा में इसे 'माया' कहते है।

अत: अग्निकोण में एक पीठ स्थापित करें। उस पर लाल वस्त्र बिछावे। सवा सेर गेहूं से उस पर सोलह कोठे बनावे। सोलह कोष्ठकों (कोठों) में सोलह सुपारी रखे। मध्य के चार कोष्ठकों के अग्निकोण में कांसे के पात्र में गणपति की स्थापना की जाती है। ईशानकोण में कुलदेवी, नैऋत्य में गौरी तथा वायव्य कोण में पद्मा की स्थापना की जाती है।[2] अन्य देवियों की क्रमानुसार स्थापना चित्र के अनुसार करें।

ईशान्य — पूर्व — आग्नेय

उत्तर — दक्षिण

स्वाहा 11	मातर 12	लोक मातर 13	धृति 14	स्वधा 10
देवसेना 9	कुलदेवी 17		गणेश 1	विजया 7
जया 8	पद्मा 2		गौरी 3	सावित्री 6
तुष्टि 16	मेघा 5		शची 4	पुष्टि 15

वायव्य — पश्चिम — नैऋत्य

हाथ में जल, अक्षत, कुंकुम, पुष्प, फल दक्षिणा लेकर संकल्प करे।

1. अविघ्नो मण्डश्चैव मातृणां पूजनं सकृत्।
वैश्वदेव वसोर्द्धारा नान्दी श्राद्धमतः परम्।।

2. मध्यस्थ वेदकोष्टेषु वह्निस्कोणे गणेश्वर। ईशाने कुलदेवी च गौरी पूजा च नैऋते।।
पद्मावायव्य कोणेषु तदबाह्यो देवताक्रमं। स्वाहा मातृ धृतिश्चैव, स्वधाचविजयाजया
सावित्री तुष्टिमेधा च, शचिपुष्टिस्तथाग्रतः, देवसेना जया एता बाहृय कोष्ठेषु सव्यतः।।

देशकालो संकीर्त्य–

(यजमानस्य) अमुक नामधेस्य कर्मागं निमित्त गौर्यादि षोडश मातृणा वसोद्धारा सहितानां गणेश गोत्रदेव्या सहितानां मातृका स्थापनं अहं करिष्ये। यजमान बाएं हाथ में अक्षत ले तथा दाएं हाथ से अक्षत चढ़ाने हुए सर्वप्रथम गणपति का आह्वान करें।

1. गणपति आह्वान–

गजस्य गणनाथत्वं, सर्वविघ्न-विनाशकम्।
लम्बोदरं त्रिनेचं च आगच्छ गणनायकः॥

ॐ गणानांत्वा गणपति ಆ, हवामहे प्रियाणान्त्वा प्रियपति ಆ हवामहे निधीनान्त्वा निधिपति ಆ हवामहे वसोमम।
आहमजानिगर्भधमात्वमजासि गर्भधम्।

समीपे मातृवर्गस्य सर्वविघ्नहरं सदा।
त्रैलोक्यवन्दितं देवं गणेशं स्थापयाम्यहम्॥
ॐ भूर्भुवः स्वः गणपतये नमः। गणपतिमावाहयामिं॥1॥

2. पद्मा स्थापना–

सुवर्णाभ्यां पद्महस्तां विष्णोर्वक्षतलस्थितां।
त्रैलोक्यपूजितां देविं पद्मामावाहयाम्यहं॥
ॐ हिरण्यरूपाऽउषसोव्विरोकऽउभाविन्द्रउदिथः सूर्यश्च आरोहतं
वरुणमित्रगतात्ञ्शचक्षथामदितिन्दितिञ्च मित्रोसिव्वरूणोसि॥2॥
ॐ भूर्भूवः स्वः पद्मायै नमः। पद्मावाहयामि स्थापयामि।

3. गौरी स्थापना–

हिमाद्रितनयां देवीं वरदा भैरवप्रियां।
लम्बोदरस्य जननीं गौरीमावाहयाम्यहम्॥
ॐ आयंगौः पृश्निरक्रमीदसदन्मातरम्पुरः पितरंच प्रयन्त्स्वः॥3॥
ॐ भुर्भूवः स्वः गौर्ये नमः। गौरीमावाहयामि स्थापयामि।

4. शची स्थापना–

उत्पालाक्षी सुदर्शनां शचि कुण्डलधारिणी।
देवराज वल्लभां देवीं शचीमावाहयाम्यहं॥
ॐ कदाचनस्तरीसनिनेन्द्र सश्चसिदाशुषे।
उपोपनेन्नुमघवं भूय इन्नुतेदानं देवस्य पृच्यते॥4॥
ॐ भूर्भूवःस्वः शच्यै नमः। शचीमावाह्यामि स्थापयामि।

5. मेधा स्थापना—

वैवस्वत करफूल्लाब्जतुल्यस्त्रुक पद्मवासिनी।
बुद्धिप्रसादिनी सौम्यां मेधामावाहयाम्यहम्॥
ॐ मेधाममे वरुणो ददातु मेधामग्निः प्रजापतिः।
मेधामिन्द्रश्च वायुश्च मेधान्धाता ददातु मे स्वाहा॥5॥
ॐ भूर्भवः स्वः मेधामावाहयामि स्थापयामि।

6. सावित्री स्थापना—

जगत्सृष्टु वपुधात्री स्त्रिरूपेण व्यवस्थिता।
ॐ कारक्षां भगवती सावित्री मावाह्यम्यहं॥
ॐ तत्सवितुर्वरेण्यं भर्गोदेवस्य
धीमहि धियो यो नः प्रचोदयात्॥6॥
ॐ भूर्भुवः स्वः सावित्र्यै नमः॥
सावित्री मावाह्यामि स्थापयामि।

7. विजया स्थापना—

विश्वभद्रांत्वयारक्तां रक्ताम्बर धरां सदा।
त्रैलोक्य पूजितां देविं विजयामावह्याम्यहम्।
ॐ विजयन्धनुः कपर्दिनो विशल्यो वाण वाँ 2 उत।
आनेशन्नस्य याऽइषव आ भुरस्य निषगंधिः॥7॥
ॐ भूर्भुवः स्वः विजयायै नमः। विजयामावाह्यमि। स्थापयामि।

8. जया स्थापना-

दैत्यपक्षक्षयंकरी देवानां च भयप्रदां।
गीर्वाणं वंदितां देवीं जयामावाहयाहम्यहम्॥
ॐ यातेरुद्र शिवातनूरघोरा पापकाशिनी
तयानस्तन्वाशन्तमया गीरिशन्ताभिचाकशाहि॥8॥
ॐ भूर्भुवः स्वः जयायै नमः। जयामावाह्यमि। स्थापयामि।

9. देवसेना स्थापना-

मयूर वाहनारूढां शक्तिखड्ग-धनुर्धराम्।
आवाहये देवसेनां तारकासुर-मर्दिनीमं॥
ॐ देवानां भद्रास्सुमतिर्ऋजूयतां तान्देवाना ॅं रातिरभिनो निवर्तताम्।
देवानांसख्यमुपसे दिमाव्वयन्देवान आयुः प्रतिरन्तु जीवसे ॥9॥
ॐ भूर्भुवः स्वः देवसेनायै नमः। देवसेनायामावाह्यमि। स्थापयामि।

10. स्वधा स्थापना–

कव्यमादाय सततं पितृभ्यो या प्रयच्छतु।
पितृलोकार्चितां देवीं स्वधामावाहयाम्यहम्।।

ॐ पितृभ्यः स्वधायिभ्यः स्वधानमः पितामहेभ्यः स्वधायिभ्यः स्वधानमः प्रपितामहेभ्यः स्वधायिभ्यः स्वधानमः। अक्षन्नपितरो मीमदन्तपितरोतीतृपन्तपितरः पितरः शुन्धध्वम् ।।11।।

ॐ भूर्भुवः स्वः स्वधायै नमः। स्वधामावाह्यमि। स्थापयामि।

11. स्वाहा स्थापना–

हव्यं ग्रहीत्वा सततं देवेभ्यो या प्रयच्छतु।
दिव्यरूपासने स्वाहा समागच्छति सागरे।।
ॐ स्वाहायज्ञंमनसः स्वाहोरोरंतरिक्षात् स्वाहा द्यावा
पृथिवीभ्यां ँ स्वाहा वातादारभे स्वाहा।।10।।

ॐ भूर्भुवः स्वः स्वाहायै नमः। स्वाहामावाह्यमि। स्थापयामि।

12. मातृस्थापना–

भूतग्राममिदं कृत्सनं याभिरूपादेतत्पुराः।
त्रैलोक्यपूजितां देवी मातृमावाहयाम्यहम्।।

ॐ आपोऽअस्मान्मातरः शुन्धयन्तुघृतेननोघृतप्वः पुनातु। विश्व ठं, हिरिप्रम्प्रवहन्ति देवीरूदिदाभ्यः शुचिरापूतऽएमि दीक्षातपसोस्तनूरसितान्त्वा शिवा ठं शग्मांपरिदधे भद्रंवर्णपुष्यन् ।।12।।

ॐ भूर्भुवः स्वः मातृभ्योः नमः। मातरमावाह्यमि। स्थापयामि।

13. लोकमातर स्थापना–

आवाहये लोकमातृजगत्पावन संस्थितां।
शक्रद्यौरसितौ विद्या स्तोत्रै राराधानै रपिः।।

ॐ भायैदार्व्वाहारं प्रभाया अग्न्येधंब्रध्नस्य विष्टपायाभिषेकतारं वर्षिष्ठायनाकायपरीवेष्टारं देवलोकायपेशितारं मनुष्यलोकांयप्रकरीता ठं. सर्वेभ्यो लोकेभ्यऽउपसेक्तार मवऋत्यै वधायोपमंस्थितारं मेघायवासः पल्पुर्ली प्रकामायर जयित्रीम् ।।13।।

ॐ भूर्भुवः स्वः लोकमातृभ्यो नमः। लोकमातृमावाह्यमि। स्थापयामि।

14. धृतिस्थापना–

मनुतुष्टिकरी देवी लोकानुग्रहकारिणी।
सर्वकाम-समृध्यर्थं धृतिमावाहयाम्यहम्।।

ॐ यतप्रज्ञान मुतचेतो धृतिश्च यज्योतिरंतरमृतं प्रजासु। यस्मान्नऋते किंचनकर्मक्रियते तन्मेमनः शिवसंकल्पमस्तु ॥14॥

ॐ भूर्भुवः स्वः धृत्यै नमः। धृतिमावाह्यमि। स्थापयामि।

15. पुष्टि स्थापना-

सुप्रीताया विलोकेऽस्मिन् पुष्टित्वं च सुखप्रदां।
भक्तेभ्यश्चापि वरदां विष्णु ज्वालातिकुण्डलाम्॥

ॐ त्वमंगप्रस ँ सिषोदेवः शविष्ठमर्त्यम्। नत्वदन्यो मघवन्नस्ति मर्डितेन्द्रब्रवीमितेवचः॥15॥

ॐ भूर्भुवः स्वः पुष्ट्यै नमः। पुष्टिमावाह्यमि। स्थापयामि।

16. तुष्टि स्थापना-

आवाहयामि तां तुष्टिं सर्वभूतेषु पुजितां।
संतोषभावितां तुष्टि चार्यरक्षणीधरेमम॥

ॐ बृहस्पतेऽअतियदर्य्यो अर्हाद्युमद्विभातिक्रतुमज्जेषु। यद्दियच्छवस ऋतप्प्रजातदस्मासु द्रविणंधेहि चित्रम्॥16॥

ॐ भुर्भवः स्वः तुष्टयै नमः। तुष्टिमावाह्यामि स्थापयामि।

17. कुलदेवी स्थापना-

तामात्मादेहिनामात्री पशुपुत्र र्विवर्द्धनी।
वंशरक्षा करीं देवी कुलदेवीमावाह्याम्यहं॥

ॐ प्राणाय स्वाहा पानाय स्वाहा व्यानाय स्वाहा चक्षुषे स्वाहा श्रोत्राय स्वाहा व्वाचे स्वाहा मनसे स्वाहा॥17॥

ॐ भूर्भुवः स्वः आत्मनः कुल देव्यै नमः। कुलदेवीमावाहयामि स्थापयामि

तत्पश्चात् बाएं हाथ के सभी अक्षत दाएं हाथ में लेकर प्राणप्रतिष्ठा करें।

ॐ मनोजूतिर्जुषतामाज्यस्य बृहस्पतिर्यज्ञमिमन्तनो त्वरिष्टं यज्ञ ठं समिन्दधातु। विश्वेदेवासऽइहमादयान्तामों 3 प्रतिष्ठ।

अस्यै प्राणाः प्रतिष्ठन्तु अस्यै प्राणाः क्षरन्तु च।
अस्यै देवत्वमर्चायै मामहेति न कश्चन॥

ॐ भूर्भुवः स्वः सगणाधिपगौर्यादिकुलदेवताः सुप्रतिष्ठताः वरदाः भवत।

इसके बाद पंचोपचार यथामिलित द्रव्योपचार, पुष्प, गन्ध, फल, दक्षिणा से षोडशमातृकाओं का पूजन करें। फिर प्रार्थनापूर्वक नमस्कार करें।

ॐ गौरी पद्मा शची मेधा सावित्री विजया जया।
देवसेना स्वधा स्वाहा मातरी लोकमातरः॥

हृष्टिः पुष्टिस्तथा तुष्टिरात्मनः कुलदेवता॥
गणेशेनाधिका ह्येता वृद्धौ पूजयास्तु षोडशः॥
अनया पूजया गणत्यादि कुलदेवतान्तः मातरः प्रीयन्ताम्।

अथ सप्तघृतमातृका पूजनम्

स्थापित षोडशमातृका पीठ के ऊपर वाली दीवार पर 24 अंगुली दीर्घ एवं 16 अंगुली विस्तीर्ण सात बिन्दियां बनाकर, उस पर शुद्ध गोघृत,व रूई से घी की धारा दी जाती है।[1] कुंकुम या हल्दी से निर्मित इन बिन्दुओं में प्राणप्रतिष्ठा की जाती है। इनका गुड़ से एकीकरण कर, इन्हें रक्तसूत्र से वेष्टन किया जाता है। ये ही घृतमातृकाएं कहलाती है।

इन घृतमातृकाओं के ऊपर 6-5-4-3-2-1 और फिर 1-1-1 क्रम से बिन्दुओं का स्तूप बनाया जाता है। इन घृत मातृकाओं के पास गणेशगोत्र एवं दोनों और भैरव मन्दिर की स्थापना 3-2-1 और फिर 1-1 बिन्दु लगाकर की जाती है। इन सभी बिन्दियों की संख्या कुल मिलाकर 52 होती है। इन सभी के नाम एवं पूजन की विधि प्राचीन शास्त्र-परम्परा में उपलब्ध है। विवाह, यज्ञोपवीत के अवसर पर इसकी पूजा अनिवार्य मानी गई है। सप्तघृतमातृका का चित्र यहां दिया जा रहा है। घृतमातृका से दक्षिण दिशा में कुंकुम-हल्दी से गणेश और कुलदेवी की मूर्तियां बनाई जाती है। उत्तर की तरफ दो लकीरें खींच कर काला-गोरा भेरू के प्रतीकात्मक चिह्न बनाये जाते हैं। सप्तधारा तप्त घृत से बनाई जाती है। घी के अभाव में दूध भी काम में लिया जा सकता है।[3] कहीं-कहीं देशाचार से सात की जगह पांच माताएं भी कही गई हैं परन्तु हिन्दू सनातन धर्म में वंशवृद्धि हेतु किये गए प्रत्येक मंगल (वृद्धि) कार्य में घृतमातृकाओं का पूजन होता है। सात घृतमातृकाओं के नाम इस प्रकार हैं-1.लक्ष्मी, 2. श्री, 3. धृति, 4. मेधा, 5. प्रज्ञा, 6. स्वाहा, 7 सरस्वती।[3]

---

1. चतुर्विंशांगुलि दीर्घा विस्तीर्णां षोडशांगुली
   साज्यं कस्य वसोद्धारा कर्मे कर्मे पृथक्पृथक् ॥1॥
2. पंच वा सप्तधारा वा वसोर्मन्त्रेण कारयेत्।
   दुग्धेन वा वसोद्धाराः कार्यास्तासां च देवता॥2॥
3. श्रीश्च लक्ष्मीर्धृतिर्मेधा स्वाहा प्रज्ञा सरस्वती।
   मांगल्येषु प्रपूज्यन्ते सप्तैताः घृत मातर ॥3॥

-परशुराम

घृतधारा देने का मंत्र-

ॐ वसोः पवित्रमसि शतधारं वसोः पवित्रमसि सहस्रधारम्।

देवस्वासवितापुनातुवसोः पवित्रेण शतधारेण सुप्वा कामधुक्षः॥

तत्पशत् सातों बिन्दुओं को गुड़ से एकीकृत करे। अलंकार करे। हाथ में अक्षत लेकर एक-एक देवी का प्रतिष्ठा करे।

श्री प्रतिष्ठापनम्-

ॐ मनसः काममाकूतिं वाचः सत्यमीय पशूना ॐ रूपमन्नस्य रसोयशः श्री श्रयतां मयि स्वाहा॥1॥

ॐ भूर्भुवः स्वः श्रियै नमः श्रियम् आवाह्यमि स्थापयामि।

लक्ष्मीप्रतिष्ठापनम्-

ॐ श्रीश्चते लक्ष्मीश्चपत्न्यावहोरात्रे पार्श्वे नक्षत्राणि रूपमर्श्विनौव्यात्तम्। इष्णन्निषाणामुम्मऽइषाण सर्वलोकम्मऽइषाण॥2॥

ॐ भूर्भुवः स्वः लक्ष्म्यै नमः। लक्ष्मीम् आवाहयामि स्थापयामि।

मेधाप्रतिष्ठापन्-

ॐ मेधाम्मे वरुणो ददातु मेधामग्निः प्रजापतिः। मेधामिन्द्रश्च वायुश्च मेधान्धाता ददातु मे स्वाहा ॥4॥

ॐ भूर्भुवः स्वः मेधायै नमः मेधाम् आवाहयामि स्थापयामि।

स्वाहाप्रतिष्ठापनम्-

ॐ प्राणायस्वाहापानाय स्वाहा व्यानाय स्वाहा चक्षुषे स्वाहा श्रोत्राय स्वाहा वाचे स्वाहा मनसे स्वाहा॥5॥

ॐ भूर्भुवः स्वः स्वाहायै नमः। स्वाहामावाहयामि स्थापयामि।

प्रज्ञा प्रतिष्ठापनम्-

ॐ आयंगौ! पृश्निरक्रमीदसदन्मातरम्पुरः। पितरञ्चप्रयन्त्स्वः॥6॥

ॐ भूर्भुवः स्वः प्रज्ञायै नमः। प्रज्ञामावाहयामि स्थापयामि।

सरस्वती प्रतिष्ठानम्-

ॐ पावकानः सरस्वतीव्वाजेमि र्व्वाजनीवति। यज्ञाव्वष्टुधियाव्वसुः ॥7॥

ॐ भूर्भुवः स्वः सरस्वत्यै नमः। सरस्वतीमावाहयामि स्थापयामि।

सामूहिक रूप से सभी देवी-देवताओं की प्रतिष्ठा चावल चढ़ाते हुए निम्न मंत्रों से करें।

ॐ तदस्तु मित्रावरुणातदग्ने शय्योरश्मभ्यमिदमस्तुशस्तं अशीमहीगाधमुतमिव प्रतिष्ठा नमो दिवे बृहतेसाधनाय॥1॥

ॐ मनोजूतिर्जुषतामाज्यस्य बृहस्पतिर्ययज्ञमिममिंतनोत्वरिष्टं यज्ञ ॐ समिन्दधातु वि श्वेदेवासऽइहयादयन्तामों 3 प्रतिष्ठा॥2॥

ॐ मनोजूतिर्जुषतामाज्यस्येतीमनासावाऽइद ॐ सर्वमाप्त तन्मनसेवैतत्सर्वमाप्नोति बृहस्पतिर्यज्ञमिमन्तमो त्वरिष्टं यज्ञ ॐ समीमंद घात्वीतीयद्धिदृढंतत्सदधाती विश्वेदेवासऽइहमादयंता मिति सर्ववैविश्वेदेवाः सर्वेणैवे तत्संदधति सयदिकामेयत्ब्रुयात्ब्रुयुः प्रतिष्ठेति एषवै प्रतिष्ठा नाम यज्ञोयत्रैतेन यज्ञेनयजन्ते सर्वमेव प्रतिष्ठितं भवति॥3॥

भवतां ब्राह्माणानां वचनात् गौर्यादिषोडश मातरः वसोद्धाराः सहिताः गणेश गोत्रदेव्या सहिताः आगच्छ सुप्रतिष्ठता फलदा वरदा भवन्तु॥

इदमत्रचन्दनं पुष्पः आचमनं प्राणायामं।

उपकल्पित तिथौ अस्मद् अमुक कर्म प्रारंभ निमित्तं गौर्यादिषोडशमातृणां वसोद्धारा सहितानां गणेशगोत्रदेव्या सहितानां पंचापचारि पूनाद्यर्चन महं करिष्ये।

इदमत्रचन्दनं पुष्पम्। गौर्यादिषोडश माहभ्यः वसोद्धारा सहितेभ्यः गणेशगोत्रदेव्यासहितेभ्यः धूपदीपं समर्पयामि॥

गौर्यादिषोडशमातृभ्यः वसोद्धारा सहितेभ्यः गणेशगोत्र देव्यासहितेभ्यः पूंगीफलं मुद्रा, ताम्बूलं नमस्कारं। अर्घ्यं पत्रं पुष्पं फलं तोयं रत्नानि विविधानि च ग्रहाणाअर्घ्य मया दत्तं देहि में वांच्छितं फलम्। रूपं देहि जयं देहि भाग्यं भगवती देहि मे, पुत्रं देहि धनं देहि सर्वकामाश्च देहि में।

नमस्कारम्। पुनर्पृच्छा।

अद्य पूर्वाचरित एवं ग्रहगण विशेषण विशिष्टायां शुभपुण्यतिथौ अमुक कर्म प्रारम्भ निमित्तं गौर्यादिषोडश मातृभ्यः वसोद्धारा सहितानां गणेशगोत्र देव्या सहितानां पूजनं कृतस्य विधेर्यन्न्यूनातिरिक्तं तत्सर्वं भवतां ब्राह्मणानां वचनात् गौर्यादिषोडश मातृणां प्रसादात् ब्राह्मण वचनात् सर्व परिपूर्ण अस्तु॥

स्वस्तिवाचन आशीर्वचनं च॥

अथ नवग्रह-स्थापनम् (ग्रह-मण्डल)

आचम्य प्राणनायम्य संकल्पः

तत्राद्यौ शुभपुण्यतिथौ ममात्मनः यजामानस्य वा जन्मराशेः नामराशेः सकाशाद्वा जन्मलग्नाद् वर्षलग्नाद्वा चतुर्थाष्टमद्वादशादि अनिष्टस्थानस्थित-नवग्रहपीड़ापरिहारद्वारा तृतीयैएकादशस्थान-स्थित ग्रहस्य शुभफल प्राप्तयर्थम् आयुष्यारोग्यप्राप्यर्थं नवग्रहस्थापनं अहं करिष्ये।

लकड़ी के पवित्र (बाजोट) पर सवा हाथ (मीटर) सफेद वस्त्र बिछावे। उस पर चावल या पंचमेश से नौ कोष्ठक (कोठे) बनावे। इसे कमलाकृति में भी बना सकते हैं अथवा चमचौरस भी बना सकते हैं। परन्तु बीचोंबीच सूर्य वाले कोष्टक में वरुणकलश की स्थापना होती है। नौ कोष्ठक में नौ सुपारियां रखें। हाथ में चावल लेकर प्रत्येक ग्रह का क्रमशः आह्वान करके सुपारी पर चावलों से प्राणप्रतिष्ठा करें। फल-पुष्प-नैवेद्य दक्षिणा अर्पित करें। सबसे पहले सूर्यदेव की प प्रतिष्ठा व पूजन के लिए हाथ में जल लें।

विनियोग-ॐ आकृष्णेनेति मन्त्रस्य हिरण्यस्तूपः आंगिरस ऋषिः सूर्योदेवता त्रिष्टुप्छन्दः सूर्य प्रीतये सूर्य पूजने (जपे) विनियोगः।

हाथ में रक्त पुष्प लेकर सूर्यदेव का ध्यान करें।

उदयगिरिमुपेतं भास्करं पद्महस्तं
निखिल भुवननेत्रं रत्नरत्नोपमेयम्।
तिमिरकरिमृगेन्द्र बोधकं पद्मिनीना
सुखरभिवन्द सुन्दरं विश्ववंद्यम्।

सुवर्ण निर्मित सूर्य प्रतिमा को पुष्प अर्पित करते हुए आवाहन मुद्रा में निम्न मंत्र से सूर्यदेव का आह्वान करें।

उदयं तं महातेज तेजस्वी अभयप्रदं
दुर्निरक्षसुगमनं सूर्यमावह्वयाम्यहम्॥1॥
भो भो सूर्यगृहाध्यक्ष कलिंगविषयोद्भवः
रक्त काश्यप गोत्रेय द्विभुज-पद्मलोचनः ॥2॥
सप्ताश्ववाहनागच्छ पद्ममध्येवरप्रदः
अग्निंदूतेति मन्त्रेण रुद्ररूपीप्रतिष्ठित॥3॥
ॐ अग्निंदूतम्पुरोदधे हव्यवाहमुपब्रूवे
देवां 2 आसादयादिह ॥22/17॥

प्रतिष्ठापन मंत्र

नवग्रह मध्ये सूर्य स्थापयामि-
ॐ आकृष्णे नरजसावर्त्तमानो-
निवेशयन्नमृतम्मर्त्यंच, हिरण्ययेन सविता रथेना
देवो याति भुवनानि पश्यन् ॥5॥

तान्त्रिक मंत्र-ॐ ह्रां ह्रीं ह्रौं सः सूर्याय नमः।[1]

नमस्कार-जवाकुसुमसंकाश काश्यपेयं महाद्युतिम्।
तमोरिं सर्वपापघ्नं प्रणतोऽस्मि दिवाकरम्॥

चन्द्र प्रतिष्ठा एवं पूजन मंत्र

विनियोग-ॐ इमं देवा इति मन्त्रस्य वरुण ऋषिः अग्निदेवता सोम प्रीतये सोम आह्वानपूजने (जपे) विनियोगः

ध्यान-श्वेत पुष्प हाथ में लेकर चन्द्रमा का ध्यान करें

श्वेताम्बरः श्वेतविभूषणश्च श्वेतद्युतिर्दण्धरोद्विबाहु।
चन्द्रोऽमृतात्माः वरदः किरीटी,
मयि प्रसाद विदधातुमेव॥

आवाहन मंत्र

द्विजराज सुरश्रेष्ठ तारापत्यश्सु नन्दनः।
औषधीनां सुगमनं सोममावहयाम्यहम्॥1॥
अहोचन्द्रः जगत्प्राण यमुनाविषयोद्भवः।
स श्वेतात्रिगात्रेय गदापाणी वर प्रदः॥2॥
दशाश्ववाहनायाहि उमारूपीसमाविशः।
हुताशनदलेनेवं मंत्रेणा अश्वग्निनार्चितः॥3॥
ॐ अश्वग्नेसमीधीष्ट वसोषधीरनुध्यसे।
गर्भेसंजायसे पुनः ॥4॥

प्राणप्रतिष्ठा मंत्र

अग्नि कोणे सोमं स्थापयामि-
ॐ इमन्देवाऽअसपत्न्न ठं सुवद्ध्वम्महते
क्षत्राय महतेज्जैष्ठ्यायमहते

विशेष-

1. सूर्य मंत्र-की जपसंख्या 7,000, रत्न-माणिक्य, समिधा-अर्क, दान-गेहूं, गाय रक्तवस्त्र गुड़, सुवर्ण, मात्र, रक्त-चन्दन, रक्त-कमल।

जानराज्यायेन्द्रस्येन्द्रियाय। इममुष्यपुत्र-ममुष्यै पुत्रमस्यैविशऽएषवोमीराजा सीमो स्माकम्ब्राह्मणानां ठं राजा॥

तांत्रिक मंत्र-

ॐ श्राँ श्राँ श्राँ सः चन्द्राय नमः।

नमस्कार-

दधिशंखतुषाराभं क्षीरोदार्णवसन्निभम्।
नमामि शशिनं सोमं शम्भोर्मुकुटभूषणम्॥
निर्जितारं च शत्रुणां यजमानाधिदेवताः।

मंगल प्रतिष्ठा एवं पूजन मंत्र

विनियोग-

ॐ अग्निर्मूद्धेति मन्त्रस्य विरूपाङ्गिरस ऋषिः, अग्निर्देवता, गायत्री छन्दः भौमप्रतीत्यर्थे जपे विनियोगः

रक्त पुष्प हाथ में लेकर मंगल का ध्यान करें।

ध्यानम्-

रक्त माल्याम्बर धरः शक्तिशूल गदाधरः
चतुर्भुजो मेष वरदः स्याद्धरासुतः॥

मंगल का आवाहन मंत्र-

ऋषिभिः स्तूयमानं च भौमवाह्याम्यहम् ॥1॥
उज्जयिन्यां समुत्पन्नो भोभो भौमश्चतुर्भजः।
भारद्वाजकुले जात शूलशक्तिगदाधरः ॥2॥
वरदो मेषमारूढः स्कन्दप्रावृड्तडित्प्रभो।
स्योना पृथ्वीति मन्त्रेण दलेयाम्ये प्रतिष्ठितः॥3॥
ॐ स्योनापृथिंवीनोभवान्नृक्षरानिवेशनी-
पुच्छानः शर्म्मसप्रथाः॥4॥

विशेष-

2. चन्द्र मंत्र की जपसंख्या 11,000, रत्न मोती, समिधा-पलाश, दान-वंशपात्र, चावल कपूर, मोती, श्वेतवस्त्र, वृषभ, चांदी, धृतकुम्भ, शंख।

प्रतिष्ठापन्न मंत्र

दक्षिणे भौमं स्थापयामि-
ॐ अग्निमूर्द्धादिवः ककुत्पतिः
प ृ थि ा ठ या ऽ अ य म्म ् ।
अपा ठं रेता ठं सिजिन्वति ॥3/12॥
तांत्रिक मंत्र-ॐ क्राँ क्रीं क्रौ सः
भौमाय नमः।

नमस्कार-

धरणीगर्भसम्भूतं विद्युत्कान्तिसमप्रभम्।
कुमार शक्तिदत्तं च मंगलं प्रणमान्यहम्।।[3]

बुध प्रतिष्ठा एवं पूजन मंत्र

विनियोग-

उद्बुध्यस्वेति मंत्रस्य परमेष्ठि प्रजापति ऋषिः त्रिष्टुप्छन्दः, बुधो देवता बुधप्रीत्यर्थे बुधपूजने (जपे) विनियोगः।

जया पुष्प हाथ में लेकर बुध का ध्यान करे-

ध्यान

पीताम्बरः पीतवपुः किरीटी, चतुर्भुजोदण्डधरश्चहारी।
चर्मासिधृक, सोमसुतो गदाभृत्, सिंहाधिरूढो वरदो बुधश्च।।

आवाहन मंत्र

बुधीबुद्धिप्रदाता च सौम्यदृष्टिमहायशः
यजमान-हितार्थाय बुधमावाहयाम्यहम्।।
अहो चन्द्र सुतः श्रीमान् मागधायसमुद्भवः।
अत्रिगोत्रः चतुर्बाहुः खड्गखेटक धारकः ॥
गदावरदसिंहस्य सुवर्णभिश्समाविश।
कृष्णवर्दि सपत्रे च इदं विष्णु प्रपूजयेत्।।
ॐ इदं विष्णुविचक्रमेत्रेधानिदधेपदम्।
समूढमस्यपा ठं सुरे स्वाहा।।

विशेष-3. मंगल मंत्र की जप संख्या 10,000, रत्न–प्रकाल, समिधा दान–गेहूं, मसूर, लाल वृष, गुड़, सुवर्ण, ताम्र, रक्तवस्त्र, कठोर।

प्रतिष्ठापन मंत्र

इशाने बुधं स्थापयामि-
ॐ उद्‌बुद्धयस्वाग्नेप्रतिजागृहि-
त्वमिष्टापूर्तेषु ठं सृजेथाममंच।
अस्मिन्सधास्थे अद्धयुत्तरस्मिन् विश्वेदेवा
यजमानश्चसीदत॥5/54॥
तान्त्रिक मंत्र-ॐ ब्राँ ब्री ब्रौं बुधायं नमः
नमस्कार-प्रियंगुकलिकाश्यामं रूपेणाप्रतिमं बुधम्।

बृहस्पति प्रतिष्ठा एवं पूजन मंत्र

विनियोग-बृहस्पतेति मन्त्रस्य गृत्समद ऋषिः अनुष्टुप छन्दः, ब्रह्मदेवता बृहस्पति प्रीत्यर्थे बृहस्पति पूजने (जपे) विनियोगः (जल छोड़े)

पीला पुष्प हाथ में लेकर बृहस्पति का ध्यान करें।

ध्यान-

पीताम्बरः पीतवपुः किरीटि
चतुभुर्जो देवगुरुः प्रशान्तः।
तथाऽक्ष सूत्रं च कमण्डलुश्च,
दण्डं च विभ्रद्वरदो मह्यम्॥

बृहस्पति का आवाहन मंत्र-

सौम्यं सौम्यगुणोपेतं तं बुधं प्रणमाम्यहम्॥
बुध्यायस्यसमोनास्ति देवतानां च पुरोहितः।
त्राता च सर्वदेवानां गुरुमावह्याम्यहम्॥
अहो वाचस्पतेपीत संजातः सिन्धुमण्डले।
एह्या गिरसगोत्रेय हयारूढचतुर्भुजः
वंडाक्षसूत्रवरदः कमण्डलुधंरप्रभो।
महाइन्द्रेति संपूज्यो विधवत्युत्तरेदले॥
ॐ महाइन्द्रोवज्रहस्तः षोडशीशर्म्मयच्छतु
हंतुपाप्मानं योस्यान्द्वेष्टियं च वयं द्विष्मः॥

विशेष-4. बुधमंत्र की जपसंख्या 4,000, रत्न-पन्ना, समिधा-अपामार्ग, दान-मूंग, नीलवस्त्र, कांस्य कस्तूरी, घी, पंचरत्न, हाथी, दासी।

प्रतिष्ठापन मंत्र

उत्तर गुरु स्थापयामि-
ॐ बृहस्पतेऽअतिदर्योऽअर्हाद्द्युमद्वि-भातिक्रतु
मज्जनेषु।
यद्दीदयच्छवसऽऋतप्रजाततदस्मासु द्रविणंन्धेहि
चित्रम्॥
तांत्रिक मंत्र- ॐ ज्राँ ज्रीं ज्रौं सः गुरवे नमः।

नमस्कार-

देवानांच ऋषीणांच गुरुंकाचनसन्निभम्।
बुद्धिभूतं त्रिलोकेशं तन्नमामि बृहस्पतिम्॥

शुक्र प्रतिष्ठा एवं पूजनमंत्र

विनियोग-

अन्नात्परिस्रुतेति मन्त्रस्य, प्रजापति ऋषिः,
अनुष्टुप, छन्दः शुक्रो देवता, शुक्रप्रीत्यर्थे
शुक्रपूजने (जपे) विनियोगः।

श्वेत पुष्प हाथ में लेकर शुक्र का ध्यान करें।

ध्यान-

श्वेताम्बरः श्वेतवपु किरीटि
चतुर्भुजो, दैत्यगुरुः प्रशान्तः।
तथाऽक्ष सूत्रं च कमण्डलुश्च
दण्डं च विभ्रद्वरदोस्तु मह्यम्॥

शुक्र का आवाहन मंत्र

सोमतुल्योदितिप्राज्ञा दानवाना च पुरोहितः।
त्राता च सर्वदैत्यानां शुक्रश्वेताश्ववाहनः॥1॥
समागच्छश्चतुर्बाहु भृगुगोत्रविभूषणः।2॥
परिधाक्षा बलिहस्त कमण्डलु धरप्रदः।
पूर्वपत्रेति शुक्रश्च प्राच्यां शुक्रं निधापयेत्॥3॥
ॐ शुक्रज्योतिश्च चित्रज्योतिश्च
सत्यज्योतिश्च॥

विशेष-5. गुरु मंत्र की जपसंख्या 17,000, रत्न-पुखराज, समिधा-अश्वत्थ, दान-शक्कर, हल्दी, अश्व, पीतपुष्प, चने की दाल, लवण, सुवर्ण

ज्योतिष्मांश्चशुक्रश्च ऋतपाश्चात्य ठं
हा:॥17/80॥

प्रतिष्ठापन मंत्र

ॐ अन्नात्परिस्रुतोरसम्ब्रह्मणा व्यपि बत्क्षत्रम्पय: सोमम्प्रजापति:।
ऋतेन सत्यमिन्द्रियंविपान ठं शुक्रमन्धस इन्द्रस्येन्द्रियमिदम्पयोमृतम्मधु॥19/75॥
पूर्व शुक्रं स्थापयामि-

तांत्रिक मंत्र–

ॐ द्रां द्रीं द्रौं स: शुक्राय नम:।

नमस्कार-

हिमकुंदमृणालाभं दैत्यानां परमं गुरुम्।
सर्वशास्त्र-प्रवक्तारं भार्गवं प्रणमाम्यहम्॥

शनि प्रतिष्ठा एवं पूजन मंत्र

विनियोग-

शन्नो देविति मंत्रस्य, सिन्धुद्वीप ऋषि गायत्री छन्द: आपो देवता, शनि प्रीत्यर्थे शनिपूजने (जपे) विनियोग:।

ध्यान-

नीलाम्बर: शूलघर किरीटि,
गृध्रास्थित स्त्रासकरो धनुष्मान्।
चतुर्भु: सूर्यसुत: प्रशान्त:
सदास्तु मध्य वरदोऽल्पगामी

आवाहन मन्त्र

कृष्णाङ्गोकृष्णवर्णश्च कृष्णाजिनंधरस्तथा।
शौरोमंदगतिश्चैव शनिमावह-याम्यहम्॥
अहो सौराष्ट्रसंजात छायापुत्रश्चतुर्भुज:।
कृष्णवर्णार्क गोत्रेय बाणहस्ते धनुर्धर:।

विशेष-6. शुक्र मंत्र की जपसंख्या 16,000, रत्न-हीरा, समिधा-औदुम्बर, दान-श्वेत घोडा, चित्राम्बर, गाय, चांदी, चावल, घृत, सुगन्धित द्रव्य।

त्रिशूली च समागच्छ वरदो मे ग्रधवाहनः
प्रजापत्येति संपूज्यो यमवत् पश्चिमे दले।।
ॐ परितावभूव यत् कामास्ते जुहुमस्तन्नो अस्त्व ममुष्य-पितासावस्य-पिता वय ठं. स्यामपतयो रयिणा ठं, स्वाहा।।10/20।।

पश्चिमे शनिंस्थापयामि-

ॐ शन्नोदेवीरभिष्टयऽआपोभवन्तुपीतये, शंय्योरभिस्रवन्तुनः।।36/12।।

तांत्रिक मंत्र-

ॐ खाँ खीं खौ सः शनैश्चराय नमः

नमस्कार-

नीलाञ्जनसमाभासं रविपुत्रं यमाग्रजम्।
छायामार्तण्डसम्भूतं तन्नमामि शनैश्चरम्।।

राहु प्रतिष्ठा एवं पूजन मंत्र

विनियोग-

कयानश्चित्रेति मंत्रस्य वामदेव ऋषिः, गायत्री छन्दः, राहुर्देवता राहु प्रीत्यर्थे पूजने (जपे) विनियोग।
नीला पुष्प हाथ में लेकर राहु का ध्यान करे।

ध्यान-

नीलाम्बरो, नीलवपु किरीटि,
करालवक्त्रः करवालसूली।
चतुर्भुजश्चक्रधरश्च राहुः
सिंहासनस्थो वरदोस्तुमह्ययम्"

आवाहन मंत्र-

रक्तागा रक्तवर्णश्च, रक्ताजीवनंधरस्तथा।
सिंहकायां समुत्पन्नो राहुमावाहयाम्यहम्।
राहोबबरके देशे संजातःकाय वर्जितः
गोत्रे पेठेन सेह्ये ही सिंहारूढो वरप्रदः।
करालवदनः श्रेष्ठ कालरूपी जनप्रभो।

आयंगौरीतिमंत्रेण पूज्यो नैऋतपत्रके॥
ॐ आयंगौः पृश्निरक्रमीदसदन्मातरंपुरः
पितरं च प्रयन्त्स्व॥
प्रतिष्ठामंत्र
नैऋत्ये राहुं स्थापयामि-
ॐ कयानश्चित्रऽआभुवदूती सदावृधः सखा
कयाशचिष्ठयावृत।

तान्त्रिक मंत्र-ॐ भ्राँ भ्रीं भ्रौं सः राहवे नमः।

नमस्कार-

अर्धकायं महावीर्यं चन्द्रादित्यविमर्दनम्।
सिंहिकागर्भसम्भूतं तं राहु प्रणयाम्यहम्॥

केतु प्रतिष्ठा एवं पूजन मंत्र

विनियोग-

केतु कृष्णन्निति मंत्रस्य
मधुच्छन्द ऋषिः गायत्रीच्छन्दः,
केतुर्देवता केतु प्रीत्यर्थे जप विनियोगः।

रंग-बिरंगे पुष्प हाथ में लेकर ध्यान करें।

ध्यान-

धूम्रोद्विबाहुर्वदो गदाधरो,
गृधासनस्थो विकृताननश्च।
किरीट केयूर विभूषितोयः
सदास्तु मे केतु गणः प्रशान्तः॥

आवाहन मंत्र-

एह्येहि भगवान् केतो व्योचारि महाद्युति।
ग्रहैस्तु सहिता सर्वे केतुमावहयाम्यहम्।1॥
केतवो विविधाकारा मलयाद्रिसमुद्भवाः।
द्विभुजा जै मुनिगोत्रे गदाहस्तो वरप्रदाः।।2॥

विशेष-8. राहु मंत्र-जप 18,000, रत्न-गोमेद समिधा-दूर्वा, दान-गेहूं, अश्व, नीलवस्त्र, कम्बल, तिल, तेल, लोह, अभ्रक।

विशेष-9. केतु मंत्र-जपसंख्या 17,000, रत्न-वैदूर्य (लहसुनिया), समिघा-कुशा, दान-कम्बल, तिल, कस्तूरी, शस्त्र, छाग, तैल, कृष्णपुष्प।

आगच्छन्तु कस्ययोनि शोभने मारुते दले।
ब्रह्मजज्ञानं मन्त्रेण चित्रगुप्तमवार्चितम्।।3।।
ॐ ब्रह्माज्ञानं प्रथमंपुरस्ताद्विसीमितः
सूरुचोवेनऽआवः सुबुध्न्या उपमा अस्यविष्ठाः
सतश्चयोनि मसतश्च विवः।।13/3।।

प्रतिष्ठा मंत्र

वायव्ये केतुस्थायामि-

ॐ केतुङ्कृण्वन्नकेतवे
पेशोमर्याऽअपेशसे। समुषद्भिजायथाः।

तान्त्रिक मंत्र-

ॐ प्राँ प्रीं प्रौं सः केतवे नमः।

नमस्कार-

पलाशपुष्पसंकाशं तारकाग्रहमस्तकम्।
रौद्रं रौद्रात्मकं घोरं तं केतुं प्रणमाम्यहम्।

कलश पूजन

कलश रखने के स्थान पर चावल रोली सिन्दूर या हल्दी चूर्ण से अष्टदल कमल बनाकर उस पर कलश स्थापित करना चाहिए।

भूमि स्पर्श (सीधे हाथों से)

ॐ भूरसि भूमिरस्यादितिरसि विश्वधाया विश्वस्य भुवनस्य धत्रीं।
पृथिवीं यच्छ पृथिवीं दृ ँ ह पृथिवी मा हि ँ सीः।

अष्टदल पर सप्तधान्य (तिल, यव, उड़द, चावल (धान), गेहूं, चना और मूंग)

ॐ धान्यमसि धिनुहि देवान् प्राणाय त्वोदानाय त्वा व्यानायत्वा।
दीर्घामनु प्रसितिमायुषे धान्देवो वः सविता हिरण्यपाणिः
प्रतिगृहणात्वच्छिद्रेण पाणिना चक्षुषे त्वा महीनां पयोसि।।

कलश स्थापन (सप्त धान्य के ऊपर)

ॐ आजिघ्र कलशं मह्या त्वा विशान्त्विन्दनः पुनरुर्ज्जा
निवर्त्तस्वसानः सहस्त्रंघुक्ष्वोरुधारा पयरवती पुर्नमाऽऽविशताद्रयिः।।

जल (कलश में छोड़ें)

ॐ गंध द्वारा दुराधर्षा नित्यपुष्टांकरीषिणीम।
ईश्वरीं सर्वभूतानां तामिहोपहयेश्रिम्।।

सर्वौषधि (कलश में छोड़ें)

ॐ याऽओषधीः पूर्वा जाता देवेभ्यस्त्रियुग पुरा।

मनैनुवभ्रूणामह शतं धामानि सप्त वा।।

दर्वा (कलश में छोड़े)

दुर्वाकुरान सुहरितान् अमृतान् मंगलप्रदान्।

आनीतास्तव पूजार्थं गृहाण परमेश्वर।।

पंचपल्लव चढ़ावें (याम, वट, पीपल, गूलर, पलाक्ष)

ॐ अश्वत्थे वो निषदन पर्णे वो वसतिष्कृता।

गोभाजऽइतकिलासथ यत्सनवथ पुरुषम्।।

सप्तमृत्तिका (कलश में दें-हाथी, घोड़ा, संगम, राजद्वार, गोशाला, चतुष्पद, और बांबी)

ॐ स्योना पृथिवी नो भवानृक्षर निवेशनी।

यच्छानः शर्म्भ सप्रथाः।।

पूगीफली (सुपारी कलश में डालें)

ॐ याः फलिनीर्या असफलां अपुष्या याश्च पुष्पिणीः।

बृहस्पति प्रसतास्ता वो मुंचत्व ँ हसः।।

पंचरत्न (कलश में डाले)

मोती-मूंगा-सोना-चांदी और तांबा

ॐ परिवाजपतिः कविरग्निहव्यान्ह क्रमीत्।

दधद्रत्नानि दा शुषे।।

स्वर्ण या द्रव्य (कलश में दें)

ॐ हिरण्यगर्भः समवर्त्तताग्रे भूतस्य जातः पतिरेकऽआसीत्।

सदाधार पृथिवीं द्यामुतेमां कस्मै देवाय हविषा विधेम।।

वस्त्र (कलश में वस्त्र या मोली लपेट दें)

ॐ वसोः पवित्र मसि शतधारं व्वसोः पवित्रमसि सहस्त्रधारम्।

देवस्त्वा सविता पुनातु वसोः पवित्रेण शतरधारेण सुप्त्वा कामधुक्षः।।

पूर्णपात (पात्र चावल लेकर कलश में रख दें)

ॐ पूर्णादर्वि परापत सुपूर्णा पुनरापत।

वस्नेव विक्रीणावहा ऽइषभूर्ज ँ शतक्रतो।।

श्रीफल या सूखा नारियल

(लाल वस्त्र लपेटा हुआ पूर्ण पात्र पर रख दें)

ॐ श्रीश्च ते लक्ष्मीश्च पत्न्यावहोरात्रे पार्श्वे नक्षत्राणि रूपमश्विनौ व्यात्तम्।

इष्णान्निषाणमुम्मऽइषाण सर्वलोक मं ऽइषाण।

हाथ में पुष्प लेकर कलश में देवताओं का आवाहन

सर्वे समुद्राः सरितस्तीर्थानि जलदानदाः। आयान्तु मम पूजार्थ दुरितक्षयकारकाः।। कलशस्य मुखे विष्णुः कण्ठे रुद्रः समाश्रितः। मूले तत्र स्थितो ब्रह्मा मध्ये मातृगणः स्मृताः।। कुक्षौ तु सागरा सर्वे सप्त द्वीपा वसुन्धुरा। ऋग्वेदाऽथ यजुर्वेदः सामवेदो ह्यथर्वण। अंगैश्च सहिता सर्वे कलशन्तु समाश्रिताः। अत्र गायत्री सावित्री शान्ति पुष्टिकरी तथा। आयान्तु मम शान्त्यर्थदुरित क्षयकारकाः।

इसके बाद कलश में वरुण का आवाहन

ॐ तत्त्वायामि ब्रह्मणा व्वन्दमानस्तदासास्ते यमजानो हविर्भिः।

अहेडमानो वरुणेह दोध्युरुह ॐ समान आयु प्रमोषीः।। अस्मिन् कलशे साङ्गं सपरिवारं सायुधं सशक्तिकं वरूणमावाहयामि।।ॐ भूभुर्वः स्वः वरूण इहागच्छ इहतिष्ठ स्थापयामि पूजयामि।।

इसके बाद जलादि पूजा द्रव्य से षोडशोपचार या पंचोपचार पूजन वरूण का पूर्वोक्त विधि से करें।

कलश प्रार्थना

देव दानव संवादे मध्यमानो महोदधौ। उत्पन्नोऽसि यदा कुम्भ विधृतो विष्णुना स्वयम्। त्वत्तोये सर्व तीर्थानि देवाः सर्व त्वयि स्थिता। त्वयि तिष्ठन्ति भूतानां त्वयि प्राणाः प्रतिष्ठताः।। शिवः स्वयत्वमेवासि विष्णुस्त्वं च प्रजापतिः। आदित्या वसवो रुद्रा विश्वेदेवोः सपैतृकाः।। त्वयि तिष्ठति सर्वेऽपियतः काम फलप्रदः। त्वत्प्रसादादिनां पूजां कर्तुमी हे जलोद्भव। त्वयि तिष्ठन्ति सर्वेऽपि यतः काम फलप्रदः। त्वत्प्रसादादिमां पूजां कर्तुमीहे जलोद्भव।। सान्निध्यं कुरु मे देव प्रसन्नो भव सर्वदा। प्रसन्नो भव। वरदो भव।। अनया पूजया वरुणाद्यां वाहिता देवताः प्रसन्नो भव।।

रक्षा सूत्र विधान

बायें हाथ में पीली सरसों, चावल, पुष्प, सुपारी और तीन तार की मौली हाथ में लेकर दाहिने हाथ से ढककर नीचे लिखे मंत्र पढें।

ॐगणाधिपं नमस्कृत्य नमस्कृत्य पितामहम्।
विष्णु रुद्रं श्रियं देवीं वन्दे भक्तया सरस्वतीम्।।

स्थानाधिपं नमस्कृत्यग्रहनाथं निशाकरम्।
धरणीगर्भ सम्भूतं शशिपुत्रं बृहस्पति॥
दैत्याचार्य नमस्कृत्य सूर्यपुत्रं महाग्रहम्।
राहुं केतुं नमस्कृत्य यज्ञारम्भे विशेषत:॥
शुक्राद्यादेवता: सर्वा: मुनीश्व कथयाम्यहम्।
गर्ग मुनि नमस्कृत्य नारद मुनि सप्तमम्॥
वशिष्ठं मुनि शार्दूलं विश्वामित्र तथैव च।
व्यासं मुनिं नमस्कृत्य सर्वशास्त्रविशारदम्॥
विद्याधिका ये मुनय: आचार्यश्च तपोधना:।
तान् सर्वान् प्रणमाम्येवं यज्ञरक्षा करान् सदा॥

इसके बाद बाएं हाथ से पीली सरसों तथा चावल दाहिने हाथ में लेकर नीचे लिखे मंत्र पढ़ते हुए सब दिशाओं से छोड़ें।

पूर्वे रक्षतु वाराह: आग्नेयां गरुडध्वज:।
दक्षिणे पद्मनाभस्तु नैर्ॠत्यां मधुसूदन:॥
पश्चिमे चैव गोविन्दो वायव्यां तु जनार्दन:।
उत्तरे श्रीधरो रक्षेत्, ईशाने तु गदाधर:॥
उर्ध्व गोवर्धनो रक्षेद्धरत्ताच्च त्रिविक्रम।
एवं दश दिशो रक्षेत्, वासुदेवो जनार्दन:॥
यदेर्द संस्थितं भूतं स्थानमाश्रित्य सर्वदा॥
स्थानं त्यक्त वा तु तत्सर्वं यत्रस्थं तत्र गच्छतु।
अपक्रामन्तु ते भूता: ये भूता: भूतले स्थिता:॥
ये भूता विघ्नकर्त्तारस्ते नश्यन्तु शिवाज्ञया।
अपक्रामन्तु भूतानि पिशाचा: सर्वतो दिशम्।
सर्वेषामवरोधेन पूजाकर्म समारंभे॥

तत्पश्चात् सुपारी फूल मौली श्री गणेश जी के समीप रखने के बाद रक्षा-सुत्र स्वयं धारण करें। पुरुष के दाहिने तथा कन्या के बाएं हाथ में रक्षा-सूत्र बांध दें।

कुम्भ विवाह

कुम्भ विवाह हेतु लाए गए घट का पूजन करे। चावल-सुपारी-पुष्प-द्रव्य लेकर **ॐ इमां कन्यां कुम्भेन सह उद्वाहयिष्ये॥**

इसके बाद कुम्भ-स्वरूप वर (कलश) को वस्त्राभूषणों से अलंकृत करने के तत्पश्चात् आवाहन इत्यादि षोडशोपचार से पूजा करें और फिर प्रार्थना करें-

"हे जलों के टिकने के स्थान। वरुण के शरीर रूपी तुझको नमस्कार है और तुम इस कन्या के पति को चिरकाल तक स्थिर रखो और पुत्र, पौत्र आदि का सुख से सुखी करो! हे विष्णु! हे देव! इस कन्या के दुःख को आप दूर करो, तत्पश्चात् विष्णुरूपी कुम्भ (घट) को कन्या अर्पित करें।

"वरुणांगस्वरूपाय जीवनानां समाश्रयः।
पति जीवय कन्यायाश्चिरं पुत्रसुखं कुरू॥
देहि विष्णो वरं देहि कन्यां पालय दुःखतः॥

इस मंत्र को पढ़ते हुए 10 बार रक्षा-सूत्र (मौली) कुम्भ (कलश) तथा कन्या में लपेट दें। कन्या कुम्भ को उठाकर हृदय से सटाकर भूमि पर छोड़ दे। जिससे घट फूट जाए। इसके बाद विसर्जन एवं ब्राह्मण को दक्षिणा देकर चिरंजीवी वर से कन्या का विवाह करें। इति।

अश्वत्थ (पीपल) के साथ विवाह

पीपल में विष्णु व पिप्पली में लक्ष्मी का निवास माना जाता है। पीपल को विष्णुरूप मानने से मंगली कन्या का विवाह कुंभविवाह विष्णु विवाह की तरह करते है। पीपल के पत्ते चौड़े व पिप्पली के पत्ते छोटे होते है इसकी डाली पर छोटे-छोटे फल बेर की तरह के लगते हैं। इसको लक्ष्मीरुपिणी मान से इसका विवाह करने से यश धर्म व पुण्य की वृद्धि होती मानते हैं। कई जगह वटवृक्ष की डाली के साथ पीपली का विवाह करने की प्रथा है। अतः वटवृक्ष को विष्णु मानकर विवाह विधि करायें। दक्षिण भारत में पीपल के जगह केले के तने में सुवर्ण मूर्ति लगाकर केले के तने के साथ कन्या का विवाह करा कर, फिर उसे समुद्र में छोड़ देते है।

कन्या का पिता (दाता) एकान्त में विवाह से पूर्व पूजादि वस्तुओं से पूर्ववत् गणेश शान्ति कलश की पूजा-रक्षा-सूत्र बंधन के बाद अश्वत्थ (पीपल) के पौधे को पूजा स्थान में स्थापित कर वस्त्राभूषणों से-**ॐ अश्वत्थवृक्षाय नमः** अथवा **ॐ केल वृक्षाय नमः** ऐसा कहते हुए षोडशोपचार या पंचोपचार पूजा करके-

ॐ इमां सालंकारो अश्वत्थेन सह उद्‌वाहयिष्ये।

ऐसा कहकर प्रार्थना करें।

ॐ नमस्ते विष्णुरूपाय जगदानन्द हेतवे।
पितृदेव मनुष्याणामाश्रयाय नमो नमः॥
वनानां पतये तुभ्यं विष्णुरूपाय भूरुह।
पूर्वजन्मभवं पापं, बालवैधव्य कारकम्।
नाशयाशु सुखं देहि कन्यायाः मम भुरुह॥
ॐ इमां कन्यां सालंकारां अश्वत्थाय अहं सम्प्रददे।

इसके बाद कन्या 108 बार यह मंत्र पढ़ते हुए अश्वत्थ (पीपल) से रक्षा सूत्र लपेटते हुए प्रणाम करे-

नमः अश्वत्थ हुतभुग् भाग गोविन्दस्य सदाप्रिय,
अशेषं हर मे पापं वृक्षराज नमोस्तु ते॥

इसके बाद आरती विसर्जन कलश जल से अभिषेक कर चिरंजीवी वर से कन्या का विवाह कर दें।

कन्यादान संकल्प

''ॐ विष्णुर्विष्णु र्विष्णुः श्रीमद्भगवतो महापुरुषस्य विष्णो. इत्यादि पठित्वा। एवं गुण विशेषण विशिष्टायां शुभपुण्य तिथौ अस्याः कन्याया, विषाख्ययोग जनन वैद्यव्यदोषाय मुक्तये श्री विष्णु स्वरूपिणे अश्वत्थ कुम्भाय, श्री रूपिणीमिमां कन्या तुभ्यमहं सम्प्रददे।

इतना कहकर कन्या दक्षिण हाथ में जल देकर विष्णु स्वरूप घट को समर्पित कर दें और मंत्र पढ़ें।

''गौरी कन्यामिमां श्लक्ष्णां यथाशक्ति विभूषिताम्।
ददामि विष्णवे तुभ्यं सौभाग्यं देहि सर्वदा॥
विष्णु रूपिणे कुम्भाये इमां कन्या सम्प्रददे॥''

इसके बाद वस्त्र ग्रन्थि खोलकर घड़े को जल में छोड़ दें। कन्या चूड़ियां छोड़ दें। बिन्दी मिटा दें। रंगीन वस्त्र-आभूषण त्यागकर आचार्य को सौंप दें। आचार्य 'ऐन्द्रवारूणपावनीय'' मंत्रों से त्याग पंचपल्लवों से युक्त कलश के पवित्र जल से कन्या को अभिषेक दे। कन्या स्नान करके दूसरे शुद्ध वस्त्र पहने। कन्या आचार्य को दक्षिणा देकर सन्तुष्ट करे और कहे-''**भो ब्राह्मणाः! अहम् अनेन कुम्भविवाहकर्मणा अनघाऽमि?** ऐसे तीन बार कहे-**त्वमनधाऽसि एवमंस्तु**''। ऐसे वाक्य आचार्य तीन बार प्रवचन में कहे। विवाह समाप्ति के बाद कर्म प्रधान देवता एवं गणपति का विसर्जन करे। ब्राह्मण भोजन-दान के बाद आचार्य खंड सौभाग्यवती होने का आशीर्वाद दें।

।इति अश्वत्थ विवाह पूर्ण।।

स्वर्णमयी विष्णुमूर्ति के साथ विवाह

प्रयोजन-कन्या की कुण्डली में ग्रह लड़के के ग्रहों से अधिक बली होने से वर की आयुष्य हानि का सन्देह बना रहता है। इसलिए कन्या के अशुभ फलदायक ग्रहों की शक्ति क्षीण करने के लिए शाश्वत-नित्य-सनातन सर्वोपरि श्रेष्ठतम श्री भगवान विष्णु के साथ कन्या विवाह कर देने से कुम्भ-पीपल से विवाह कराने की आवश्यकता नहीं रह जाती है-क्योंकि-''**सर्व विष्णुमयंजगत्**''।

अतः एकमात्र विष्णुमूर्ति-स्वर्णमयी के साथ विवाह कर देना कन्या के सभी ग्रहों के दोषों के निवारण में प्रबल उपचार है। जिससे सर्वशक्तिमान की कृपा से कन्या सुख-सौभाग्य दाम्पत्य प्रीति सन्तानादि सुख की स्थिरता बनी रहती है।

विवाह-विधि-आचमन-प्राणयाम-शान्ति पाठं

संकल्प-पूर्वालिखित क्रम से गणेश-गौरी-शान्ति कलश-रक्षा सूत्र बंधन कर्म कर लेने के बाद स्वर्ण निर्मित चतुर्भुज-शंख-चक्र-गदा-पद्म सहित भगवान श्री विष्णु की प्रतिमा को स्थापित करें।

1. आवाहनम्-

ॐ विष्णो रराटमसि विष्णोः श्रन्पुत्रेस्थो विष्णोः स्यूरसि विष्णोर्ध्रुवोसि वैष्णवमसि विष्णवे त्वा।

आवाहन मुद्रा प्रदर्शित करते हुए श्री विष्णु भगवान की मूर्ति को पुष्प-अक्षत चढ़ावे।

ॐ सहस्रीशीर्षा पुरुषः सहस्राक्षः सहस्रपात्।
स भूमिं ँ सर्वतः स्पृत्वाऽत्यतिष्ठद् दशांगुलम्॥

गन्धाक्षत लेकर सुवर्णमय मूर्ति में इस मंत्रों से प्राण प्रतिष्ठा करें।

ॐ विष्णवे नमः

ॐ मनोजूतिर्जुषतामन्यस्य बृहस्पतिर्यज्ञमिमंतनोत्वरिष्टं यज्ञ समिमंदधातु। विश्वेदेवा स इह मादयन्तामो इम् प्रतिष्ठ प्रतिष्ठः प्रतिष्ठः।

पुष्पाक्षत छोड़ें।

अस्यै प्राणाः प्रतिष्ठन्तु अस्यै प्राणः क्षरन्तु च।
अस्यै देवत्वमर्चायै, मामहेति च कश्चन॥

2. आसन-अर्पण-

इसके बाद निम्नलिखित मंत्र पढ़कर दिव्य सिंहासन की भावना से पुष्प अर्पित करें-

आसन (मूर्ति के नीचे तुलसी पत्र रखें)

ॐ पुरुषऽएवेद ँ सर्व यद्भूतं यच्च भाव्यम्।
उतामृतत्त्वस्येशानो यद्न्नेनाति रोहति॥
श्री विष्णवे नमः। आसनं समर्पयामि।

3. पाद्यम्-

इसके बाद निम्नांकित मंत्र से श्री विष्णु हरि के पादप्रक्षालन के लिए पाद्य पेरों में जल अर्पित करें-

पादोस्य विश्वाभूतानित्रिपास्यामृतं दिवि॥
श्री विष्णवे नमः। पाद्यम् समर्पयामि।

4. अर्घ्य-दान-

तदन्तर गंध आदि से युक्त अर्घ्य -जल अर्पित करें और निम्नांकित मंत्र पढ़े-

अर्घ्य (जल-चन्दन-फूल-तिल-दुर्वा)

ॐ त्रिपादूर्ध्व उदैत पुरुषः पादोऽस्येहाऽभवत्पुनः।
ततो विष्वं व्यक्रांमत् साशनानशनेऽभि॥

5. आचमनीय-अर्पण-

इसके अनन्तर गंगाजल से आचमन कराये और नीचे दिया हुआ मंत्र पढ़े-

आचमनीयं (तीन बार जल छोड़े)

ॐ ततो विराडजायत विराजोऽअधिपूरुषः।
स जातो अत्यरिच्यत पश्चाद्भूमिमथो पुरः॥
श्री विष्णवे नमः। आचमनीयं समर्पयामि।

6. स्नानीय-समर्पणम्

तदनन्तर नीचे दिए हुए मंत्र को बोलकर गंगाजल से स्नान कराने की भावना से स्नानीय जल अर्पित करें-

जल स्नानम्

ॐ तस्माद् यज्ञात् सर्वहुतः सम्भृतं पृषदाज्यम्।
पशूस्ताश्चक्रे वायव्या नारण्या ग्राम्याश्च ये॥
श्री विष्णवे नमः। स्नानीय जल समर्पयामि॥

वुग्ध स्नानम्

ॐ पय् पृथिव्यां पयऽओषधीषु पयो दिव्यन्तरिक्षे परोधाः।
पयस्वतीः प्रदिशः सन्तु मह्यम्॥
श्री विष्णवे नम्ः। दुग्ध स्नानं समर्पयामि।

पुन जल स्नानं

दुधि स्नानम्

ॐ दधिक्रावण्णोऽअकारिषं जिष्णोः वस्य वाजिनः।
सुरभि नो मुखाकरत् प्रणऽआयू ॐ षितारिषत्।
श्री विष्णवे नमः। दधि स्नानं सर्मपयामि॥

घृत स्नानम्

ॐ घृतं घृत पावनः पिव्वतव्वसां व्वसां पावानः।
पिवतान्तरिक्षस्य हविरसि स्वाहा।
दिशःप्रदिशऽआदिशो विदिशऽ

उद्दिशो दिग्भ्यः स्वाहा।

श्री विष्णवे नमः। घृत स्नानं समर्पयामि॥

मधु स्नानम्

ॐ मधुवाताऽऋतायते मधुक्षरन्ति सिन्धवः।

माध्वीर्न्नः संतोषधीः॥ मधुनक्तमुतोषसो मधुमत्पार्थिवꣳरजः।

मधुद्यौरस्तुनः पिता॥ मधुमान्नो वनस्पतिर्मधुमांऽअस्तु सूर्यः

माध्वीर्गावो भवन्तु नः॥

श्री विष्णवे नमः। मधु स्नानं समर्पयामि॥

शकर्रा स्नानम्

ॐ अया ꣳ रसमुद्वयस ꣳ सूर्ये सन्त ꣳ समाहितम्।

अपा ꣳ रसस्य यो रसस्तं वो गृहणाम्युत्तममुपयाम गृहीतोऽसीन्द्राय।

त्वा जुष्टं गृहणाम्येषते योनिरिन्द्राय त्वा जुष्टतमम्॥

श्री विष्णवे नमः। शर्करा स्नानं समर्पयामि॥

पंचामृत स्नानम्

ॐ पंचनद्यः सरस्वतीमपियन्ति सस्रेतसः।

सरस्वती तु पंचधासोदेशेऽभवत् सरित्॥

श्री विष्णवे नमः। पंचामृत स्नानं समर्पयामि।

मांगलिक स्नान-(सुवासित तेल एवं इत्र)

चम्पकाशोकबकुलमालतीमोरादीभिः।

वासितं स्निग्धताहेतुं तैलं च प्रतिग्रह्यताम्॥

''प्रभो! चम्पा, अशोक, मौलसिरी, मालती और मोगरा आदि से वासित तथा चिकनाहट हेतु प्रभूत यह सुन्दर तैल आप ग्रहण करें।''

श्री विष्णुभगवान प्रीयतां न मम सुवासितं तैल समर्पयामि।

मलयाचल संभूतं चन्दनागरु संभवम्।

चन्दनं देवदेवेश स्नानार्थं प्रतिग्रह्यताम्॥

ॐ गन्धर्वस्त्वा वि श्वावसुः परिदधातु। विश्वस्यारिष्टयै यजमानस्य परिधि रस्यग्निरिडऽईडितः॥ (2/3)।

नाना सुगन्धिद्रव्यं च चन्दनं रजनीयुतम्।

उद्वर्तनं मयादत्तं स्नानार्थं प्रतिगृह्यताम्॥

ॐ अ ꣳ शुनातेंऽअ ꣳ शुः पृच्यताम्परुषापरुः॥

गन्धस्ते सोमवतु मदाय रसोऽअच्युतः॥27-20॥

शुद्धोदक स्नानम्

कावेरी नर्मदा तप्ती तुंगभद्रा सरस्वती।
गंगा च यमुना चैव ताभ्यः स्नानार्थमाहृतम्।
गृहणत्वं रमाकान्त स्नानाय श्रद्धया जलम्॥

(घण्टा बजावें)

तदन्तर गंगाजल से या तीर्थ जल से शुद्ध स्नान कराएं। मंत्र निम्नलिखित है-

गंगा च यमुना चैव गोदावरी सरस्वती।
नर्मदा सिन्धु कावेरी स्नानार्थ प्रतिगुह्यताम्॥

इस शुद्ध जल के रूप में यहां गंगा, यमुना, गोदावरी, सरस्वती, नर्मदा, सिन्धु और कावेरी उपस्थित है, आप स्नान के लिए जल ग्रहण करें।

ॐआपोहिष्ठा मयाभभुवस्तानऽऊर्ज्जे दधातन। महेरणाय चक्षसे। योवः शिवतमो रसस्तस्य भाजयते हनः॥ उशतीरिव मातरः॥ 59/11॥ तस्माऽअरंग मामवो यस्यक्षयाय जिन्वथ अपोजन यथाचनः॥52/11॥ (यजु. 11/50)

ॐ शुद्धोदक स्नान समर्पयामि।

उत्तर पूजा-देवता के स्नान के बाद उत्तर पूजा भी षोडशोपचार विधि में पूजन किया जाता है।

1. वस्त्रम्

ॐ तस्माद्यज्ञात् सर्वहुतऽऋचः सामानि यज्ञिरे।
छन्दा ॐ सि यज्ञिरे तस्माद्यजुस्तस्मादजायत॥
श्री विष्णवे नमः। वस्त्रोपवस्त्रं समर्पयामि॥

2. यज्ञोपवीतम्

ॐ तस्मादश्वाऽअजायन्त ये के चोभयादतः।
गावो ह जज्ञिरे तस्मातस्माज्जाताऽअजावयः॥
श्री विष्णवे नमः यज्ञोपवीतम् समर्पयामि॥

3. गंधं (चन्दन)

ॐ तं यज्ञं बर्हिषि प्रौक्षन् पुरुषंजातमग्रतः।
तेन देवाऽअजयन्त साध्याऽऋषज्ञयश्च ये॥
श्री विष्णवे नमः। गन्धं समर्पयामि॥

अक्षत (चावल की जगह सफेद तिल)

ॐ अक्षन्नमीमदन्त हयव प्रिया अधूषत।
अस्तोषत स्वभानवो विप्रा नविष्ठयामती योजानविन्द्र ते हरी॥
अक्षतान् समर्पयामि।

4. पुष्पाणि

ॐ इदं विष्णुर्विचक्रमे त्रेधा निदधे पदम्।
समूढमस्य पा ँ सूरे स्वाहा। पुष्पाणि समर्पयामि।।

पुष्पमाला

ॐ औषधीः प्रतिमोदद्ध्भ्पुष्पवती प्रसूवरी।
अश्वाऽविजित्वरीवींरुधः पारयिष्णवः।।
पुष्पमालां समर्पयामि।।

तुलसीपत्राणि

ॐ यत्पुरुषं व्यदधुः कतिधा व्यकल्पयन्।
मुखं किमस्यासीत् किं बाहू किमुरुपादा उच्येते।।
तुलसी हेमरूपा च रत्ना रूपां च मंजरीम्।
भवमोक्षप्रदां तुभ्यमसर्पयामि हरिप्रियाम्।।
तुलसीदलानि समर्पयामि।।

बिल्वपत्रम्

त्रिशाखेर्विल्वपत्रैश्च अच्छिदैः कोमलैः शुभैः।
तव पूजां करिष्यामि गृहाण परमेश्वर।।
विल्व पत्रं समर्पयामि।।

शमी पत्रम्

शमी शमयते पापं शमीशत्रुविनाशिनी।
धारिण्यर्जुनबाणानां रामस्य प्रियवादिनी।।
शमी पत्राणि समर्पयामि।।

दूर्वाः

ॐ काण्डात् काण्डात् प्ररोहन्ती पुरुषः पुरुषस्परि।
एवानो दुर्वे प्रतनु सहस्त्रेण शतेन च।।
विष्णवादि सर्वदेवानां त्वं दुर्वे प्रीतिदा सदा।।
क्षीरसागर संभूते वंशवृद्धिकरी भव।।
दूर्वा समर्पयामि।।

परिमल द्रव्यं

ॐ अहिरिव भोगैः पर्येति वाहुञ्जाया हेतिं परिवाधमानाः।
हस्तघ्नो विश्वावयुनानि विद्वान पुमान् पुमा सम्परिपातु विश्वतः।।
परिमल द्रव्याणि समर्पयामि।।

5. धूपम्

ॐ ब्राह्मणोऽस्य मुखमासीद् बाहू राजन्यः कृतः।
उरु तदस्य यद् वैश्यः पद्भ्यां ॅ शूद्रोऽजायत॥
ॐ धूरसि धूर्वा धूर्वन्तं धूर्वतं योऽस्मानधूर्वतितं धूर्वयं वयं धूर्वामं॥
देवानामसि वन्हितम ॅ सस्नितमं पप्रितमं जुष्टतमं देव हुतम्॥
धूपमाघ्रापयामि।

6. दीपम्

ॐ चन्द्रमा मनसोजातश्चक्षोः सूर्योऽजायत।
श्रोत्राद् वायुश्च प्राणश्च मुखादग्निरजायत॥
दीपं दर्शयामि॥।

नैवेद्य में तुलसी छोड़कर नीचे लिखी मुद्राओं को क्रम से दिखाएं।

प्राणमुद्रा-कनिष्ठा-अनामिका अंगूठा मिलाएं।

अपानदुद्रा-अनामिका, मध्यमा और अंगूठा मिलाएं।

ध्यान मुद्रा-मध्यमा. तर्जनी और अंगूठा मिलाएं।

उदान मुद्रा-तर्जनी, मध्यमा, अनामिका और अंगूठा मिलाएं।

समान मुद्रा-तर्जनी, मध्यमा, अनामिका, कनिष्ठा और अंगूठा मिलाएं।

7. शर्करोपहार नैवेद्यम् निवेदयापि

नैवेद्यम्

ॐ नाभ्याऽआसीदन्तरिक्ष शीर्ष्णो द्यौः समवर्त्तत।
पद्भ्यां भूर्मिर्दिशः श्रोत्रात्तथा लोकान्रअकल्पयन्।
यत्पुरुषेण हविषा देव यज्ञत्तन्वत।
वसन्तोऽस्यासीदाज्य ग्रीष्मऽद्ध्मः शरद्धविः
सप्तास्यासन् परिधयस्त्रिः सप्त समिधः कृता।
देवायज्ञं तन्वाना अबध्नन् पुरुषम्पशुम्॥

8. नैवेद्यमध्ये पानीयं समर्पयामि

यज्ञेनं यज्ञमयजन्त देवास्तानि धर्माणि प्रथमान्यासन्।
तेहनाक महिमानः सचन्त यत्र पूर्वे साध्याः सन्ति देवाः॥
नैवेद्यं निवेदयामि॥

9. नैवेद्यान्ते हस्तप्रक्षालन समर्पयामि

आचमनीयम् (तीन बार जल छोड़ें)

कर्पूरवासितं तोयं मन्दाकिन्याः समाहृतम्॥
आचम्यतां जगन्नाथ मया दत्तं हिं भक्षित॥
आचामनीयम् समर्पयामि॥

10. करोद्वर्तनार्थे चन्दनं समर्पयामि

अखंड ऋतु फलम्

या फलिनीर्या अफला अपुष्पयायख्यपुष्पिणीः॥
बृहस्पति प्रसूतास्तानो मुञ्च त्व ॐ ह सः॥
इदं फलं मया देव स्थापितं पुरतस्व॥
तेन मे सफलावाप्तिर्भवेज्जन्मनि जन्मनि॥
अखंड ऋतु फलं समर्पयामि॥

11. सपूगीफलं ताम्बूलम् इलायची लवंगम्।

ॐ यत्पुरुषेण हविषा देवा
ॐ पूंगीफलं महद्दिव्यं नागवल्ली दलैर्युतम्॥
एलाचूर्णादि संयुतं ताम्बूलं प्रतिगृह्यताम्॥
मुखशुद्ध्यर्थ सपूगीफलं ताम्बूलं समर्पयामि॥

12. दक्षिणा-द्रव्यं

ॐ हिरण्यगर्भः पूजाफल समृद्ध्यर्थ दक्षिणा च तवाग्रतः।
स्थापिता तेन मे प्रीतः पूर्णन् कुरु मनोरथान्॥
दक्षिणा द्रव्य हिरण्यमुद्रा दक्षिणा समर्पयामि॥

13. आरती

कदली गर्भ सम्भूतं कर्पूरन्तु प्रदीपितम्।
कर्पूरार्तिक्यं दर्शयामि आरार्क्तिकमहं कुर्वे दक्षि पश्य माँ वरदो भव॥

14. प्रदक्षिणा

ॐ ये तीर्थानि प्रचरन्ति सृकाहस्ता निषंगिणः।
तेषा ॐ सहस्त्रयोजनेऽव धन्वानि तन्मसि।
ॐ यानि कानि च पापानि जन्मान्तर कृतानि च।
तानि तानि सर्वाणि नश्यन्तु प्रदक्षिणपदे पदे॥

पुष्पांजलि

ॐ यज्ञेन यज्ञमयजन्त देवास्तानि धर्माणि प्रथमान्यासनः।
तेह नाकं महिमानः सचन्त यत्र पूर्वे साध्याः सन्ति देवाः॥
ॐ राजाधिराजाय प्रसह्य साहिने। नमो वयं वैश्रवणाय कुर्महे॥
स मे कामान् काम कामाय मह्यम्। कामेश्वरो वैश्रवणाय ददातु॥
कुबेराय वैश्रवणाय महाराजाय नमः॥
पुष्पांजलिं समर्पयामि॥

15. प्रार्थनापूर्वक नमस्करोमि

16. क्षमापनं निवेदयामि।

मूल विवाह प्रारम्भ

घट विवाह या तुलसी विवाह के निमित्त वर रूपी, भगवान् विष्णु के षोडशोपचार पूजन के बाद कन्या का पिता पुनः हाथ में जल लेकर संकल्प करें।

अद्य पूर्वोच्चरिते अमुक मासे अमुक पक्षे अमुक तिथौ अमुक वासरे विष्णु स्वरूप वरकन्यार्थिनः गृहगतम् वरम् मधुपर्केनाहम् अर्चयिष्ये।

पुनः जल लेकर विनियोग करना चाहिए।

विनियोगः

ॐ साधु भवानास्तामितिः प्रजापतिऋषिःर्ब्रह्मा देवता यजुश्छंदो वरार्चने विनियोगः।

पश्चात् कन्या पिता बोले-

ॐ साधु भवानास्तामर्चयिष्यामोः भवन्तम्। ॐ अर्चयः पूजा कीजिए वर कहे।

पश्चात् कन्या का पिता गन्धादि से वर को तिलक करके पुष्पमाला वर को पहनावे। तथा-

ॐ विष्णुरूपिणे वराय नमः।

आसन

कन्या का पिता पच्चीस दर्भाओं में रचित-'विष्टर' (बिस्तर) हाथ में लेकर-

ॐ विष्टरो विष्टरो विष्टरः आचार्य कहे।

फिर कन्या का पिता बोले-

ॐ विष्टरः प्रतिगृह्यताम्।

इस पर वर बोले-

ॐ विष्टरः प्रतिगृह्णामि।

मैं विष्टर ग्रहण करता हूं ऐसा कहकर उस विष्टर को अपने हाथ में ले लें। जो विष्टर अभी ग्रहण किया गया है उसको दक्षिण हाथ में लेना चाहिए। किन्तु बाद में उसको अपने बायें हाथ में लेकर यह नीचे लिखा हुआ विनियोग बोलना चाहिए-

विनियोगः

ॐ वर्ष्मोऽस्मित्याथर्वण ऋषि विष्टरो देवताऽनुष्टुप् छंद उपवेशने विनियोगः।

मंत्र

ॐ वर्ष्मोस्मि समानानामुद्यतामिव सूर्यः।
इमं तमभि तिष्ठामि यो मां कश्चाभिदासति॥

ऐसा कहकर आसन पर विष्टर का उत्तर में अग्र भाग करके रख दें तथा उस पर बैठ जावें।

पाद्य

पुनः यजमान नए कांस्यपात्र (परात) में जल डालकर जिस को पाद्य पात्र अर्थात् पैर धोने के लिए लाया हो वर के सम्मुख रखें। आचार्य कहे।

''ॐ पाद्यं पाद्यं पाद्यम्''

यह पाद्य है, पाद्य है, पाद्य है, ऐसा बोले तब कन्या का पिता उस पाद्य पात्र को अपने हाथ में लेकर वर से कहे।

''ॐ पाद्यं प्रतिगृह्यताम्''

पश्चात् वर कहे-

''पाद्यं प्रतिगृह्णामि''

अर्थात् पाद्यपात्र ग्रहण करता हूं ऐसा बोलकर वर यजमान के हाथ से पाद्यपात्र को अपने दक्षिण हाथ में ले ले पश्चात् बोलें-

विनियोग

ॐ विराजो दोहोसीति मंत्रस्य प्रजापति ऋषिरनुष्टुप् छंदः आपो देवता पाद्प्रक्षालने विनियोगः।

फिर वर इस मंत्र को बोले-

ॐ विराजो दोहोऽसि विराजो दोहमशीयमयि पाद्यायै विराजो दोहः।

इस तरह मंत्र वर से या आचार्य से बुला कर कन्या का पिता नीचे लिखे मंत्र को बोलता हुआ वर का चरण धोये। किन्तु यहां यह ध्यान रखना चाहिए कि यह वर जाति से ब्राह्मण हो तो प्रथम दक्षिण बाद में बाम चरण धोये। यदि वर क्षत्रिय अथवा वैश्य हो तो प्रथम वाम तथा दक्षिण चरण धोये।

पैर धोने का मंत्र

ॐ यत्फलं कपिलादाने कार्तिक्यां ज्येष्ठ पुष्करे।
तत्फलं पाण्डव श्रेष्ठ! वरस्य पादशौचने॥

अर्घ

किसी कांस्य पात्र में दुर्वा, चावल, सुपारी एवं पुष्प जल सहित लेकर इस को अर्घ पात्र बना लें फिर आचार्य कहें।

ॐ अर्घोऽर्घोऽर्घः।

यह अर्घ है, यह अर्घ है, यह अर्घ है।

ऐसा कहने पर कन्या पिता बोले-

स्वागतोऽसि वरश्रेष्ठ, सर्व कामार्थ सिद्धये।
प्रतिगृहसमर्थोऽसि गृह्णार्ध्य नमोस्तुते॥

इसी तरह-

"ॐ अर्घः प्रतिगृह्यताम्"

फिर वर बोले-

ॐ अर्घ प्रतिगृह्णामि।

ऐसा कहकर कन्या -पिता के हाथ से वह अर्घ पात्र दाहिने हाथ में लेकर उस पात्र को अपने बाएं हाथ में लेकर नीचे लिख हुआ विनियोग बोलें।

ॐ आपःस्थ युष्माभिरिति मंत्रस्य सिंधुद्वीप ऋषि रनुष्टुप्छन्द आपो देवताऽर्घाक्षतादि धारणे विनियोगः।

पुनः इस मंत्र को बोलना चाहिए-

ॐ आप स्थ युस्माभिः सर्वान् कामान् वाप्नुयात

पश्चात् विनियोग ग्रहण करें-

ॐ समुद्रं वः इत्यादि मंत्रस्य अथर्वण ऋषि बृहती छंदो वरुणो देवता अर्घजलप्रवाहे विनियोगः।

पुनः यह मंत्र बोलें-

ॐ समुद्रं वः प्रहणोमि स्वां योनिमभिगच्छतः।
अरिष्टाऽस्मांकं वीरा मा परा सेचिंमत्पयः।

आचमन

इसके बाद आचमन पात्र बनाना चाहिए जिसके लिए एक कांसी की बाटकी (कटोरी) लें उस में जल डालें तथा गन्धाक्षत कर दे पुनः आचार्य कहें-

ॐ आचमनीयमाचमनीयमाचमनीयम्।

ऐसा कहने पर कन्या पिता बोलें

ॐ आचमनीयं प्रतिगृह्णामि

यह आचमन पात्र ग्रहण करता हूं। इस तरह कहकर कन्या पिता के हाथ से वह आचमन पात्र अपने हाथ में ले ले। पश्चात् इस पात्र को अपने दाहिने हाथ से बांये हाथ में लेकर विनियोग बोलें।

ॐ आमागन्निति परमेष्ठीऋषिबृहती छन्द आपो देवता आचमने विनियोगः।

विनियोग के बाद नीचे लिखा मंत्र बोलना चाहिए।

ॐ आमागन्यशसा स ॐ सृज वर्च्चसा।

तम्माकुरू प्रियं प्रजानामधिपतिं प्रशूनारिष्टि तनूनाम्।

अथ मधुपर्कदान विधि

यजमान कांस्यपात्र में दधि, मधु, धृत डालकर मधुपर्क बना लें-

पुनः आचार्य कहें-

ॐ मधुपर्को मधुपर्को मधुपर्कः।।

अर्थात् यह मधुपर्क है, मधुपर्क है, मधुपर्क है।

फिर यजमान कहें-

ॐ मधुपर्कः प्रतिगृह्यताम्।।

फिर वर बोले कि-

ॐ मधुपर्कः प्रतिगृह्णामि।।

ॐ मित्रस्येति प्रजापतिः ऋषिः पंक्तिश्छन्दो मित्रो देवता मधुपर्क दर्शने विनियोगः।

तदन्ततर निम्नालिखित मंत्र बोले-

ॐ मित्रस्य त्वा चक्षुषा प्रतीक्ष्ये।

विनियोग

ॐ देवस्यत्वेति मन्त्रस्य ब्रह्माऋषिर्गायत्री छंदः सविता देवता मधुपर्क ग्रहणे विनियोगः।

मधुपर्क ग्रहण विधिः

ॐ देवस्य त्वा सवितुः प्रसवेऽश्विनो बाहुभ्यांपूष्णो हस्ताभ्यां प्रतिगृह्णामि।।

ऐसा वर बोलकर कन्या पिता के हाथ से उसे मधुपर्क पात्र को अपने दाहिने हाथ से बाएं हाथ में ग्रहण कर ले फिर विनियोग ले-

ॐ नमः श्यावेति प्रजापतिर्ऋषि गायत्री छंदः सविता देवता मधुपर्कालोडने विनियोगः।

मधुपकर्क आलोडन का मंत्र

ॐ नमः श्यावास्यायान्नशने यत्त आविद्धं तत्ते निष्कृन्तामिति-

इस मंत्र को पढ़कर अनामिका और अगूंठे से तीन बार प्रदक्षिणा क्रम से आलोडन कर और अनामिका व अंगूठे से पृथ्वी पर कुछ-कुछ तीन बार मधुपर्क गेरे-

पुनः विनियोग हाथ में लें-

ॐ यन्मधुनोइत्यस्य कौत्सर्ऋषि जगती छन्दो मधुपर्को देवता मधुपर्क प्राशने विनियोगः।

फिर नीचे लिखे मंत्र से मधुपर्क को 3 बार पिये।

ॐ यन्मधुनो मधव्यं परम ॐ रूपमन्नाद्यं तेनाऽहंमधुनो मधव्येन परमेण रूपेणान्नाद्येन परम मधव्योऽन्नादोऽसानि।

पुनः वर हाथ धोकर निम्नलिखित मंत्रों को बोलता हुआ अपने अंगों को स्पर्श करें जिसको अंगन्यास कहते है।

ॐ वाङ्मे आस्येऽस्तु। अंगुलियां से मुख स्पर्श करें।

ॐ नसोर्मे प्राणोऽस्तु। नासिका को।

ॐ अक्ष्णोर्मे चक्षुरस्तु। आंखों को।

ॐ कर्णयोर्मे श्रोत्रमस्तु। कानों को।

ॐ बाह्वोर्मे बलमस्तु। बाहों को।

ॐ ऊर्वोमे ओजोऽस्तु। जंघाओं को।

ओं अरिष्टानि मेऽङ्गानितनूस्तन्वामे सह सन्त।

समस्त शरीर का स्पर्श करें।

अथ गौदानम् विधि

ॐ गौ गौं गौं:।

यह गौ है, गौ है, यह गौ है ऐसा किसी व्यक्ति के कहने पर यजमान स्वयं भी ऊपर लिखित पंक्ति को बोले तदनन्तर यजमान विनियोग ग्रहण करें।

ॐ मातारूद्राणामिति वामदेव ऋषि य जुष्छंदो गौ देवता अभिमन्त्रेण विनियोगः।

अर्थ

माता रूद्राणां इति मन्त्र का ब्रह्मा ऋषि त्रिष्टुपछन्द शौरिदेवता अभिमंत्रेण में विनियोग है।

इस तरह विनियोग छोड़कर कन्या पिता तथा वर हाथ में मोली का लम्बा धागा अथवा दर्भा का तिनका पकड़ कर नीचे लिखे मंत्र को दोनों ही बोलें-

मंत्र

**ॐ माता रूद्राणां दुहिता वसूनां स्वसादित्या-
नाम मृतस्य नाभिः। प्रणवोचं चिकितुषे जनाय
मा गामनागामदितिं वधिष्ठ। मम च अमुक-
शर्मणः (वर्मणो गुप्तस्य वा) यजमानस्य च
उभयोः पाप्माहतः ॐ उत्सृजत इति उपांशुः
पठित्वा तृणान्युच्चैरूच्चार्य।**

पश्चात् उस तृण अथवा मोली को तोड़ दें।

यहां वर के लिए कन्या पिता गोदान करें अथवा गो मूल्य का दान करें।

गोदान हेतु यजमान संकल्प

ॐ अद्येत्यादि अमुकगोत्रोऽमुकशर्माहं महापातक निवृत्तिपूर्वक श्रुत्युक्त फलप्राप्त्यर्थ स्वकीय कन्योद्वाहे मधुपर्क सम्बन्धि गोप्रतिनिधि-भूतमिदं द्रव्यं श्री विष्णुरूपामुक शर्मणे वराय तुभ्यमहं संप्रददे।

ऐसा कहकर द्रव्य के साथ दें दें।

अथ अग्नि स्थापनम्

अग्नि स्थापन के पूर्व आचार्य एवं अन्य ब्राह्मण हवन वेदिका में जो की तुष, केश, शर्करादि रहित हो अर्थात् शुद्ध एवं साफ मिट्टी से बनायी हुई हो, समचोरस हो, ऐसी वेदी का कुशाओं से परिसमूहन (सफाई) करें।

और उन कुशाओं को ईशान कोण में त्याग दें। गोबर एवं जल से उनको ली तदन्तर 'स्फे' (यज्ञपात्र) अथवा स्रुवा मूल से जिसका आगे का हिस्सा पूर्व दिशा में हो, प्रादेश मात्र (अंगूठे एवं तर्जनी तक के विस्तार को प्रदेश मात्र कहते हैं)

दक्षिण से उत्तर की तरफ तीन रेखायें खींचे, जो कि रेखायें तीनों ही प्रायः पश्चिमान्त हो। जिस प्रकार रेखायें खेंची गयी है उनमें से अनामिका अंगुष्ठ के संयोग से मिट्टी निकाल दें। रेखाओं में अभ्युक्षण कर। तदन्तर चुपचाप कांस्यपात्र में अग्नि को अग्निकोण से लाकर प्राङ् मुख होकर पश्चिम दिशा में रख दें। इसके बाद इस अग्नि की रक्षा के लिए कुछ यज्ञीय काष्ठादिक वेदी पर लगाकर क्रव्यादांश (अग्नि का कुछ हिस्सा) नैर्ऋत्य कोण में छोड़कर शेष अग्नि को वेदी में स्थापित कर दें। जिस पात्र से अग्नि लायी गई है उस पात्र में तुरन्त जलाशय गंधादि डाल दें। तदन्तर हाथ में अक्षत लेकर नीचे लिखी पंक्तियों को बोलकर अक्षत अग्नि में डाल दें।

घट विवाह में कुशकाण्डिकाविधान विस्तार से

ततोऽग्नेरुत्तरतः पश्चिमभागे प्रणीतापात्रं पुरतः। पात्रें जलं प्रपूर्य। कुशैराच्छाद्य। ब्रह्मणो मुखमवलोक्य। अग्नेरुत्तरतः कुशोपरि निदध्यात्।

प्रणिता पात्र में जल पूरे, कुशा से ढके, ब्रह्मा को दिखाकर अग्नि के उत्तर में कुशासन पर स्थापित करें।

परिस्तरणम्-64 कुशा लेवे। चतुर्थ अर्थात् 16 कुश लेवें।

बर्हिषश्चतुर्थभागं षोड़शदर्भरूपं आदाय। चतुर्भिद भैंराग्नेया दीशानन्तमुत्तराग्रै।

अग्निकोण से ईशान तक 4-4 कुशाओं का अग्रभाग उत्तर की ओर करते हुए बिछायें।

उदगग्रैर्नैर्ऋत्या-द्वायव्यान्तम्

अथपात्रासादनम्

ततोऽग्नेरुत्तरतः पश्चिमदिशि पवित्रच्छेदनार्थं कुशत्रयम्। पवित्रार्थ साग्रमनन्दर्गभ कुशपत्रद्वयम्। प्रोक्षणीपात्रम् आज्यस्थाली। संमार्जनार्थं कुशत्रयम् उपयमनार्थं कुशत्रयम् वा पञ्चम।। तिस्त्रः समिधः। स्रुवः गव्यमाज्यम्। तण्डुलाद्यन्नपूर्णपात्रं एतानि वस्तुनि पवित्रच्छेदन कुशानां पूर्व दिशिक्रमेणाऽऽसादनीयानि।

शमीपत्र मिश्रित लाजा, खाजा, उपलं, शूर्पं सर्व वस्तूनि संगृह्य।

अग्नि से उत्तर पश्चिम दिशा में पवित्राच्छेदनार्थ 3 कुशा। पवित्र के लिये मध्यकुशा रहित अग्रभाग सहित लंबी-लम्बी 2 कुशायें, प्रोक्षणी पात्र। घृणपात्र, स्त्रुवा, समार्जनं हेतु 3 कुशाएं हाथ में रखने के लिए 3,5,7 उपयमन कुशाएं वेणीरूप झुकी हुई। 3 समिधायें। चावलों से भरापूर्ण पात्र, चावलों की खीलें, अर्थात् सिककर खिला हुआ अन्न अभाव में ज्वार मक्की के फूले ले सकते हैं) शमीपत्र (खेजड़ी के पत्ते) शूर्प भी रखें। पर्वतफल, उपले सभी पास में रखे।

पश्चात् पवित्रच्छेदनार्थं कुशत्रयं दक्षिणहस्ते, पवित्रार्थं साग्रमनंतगर्भ कुशद्वयं व वामहस्ते धृत्वा। प्रादेशमात्रं संमाप्य। कुशत्रयेण कुशद्वयंस्य छेदनं कुर्यात्।

पवितार्थ अग्रभागयुक्त लंबी-2 कुशाएं बायें हाथ में लेवें तथा पवित्र छेदनार्थ 3 कुशाओं को दाहिने हाथ में लेकर प्रादेशमात्र जगह छोड़कर 2 कुशाओं पर तीन कुशाओं से आंटे देवे और खेंचकर कुशद्वय को काट कर दोनों कुशाओं को अग्रभागयुक्त गहन कर लेवे।

अवशिष्ट कुशद्वयाग्रभागं गृहीत्वा तं प्रणिता पात्रे निधाय।

बचे हुए अग्रभागयुक्त कुशद्वय को प्रणीता पात्र पर रख दे। तीन कुशाओं को फेंक दें।

ततः सपवित्रकरेण प्रणितोदकं त्रिः प्रोक्षणी पात्रे निधायः।

प्रणीता पर रखी दोनों पवित्रियों से प्रणीता का जल 3 बार प्रोक्षणी पात्र में डालें।

ततः प्रोक्षणी पात्रं वामहस्ते धृत्वा। अनामिकांगुष्ठाभ्यां उत्तराग्रे पवित्रे त्रिरुद्दिगनम्।

फिर प्रोक्षणी पात्र को बाएं हाथ में लेवे, दोनों पवित्रियों को अनामिका अंगुष्ठ

से पकड़े उनका अग्रभाग उत्तर की ओर रखते हुए प्रोक्षणी के जल को 3 बार ऊपर उछालें।

प्रणीतोदकेन प्रोक्षणी प्रोक्षणाम्।

प्रणीता के जल से प्रोक्षणी का प्रोक्षण करे।

प्रोक्षणी जलेन सर्ववस्तु प्रोक्षणम्।

प्रोक्षणी के जल से सभी वस्तुओं का प्रोक्षण कर, पवित्र करे।

पुनः प्रोक्षणीत्रं सपवित्रं स्वस्थाने (अग्निप्रणीतायोर्मध्ये) निदध्यात्।

प्रोक्षणी पात्र को अग्नि एवं प्रणीता के बीच में रख देवे।

ततः आज्यस्थाल्या माज्यं निरूप्य। अङ्गारानुत्तरतोऽपोह्य तेषां आज्यस्थालीं संस्थाप्य।

घी के पात्र में घी भर ले उसको उत्तरी वायव्य दिशा में इकट्ठे किए अंगारों पर रखें। आधा घी पिघलने देवें। इसके बाद-

ततः तृणं प्रज्वलप्य आजस्य समन्तात्प्रदक्षिणं भ्रामयित्वा वह्नौ प्रक्षिप्य। इतरथावृत्ति कुर्यात्।

जलते हुए तृणादि को आज्य पर घूमाकर अग्नि पर डाल देवे और उसी को उसी क्रम से वापस वहीं लावे।

ततो दक्षिणहस्तेन स्रुवमादाय अधोमुखं स्रुवं त्रिः तापयित्वा।

दाहिने हाथ में स्रुव लेवे उसको अधोमुख करके अग्नि पर 3 बार तपाये अर्थात् अधोमुख अग्रभाग से लेकर मूल भाग तक अग्नि पर 3 बार तपाये।

वामहस्ते स्रुवमूर्ध्वमुखं कृत्वा दक्षिण हस्तेन समार्जनकुशानामग्रैरन्तरतो मूलैर्ब्राह्यतः स्रुवं सम्मृज्य।

समार्जन कुशों के अग्रभाग से स्रुव के मूल मध्य एवं अग्र भाग का समार्जन करे।

तानकुशानग्नौ प्रक्षिप्य।

जन कुशाओं को अग्नि में डाल देंवे।

प्रणीतोदकेनाभ्युक्ष्य कुशोपरि निदध्यात्

स्त्रुव पर प्रणीता के जल से छींटे देकर कुशा पर रख दें।

ततः आज्यमुत्तार्य उत्तरतः स्थापयित्त्वा। हस्तद्वयस्याऽनामि-काङ्गुष्ठाभ्यामुत्तराग्रे पवित्रे गृहीत्वा आज्य 'त्रिरुत्पूय'।

घृत को अग्नि से उतारकर उत्तर की तरफ रखें। दोनों हाथों से अनामिका अगुंष्ठ से पवित्री लेकर पवित्रियों का मुंह उत्तर की तरफ रखते हुये घी को 3 बार ऊपर उछालें।

अपद्रव्यं स्यात्तन्निरसनम्।

घी के अन्दर कृमि कीटादि अशुद्ध हो तो निकाल देवे।

प्रोक्षणी के जल से छींटे देवे। पवित्रियों को प्रोक्षणी पर रख देवे।

ततो उपयमन कुशानादाय वामहस्ते धृत्वा उत्तिष्ठन्, प्रजापतिं मनसा ध्यात्वा। घृताक्ताः प्रागग्रास्तिस्त्रः समिधस्तूष्णीमग्नौ क्षिपेत्।

ॐ समिधोऽभ्यादाय स्वाहा। (इति उच्चारयेत्)

5 या 7 लंबी उपयमन कुशाओं को बाएं हाथ में खड्ग की तरह धारण करें। प्रादेश मात्र 3 समिध लेवे उनको घी में भिगावें या उनका अग्रभाव भिगावे।

समिधाओं का मुंह पूर्व की तरफ रखते हुए प्रजापति का ध्यान करते हुए चुपचाप अग्नि में होम देवे। इसके साथ ही कहे-॥**ॐ समिधोऽभ्यादाय स्वाहा॥**

तत उपविश्व सपवित्र प्रोक्षण्युदकेन ईशानाद्युत्तरपर्यन्तं प्रदक्षिण क्रमेण अग्निं पर्युक्ष्य। पवित्रे प्रणीतापात्रे निदध्यात्।

पश्चात् बैठकर पवित्र प्रोक्षणी के जल से ईशान से प्रारंभ कर उत्तर तक प्रदक्षिणा धारा देवे प्रोक्षणी पात्र को अग्नि व प्रणीता के बीच स्थापित करे। पवित्रियों को प्रणीता पर रख देवें।

ततः पातितदक्षिणजानुः ब्रह्मणाऽन्वारब्धः। स्रुवेण आहुतिं दद्यात्। शेषं च प्रोक्षण्यां त्यजेत्।

कहीं-कहीं योजक नाम की विवाहाग्नि का पूजन आज्यहोम के पहिले लिखा है-परन्तु विवाहग्नि का पूजन आधार होम के बाद ही करना चाहिए यही तंत्रोक्त है व शास्त्रोक्त है।

अग्नि को सन्मुख करने का मंत्र

अग्ने योजक नामक शाण्डिल्य गोत्र शाण्डिल्यासित देवलेति त्रिप्रवरान्वित भूमिमातः वरूणपिताः मेषध्वज प्राड़ मुखं ममं संमुखो भवः। विवाहे योजकनाम्ने, वैश्वानराय नमः। सर्कोपचारार्थे, गंधाक्षत, पुष्पादीभि समर्पयामि।

इस तरह योजन नामक अग्नि की स्थापना करें। इसके अतिरिक्त अग्नि को लाते ही जो नैऋत्य में 'क्राव्यादांश छोड़ा गया था। उनकी भी ''ॐ फट्'' इस मंत्र के उच्चारण के साथ गंधाक्षत से पूजा भी कर दें। स्रुवे को गंधाक्षत चढ़ावें, मौली बांधे।

यजमान दक्षिण जंघा को मोड़कर ब्रह्मा की कुशा या मौली अन्वारब्ध कर, मौन होकर स्रुव से अग्नि में घृत की आहुति देवे। स्रुव के शेष घी का त्याग प्रोक्षणी पात्र में कराये।

नोट-विवाह में काले तिल का प्रयोग अशुभ माना है। वैधव्य कारक माना है। अतः आज्य व हवनपुड़ा शर्करा धूप से ही करना चाहिए। वर आहुति देवे तो घी की देवे। परन्तु यजमान घी की आहुति देवे तो यजमान पत्नी की शाकल्य में हवनपुड़ा, कर्पूर, खोपरा, कमलगट्टा, शर्करा इत्यादि होनी चाहिए।

अथ आज्य होमः

स्रुवे को वायव्य से अग्निकोण तक घुमाते हुए।

ॐ प्रजापतये स्वाहा। इदं प्रजापतये न मम॥

स्रुवे को नैऋत्य कोण से ईशान तक घुमाते हुए

ॐ इन्द्राय स्वाहा। इदम् इन्द्राय न मम॥ (इत्याधारौ)

(अग्निस्य दक्षिण नेत्रे-ईशाने)

ॐ अग्नेय स्वाहा। इदमग्नये न मम॥

(अग्निस्य वाम नेत्रे-अग्निकोणे)

ॐ सोमाय स्वाहा। इदं सोमाय न मम॥

(अग्निस्य मध्य नेत्रे-पूर्वे)

ॐ अग्नि सोमाभ्यां स्वाहा। इदं अग्निसोमाभ्यां न मम॥

इत्याज्य भागौ

अग्निस्य मुख-मध्ये

ॐ अग्नि स्विष्टकृते स्वाहा। इदं स्विष्टकृते न मम॥

(अन्वारब्ध हटाकर अग्नि का पूजन करे। शान्ति के वरदाम्ने वैश्वानराय एवं विवाहे योजकनाम्ने वैश्वानाराय नमः)

अथ प्रायश्चित्ताहुतयः

निम्न मंत्रों से अग्नि में हवन करें-

ॐ भूः स्वाहा इदमग्नये न मम। (अग्नि हेतु)

ॐ भुवः स्वाहाः इदं वायवे न मम। (वायु हेतु)

ॐ स्वः स्वाहा इदं सूर्याय न मम। (सूर्य हेतु)

(यह महाव्याहृति है)

ॐ त्वन्नोऽअग्ने वरूणस्य विद्वान् देवस्य हेडो अवयासिषीष्ठाः। यजिष्ठो वन्हितमः शोशुचानो विश्वा द्वेषां ँ सि प्रमुमुग्ध्यस्मत् स्वाहा॥ इदमग्नि वरूणाभ्यां न मम।

ॐ त्वन्नो अग्नेऽवमो भवोतो नेदिष्ठोऽअस्या उषसो व्युष्टौ। अव यक्ष्व नो व्वरूणं रराणोव्वीहि मृडीकं सुहवों न एधि स्वाहा ॥2॥

इदमग्नि वरूणाभ्यां न मम।

ॐ अयाश्चाग्नेऽस्य नभिशास्तिपाश्च सत्वमित्व मया असि। अयानो यज्ञं वहास्य यानो धेहि ॳ भेषज स्वाहा॥3। इदमग्निये अयसे न मम।

ॐ ये ते शतं वरुण ये सहस्त्रं यज्ञियाः पाशा वितता महान्तः। तेभिर्न्नोऽद्य सवितोत विष्णुर्विश्वे मुञ्चन्तु मरूतः स्वर्काः स्वाहा॥4॥ इदं वरूणाय सवित्रे विष्णवे विश्वेभ्यो देवेभ्यो मरूद्भ्यः स्वर्केभ्य न मम।

ये आहुतियां वरुण, सूर्य, श्री विष्णु,विश्वदेव, मरूद्गणों के लिए है।

ॐ उदुत्तमं वरुण पाशमस्त दबाधमं विमध्यम ॳ श्रथाय। अथा वयमादित्य ब्रते तवानागसोऽअदितये स्याम स्वाहा॥5॥ इदं वरुणाय दित्याया दितये न मम।

एताः सर्वप्रायश्चित संज्ञकाः

ये सब प्रायश्चित संज्ञक आहुतियां है। तदन्तर फिर आहुति दे (अन्वारब्ध के बिना)

ॐ प्रजापतये स्वाहा, इदं प्रजापतये न मम।

ॐ अग्नये स्विष्ट स्वाहा इदं स्विष्ट कृते।

इस तरह इन दो आहुतियां को देकर स्रुवा के जल का स्पर्श कर देना चाहिए।

अथ राष्ट्रभृतहोमः

ये निम्नलिखित बारह आहुतियां राष्ट्रभृत नामक है राष्ट्रभृत होम विवाह की खुशहाली के लिए अत्यन्त आवश्यक है।

मंत्राः

ॐ ऋताषाड् ऋतधामाग्निर्गन्धर्वः स न इदं ब्रह्म क्षत्रं पातु तस्मै स्वाहा वाट्॥ इदमृतासाहे ऋतधाम्नेऽग्नये गंधर्वाय।

ॐ ऋताषाड् ऋत धामाग्नि गन्धर्वस्तस्यौषधयोऽ प्सरसो मुदा नाम ताभ्यः स्वाहा। इदमोषधिभ्यो ऽप्सरोभ्योमुद्भवश्च॥2॥

ॐ स ॳ हितो विश्वसामा सूर्य्यो गन्धर्व्वः

स न इदं ब्रह्मा क्षत्रं पातु तस्मै स्वाहा वाट्॥

इदं स हिताय विश्व साम्ने सूर्याय गन्धर्वाय॥ 3॥

ॐ सॳहितो विश्वसामा सूर्य्यो गन्धर्वस्तस्य मरीचयोऽसरस आयुवो नाम ताभ्यः स्वाहा। इदं मरीचिभ्योऽप्सरोभ्यो आयुवोभ्यः॥4॥

ॐ सुषुम्णः सूर्य्यरश्मिश्चन्द्रमा गन्धर्वः स न इदं ब्रह्मा क्षत्रं पातु तस्मै स्वाहा वाट्॥ इदं सुषुम्णाय सूर्यरश्मये चन्द्रमसे गन्धर्वाय॥5॥

ॐ सुषुम्णः सूर्य्यरश्मिश्चन्द्रमा गन्धर्वस्तस्य नक्षत्राण्यप्सरसो भेकुरयो नाम ताभ्यः स्वाहा॥ इदं नक्षत्रेभ्योऽप्सरोभ्यो भेकुरिभ्यः॥6॥

ॐ इषिरो विश्वव्यचा वातो गन्धर्वः स न इदं ब्रह्म क्षेत्रं पातु तस्मै स्वाहा वाट्॥ इदं मिषिराय विश्वव्यचसे वाताय गंधर्वाय॥7॥

ॐ इषिरो विश्वव्यचा वातो गन्धर्वस्तस्यापो अप्सरस ऊर्ज्जो नाम ताभ्यः स्वाहा। इद्मद्भ्योऽप्सरोभ्यः ऊग्भ्र्यः ॥8॥

ॐ भुज्युः सुपर्णो यज्ञो गंधर्वः सन इदं ब्रम्ह क्षत्रं पातु तस्में स्वाहा वाट। इदं भुज्यवे सुपर्णाय यज्ञाय गन्धर्वायं॥9॥

ॐ भुज्युः सुपर्णो यज्ञो गन्धर्वस्तस्य दक्षिणा अप्सरसस्तावा नाम ताभ्यः स्वाहा॥ इदं दक्षिणाभ्यो अप्सरोभ्य स्तावाभ्यः।10॥

ॐ प्रजापतिर्विश्वकर्मा मनो गंधर्वः स न इदं ब्रह्म क्षत्रं पातु तस्मै स्वाहा वाट्॥ इदं प्रजापतये विश्वकर्मणे मनसे गन्धर्वाय॥11॥

ॐ प्रजापतिर्विश्वकर्म्मा मनो गन्धर्वस्तस्यऽऋक्सामान्यप्सरस एष्टयो नाम ताभ्याः स्वाहा। इदं ऋक्सामेभ्योऽप्सरोभ्यः एष्टिभ्य॥12।

इति राष्ट्रभृत होम

अथ जया होमः

इसी तरह जयाहवन करना चाहिए।

ॐ चित्तं च स्वाहा; इदं चित्ताय।1।

ॐ चित्तिश्व स्वाहा, इदं चित्यै।2।

ॐ आकूतं च स्वाहा इदं आकूताय।3।

ॐ आकूतिश्च स्वाहा इदमाकूत्ये।

ॐ विज्ञातं च स्वाहा इदं विज्ञाताय

ॐ विज्ञातिश्च च स्वाहा इदं विज्ञात्यै।

ॐ मनसश्च स्वाहा इदं मनसे।

ॐ शक्वरीश्च स्वाहा इदं शक्वरीभ्यः।

ॐ दर्शश्च स्वाहा इदं दर्शाय।

ॐ पोर्णमास्ञ्च स्वाहा इदं पौर्णमासाय।

ॐ बृहच्च स्वाहा इदं बृहते।

ॐ रथतरञ्च स्वाहा इदं रथंतराय।

ॐ प्रजापतिर्जयानिन्द्राय वृष्णे प्रायच्छदुग्रः पृतनाजयेषु। तस्मै विशः समनमनंत सर्वाः स उग्रः स इहव्यो बभूव स्वाहा इदं प्रजापतये जयानिन्द्राय॥

(इति जया होमः)

अथ अभ्यातान नाम होमः

ॐ अग्निर्भूतानामधिपति स मावत्वस्मिन् ब्रह्मण्यस्मिन् क्षत्रेस्यामा शिष्यस्यां पुरोधायामस्मिन्कर्मण्यस्यां देव हूत्यां ॐ स्वाहा। इदमग्नये भूतानामधिपतये

ॐ इन्द्रों ज्येष्ठानामधिपतिः स मावत्वस्मिन् ब्रह्मण्यस्मिन् क्षत्रेस्यामा शिष्यस्यां पुरोधायामस्मिन् कर्मण्यस्यां देवहूत्या ॐ स्वाहा।1।।

इन्द्रमिन्द्राय ज्येष्ठानामधिपतये न मम।

ॐ यमः पृथिव्या नामधिपतिः स मावत्वस्मिन् ब्रह्मण्यस्मिन् क्षत्रेस्यामा शिष्यस्यां पुरोधायाम स्मिन कर्मण्यस्यां देवहूत्या ॐ स्वाहा। इदं यमाय पृथिव्या नाम अधिपतये न मम।

अथ प्रणीतोदक स्पर्श

ॐ वायुरन्तरिक्षस्याधिपतिः स माऽवत्वस्मिन् ब्रह्मण्यस्मिन् क्षत्रेस्यामा शिस्यस्यां पुरोधायामस्मिन् कर्मण्यस्यां ॐ देवहूत्या स्वाहा।। इदं वायवेन्तरिक्षस्याधिपतये न मम।।4।।

ॐ सूर्यो दिवो अधिपतिंः स मावत्वस्मिन् ब्रह्मण्यस्मिन् क्षत्रेस्यामा शिष्यास्यां पुरोधायामस्मिन् कर्मण्यस्यां देवहूत्याॐ स्वाहा। इदं सूर्याय दिवोधिपतये न मम ।।

ॐ चन्द्रमा नक्षत्राणामधिपतिः स मावत्वस्मिन् ब्रह्मण्यस्मिन् क्षत्रे स्यामा शिष्यस्यां पुरोधायामस्मिन् कर्मण्यस्यां देहूत्या ॐ स्वाहा। इदं चन्द्रमसे नक्षत्राणामधिपतये न मम।6।

ॐ बृहस्पतिर्ब्रह्मणो अधिपतिः स मावत्वस्मिन् ब्रह्मण्यस्मिन् क्षत्रेस्यामा शिष्यस्यां पुरोधायामस्मिन् कर्मण्यस्यां देवहूत्या ॐ स्वाहा। इदं बृहस्पतये ब्रह्मणोधिपतये न मम।।7।।

ॐ मित्रः सत्यानामधिपतिः स मावत्वस्मिन् ब्रह्मण्यस्मिन् क्षत्रेस्यामा शिष्यस्यां पुरोधायामस्मिन् कर्मण्यस्यां देवहूत्या ॐ स्वाहा। इदं मित्राय सत्यानामधिपतये न मम।।8।।

ॐ वरूणो अपामधिपतिः स मावत्वस्मिन् ब्रह्मण्यस्मिन् क्षत्रेस्यामा शिष्यस्यां पुराधायामस्मिन् कर्मण्यस्यां देवहूत्या ॐ स्वाहा।। इदं वरूणाय अपामधिपतये न मम।।9।।

ॐ समुद्रः स्रोत्यानामधिपतः स मावत्वस्मिन् ब्रह्मण्यस्मिन् क्षत्रेस्यामा शिष्यस्यां पुरोधायामस्मिन् कर्मण्यस्यां देवहूत्यां ॐ स्वाहा ।। इदं समुद्राय सोत्यानामधिपतयेः न मम।।10।।

ॐ अन्न ॐ साम्राज्या नामधिपतिः स मावत्वस्मिन् ब्रह्मण्यस्मिन् क्षत्रे

स्यामा शिष्यस्यां पुरोधाया अस्मिन् कर्मण्यस्यां देवहूत्या ॐ स्वाहा।। इदं मन्नाया साम्राज्यानामधिपतये: न मम।।11।।

ॐ सोम ओषधीनामधिपतिः स मावत्वस्मिन् ब्रह्मण्यस्मिन् क्षत्रे स्यामा शिष्यस्यां पुरोधायामस्मिन् कर्मण्यस्यां देवहूत्या ॐ स्वाहा।। इदं सोमाय ओषधीनामधिपतये न मम।।12।।

ॐ सविता प्रसवानमधिपतिः स मावत्वस्मिन् ब्रह्मण्यस्मिन् क्षत्रेस्यामाशिष्यस्यां पुरोधायामस्मिन् कर्मण्यस्यां देवहूत्या स्वाहा ।। इदं सवित्रे प्रसवानामधिपतये न मम।13।।

ॐ रूद्रः पशूनामधिपतिः स मावत्वस्मिन् ब्रह्मण्यस्मिन् क्षत्रेऽस्यामा शिष्यस्यां पुरोधायास्मिन् कर्मण्यस्यां देवहूत्या स्वाहा।। इदं रूद्राय पशूनामधिपतये न मम।।14।।

अन्न प्रणीतोदक स्पर्श

ॐ त्वष्टा रूपाणमधिपतिः समावत्वस्मिन् ब्रह्मण्यस्मिन क्षत्रे स्यामा शिष्यस्यां पुरोधायामस्मिन' कर्मण्यस्यां देवहूत्या ॐ स्वाहा।। इदं त्वष्ट्रेरूपाणमधिपतये न मम।।15।।

ॐ विष्णु पर्वतानामधिपतिः स मावत्वस्मिन' ब्रह्मण्यस्मिम' क्षत्रे स्यामा शिष्यष्यां पुरोधायामास्मिन' कर्मण्यस्यां देवहूत्या ॐ स्वाहा।। इदं विष्णवे पर्वतानामधिपतये न मम।।16।।

ॐ मरूतोगणानामधिपतये: समावत्वस्मिन् ब्रह्मण्यस्मिन' क्षत्रेऽस्यामा शिष्यस्यां पुरोधायामस्मिन कर्मण्यस्यां ॐ देवहूत्या ॐ स्वाहा।। इदं मरूद्भ्योः गणानामधिपतिभ्योः।।17।।

ॐ पितरः पितामहाः परेवरे ततास्ततामहा इदमावत्वस्मिन् ब्रह्मण्यस्मिन् क्षत्रेस्यामाशिष्य स्यां पुरोधायामस्मिन् कर्मण्यस्यां देवहूत्या ॐ स्वाहा। इदं पितृभ्यः पिता महेभ्य परेभ्यो वरेभ्यस्ततेस्तता महेभ्यश्च न मम।।18।।

अन्न प्रणीतोदकस्पर्शः, इत्याभ्यातान नाम होमः।

यहां भी प्रणीतोदक का स्पर्श करना चाहिए।

अथाज्याहोमः

उपर्युक्त की भांति निम्नलिखित मंत्रों से भी आहुति देनी चाहिए।

ॐ अग्निरैतु प्रथमो देवताना ॐ सौऽस्यैप्रजा मुञ्चतु मृत्युपाशात्। तदय ॐ राजा वरूणोऽनुमन्यतां यथेय ॐ स्त्री पौत्रमयन्न रोदात् स्वाहा।

इदमग्नेय इदं न मम।। ॐ इमामग्नि स्त्रायतां गार्हपत्यः प्रजामस्यै नयतु दीर्घमायुः। अशुन्योपस्था जीवतामस्तु माता पौत्रमानन्दमभि विबुध्यतामियॐ स्वाहा इदमग्नये इदं न मम।।

ॐ स्वस्ति नोऽअग्ने दिवाऽआ पृथिव्या विश्वानि धेहयऽयथा यजत्र। यदस्यां महि दिवि जातं प्रशस्तं तदस्मासु द्रविणं धेहि चित्र ॐ स्वाहा। इदमग्नये इदं न मम।3।

ॐ सुगन्नु पंथां प्रदिशन्न एहि ज्जोतिस्मध्येह्यजरन्न आयु:। अपैतु मृत्युरमृत आगाद्वैतस्वतो नोऽअभयं कृणोतु स्वाहा। वैवस्वताय न मम।4।

(अथान्तुपटम् तूष्णीम्)

वर-वधू के आगे अंतर्पट (वस्त्र) रखकर मौन होकर आहूति दें।

ॐ परं मृत्यो अनु परेहि पंथां यस्ते नो इतरो देवयानात्। चक्षुष्मते श्रृण्वते वे ब्रवीमि नः प्रजा ॐ रीरिषो मोत वीरान् स्वाहा। इदं मृत्य न मम।5॥

अन्न प्रणीतोदकस्पर्शः।

सर्व प्रथमा कन्या तथा खड़े हो जाएं। कन्या का मुख पूर्व दिशा में हो तथा अपने हाथों की अंजली बनाले। (चौड़ा हाथ कर ले) उसी प्रकार वर भी थोड़ा सा कन्या के पीछे दक्षिण की ओर झुकाव रखकर अपने हाथों की अंजली बनाकर खड़ा हो जाए एवम् इनके पीछे कुमारी भ्राता को भी अंजली बनाकर खड़ा कर देना चाहिए।

तदन्तर कुमारी भ्राता पूर्व तैयार किए खेजड़े (शमीवृक्ष) की पत्तियां पलाश त्रों तथा चावलों की खीलों (लाजा) को घृतसिक्त करके नूतन शूर्पकोण (याज्ञीय पात्र अथवा अभाव में आरा की छाबड़ी) में चार हिस्से करके प्रथम भाग को अपनी अंजली में ग्रहण कर कुमारी की अंजली में क्रमशः देता जाए जिनका कन्या अग्नि में हवन करें। इस तरह यह हवन क्रम विनियोग सहित तीन बार होना चाहिए।

हवन के पूर्व विनियोग कन्या को करना चाहिए।

ॐ अर्यमणमिति मन्त्रस्य अथवर्ण ऋषिरग्नि देवताऽनुष्टुप् छन्दो लाजा होमे विनियोगः।

अर्थ

अर्यमणं इस मंत्र का अथर्वण ऋषि अग्नि देवता अनुष्टुप छन्द लाजाहोम में विनियोग है।

मंत्र

ॐ अर्यमणां देवं कन्या अग्निमयक्षत।
स नो अर्यमा देवः प्रेतो मुञ्चतु मा पतेः स्वाहा।
इदं अर्यमणे न मम॥

(इस मंत्र से अंजलिस्य लाजा का तृतीयांश हवन करे)

ॐ इयं नार्य्युपब्रूते लाजानावपंतिका।
आयुष्मानस्तु में पतिरेधन्तां ज्ञातयो मम स्वाहा॥

(इस मंत्र से आधा लाजा हवन करे) लाजा हवन में उत्तम सन्तति की प प्राप्ति हेतु अनिवार्य है।

आचार्यदक्षिणा का संकल्प

अद्य कृतैतत् विवाह हवन कर्मणि आचार्य कर्म प्रतिष्ठार्थमिदं हिरण्यमग्नि दैवत द्रव्यं अमुक गोत्रेत्पन्नामुक शर्मणे ब्रह्मणाय दक्षिणां तुभ्यमहं संप्रददे।

अथ प्रणीताविमोक

यहाँ प्रणीता पात्र को ब्राह्मण आपने वाम (बायें) हाथ में लेकर दक्षिण हाथ से जो कि प्रणीता में पवित्री रखीं हुई है उससे नीचे लिखे मंत्रो को बोलते हुए वर-वधु तथा यजमान व यजमान पत्नी के मस्तक पर अभिषेक करे।

अभिषेक मंत्राः

ॐ सुमित्रया न आपः औषधयः सन्तु।

(इस मंत्र से शिर पर अभिषेक करना चाहिए)

यथा-**ॐ दुमित्रियास्तस्मे सन्तु योऽस्मान् द्वेष्टि, यन्तु वयं द्विष्मः।**

ऐसा बोलकर जलसहित प्रणीता को ईशान कोण में उलट करके रख दे और पवित्री को अग्नि में डाल दें।

बर्हिहोमः

इसी तरह वेदी के चारों ओर बिछाई गई दर्भा का अग्नि में हवन करदे, घृत में मिला कर, साथ ही निम्नलिखित मन्त्र बोलें।

ॐ देवा गातु विदोगातु वित्वागातु मित मनसस्पत इमं देव यज्ञं स्वाहा वातेधाः स्वाहा इदं वाताय।

(इति बर्हिहोम)

तदन्तर यथा शक्ति ब्राह्मण भोजन का संकल्प करना चाहिए इसके अतिरिक्त, शिष्टाचार प्राप्त तिलक, मोली बंधन, अक्षतादि धारण, ब्राह्मण आशीर्वाद ग्रहण मंगल पाठ, शान्ति पाठ यथा कुल तथा देशाचार जहां-जहां के जिस स्थान के हों, करने चाहिए। सौभाग्यवती सुवासिनी द्वारा कन्या के माता-पिता तथा वर वधु की आरती करानी चाहिए।

शास्त्रीय प्रमाणानुसार विवाह संस्कार नए भवन के वास्तु में पूर्णाहुति हवन नहीं हुआ करता। यथा-

विवाहादि क्रियायाञ्च शालायां वास्तु पूजने नित्ये होमे वृषोत्सर्गे पूर्णाहुति न कारयेत॥

अर्थात् विवाह संस्कारादि में पूर्णाहुति नहीं करनी चाहिए?

संस्त्रवप्राशन

यहां हुत शेष घृत का जो प्रोक्षणी पात्र में है दीर्घायु हेतु वर-कन्या को प्राशन कराना चाहिए।

वर कन्या हेतु आशीर्वचन

यहां आशीर्वाद देतें समय विद्वान् ब्राह्मणों द्वारा एवं कन्या परिवार के सदस्यों द्वारा हाथ में पुष्पाक्षत लेने चाहिए तथा मंगलाष्टक के प्रत्येक मंत्र पर वर-वधु पर पुष्पाक्षत छोड़ते रहना चाहिए।

मंगलाष्टक

हेरम्बो सुरपुजितो गुणमयो लम्बोदर श्रीयुते।
गण्डाख्यो गजकर्ण को गजमुखो गंभीर विद्या गुणो।।
गौर्या पुत्र गणेश्वरो हर सुतौ गोविन्द पूजा कृतोः।
यात्रा ज़न्म विवाह कार्य समये, कुर्यात् सदा मंगलम्।।
गौरी श्रीर दितिश्च कद्रु विनिता, सूतः सुवर्णा सुधा।
सावित्री च सरस्वती च सुभगा, सत्यव्रतारुंधती।।
स्वाहा जाम्बवती च रुक्म भगिनी, दुःस्वप्न विध्वांसिनी।
वेला चाम्बु निधे समीन मकरा, कुर्यात् सदा मंगलम्।।
नेत्राणाम् त्रितयम् शुभम् पशुपते, रग्नित्रयं पावनम्।
तद् विष्णोच पदत्रयम् त्रिभुवने, ख्यातं च रामत्रयम्।।
गंगावाह पथत्रयम्। सुविमलम्, वेदत्रयं ब्राह्मणाः।।
संध्यायाम् त्रितयम द्विजैरभिहितं, कुर्यात सदा मंगलम्।।3।।
गंगा गोमति गोपति गणपति, र्गोविन्द गोवर्धनो।
गीता गोमय गोर जो गिरिसुता गंगाधरो गौतमः।।
गायत्री गुरुडो गदाधर गया, गंभीर गोदावरी।
गान्धर्व गृहगोप गोकुल धर, कुर्यात् सदा मंगलम्।।
लक्ष्मी कौस्तुभ पारिजातक सुरा, धन्वन्तरिश्चन्द्रमाः।
गावः कामदुह्यौ सुरेश्वर गजो रम्भादि देवांगना।
अश्वः सप्तमुखः सुधा हरिधनुः, शंखो विषंचाम्बुजे।
रत्ना नीति चतुर्दशः प्रतिदिनम्, कुर्यात् सदा मंगलम्।।
गंगा सिन्धु सरस्वती च यमुना, गोदावरी नर्मदा।
कावेरी सरयू महेन्द्र तनया, चर्मण्वती वैदिका।।

क्षिप्रा वेत्रवती महासुरनदी, ख्याताचया गंडकी।
पूर्णापूर्ण जलैः समुद्र सहिता, कुर्यात् सदा मंगलम्॥
श्रीमत् पंकज विष्टरो हरिहरौ, वायुर्महेन्द्रो नलः।
चंद्रोभास्कर वित्तपाल वरुण प्रेताधिपादि ग्रहाः॥
प्रद्युम्नो नलकुबरौ सुरगुरुश् चिन्तामणिः कौस्तुभः।
स्वामी शक्ति धरश्च लांगुल धर, कुर्यात् सदा मंगलम्॥
वाल्मीकः सनकः सनंदन मुनि, र्व्यासो वसिष्ठो भृगु
र्जाबलि र्जमदग्नि जह्नु जनको, गर्गो गिरा गौतमः॥
मान्धाता ऋतु पर्ण वेन सगरो, धन्यो दिलीपो नलः।
पुण्यो धर्म सुतौ ययाति नहुषो, कुर्यात् सदा मंगलम्॥

ॐ प्रतिष्ठ कहकर अक्षत विष्णु और कन्या पर चढ़ावें। अंतर पट दिया हो तो उसे उठा दें। फिर एक लच्छा विष्णु स्थापित कलश के बांधकर कन्या के साथ उसका छोर बांधे, लच्छा लम्बा हो। फिर कन्या के पिता कन्यादान करें। हाथ में जल लेकर कहें-

ॐ श्री विष्णु र्विष्णुः र्विष्णु शुभपुण्य तिथौअस्याः

कन्याया विषाख्य योगजनन वैधव्य दोषापनुतये अन्य अरिष्टग्रहजनित दोष निवारणार्थ श्री विष्णु स्वरूपिणे कुंभाय श्री रूपिणी मिमां कन्यां तुभ्यमहं संप्रदहे।

फिर कन्या के दाहिने हाथ में संकल्प का जल रखकर वह हाथ कुम्भ पर विष्णु को तथा घट को छुआ दे और कहे-

गौरी कन्या मिमां लक्ष्णां यथाशक्ति विभूषिताम्।

ददामि विष्णावे तुभ्य सौभाग्यं देहि सर्वदा।

विष्णु रुपिणे कुम्भार्यमांकन्यां संप्रददे।

और कन्या को उन्हें समर्पित करे। हे विष्णु यह कन्या आपको समर्पित करता हूं। कन्या कलश के चार परिक्रमा करें। फिर भगवन के कंसार का नैवेद्य रखे, फिर वह कन्या इसे खावे। अन्य व्यक्तियों को भी खाने के लिए दे सकती है। इसके बाद कन्या को कलश के सामने बैठाकर शुद्ध जल लेकर पंच पल्लवों से पावमान सूक्त तथा शांति सूक्त ऋच वाचं के पढ़ते हुए आचार्य कन्या पर जल के छींटे दें। फिर आचार्यादि ब्राह्मणों के सामने कन्या तीन बार कहें -या उसके लिए अन्य व्यक्ति कहें-हे ब्राह्मणों, मैंने यह कुम्भ विवाह किया है इससे मैं अब सब दोषों एवं पापों से मुक्त हो गयी हूं। अन्य व्यक्ति हो तो वह कहे-हे ब्राह्मणों यह कन्या सब दोषो व पापों से निवृत्त हो चुकी है। इस प्रकार दो तीन बार कहें-फिर कन्या का बंधा हुआ लच्छा छोड़ दें। विष्णु प्रतिमा कन्या को दे जो अपने पास में रखें।

कभी-कभी पूजन दर्शन करे हो सके तो सावित्री व्रत करें। नित्य विष्णु सहस्त्र नाम का पाठ करें। मंदिरों में विष्णु दर्शन करती रहे। ये सब अपनी इच्छा पर निर्भर है। यदि कन्या विष्णु प्रतिमा पास में नहीं रख सके तो किसी अन्य को पवित्रता से रखने के लिए दे देवें। गणपति आदि विसर्जन के पश्चात् कुम्भ को जल में विसर्जन कर दें। अथवा कन्या सीने से लगाकर कुम्भ को फोड़ दें।

सीताराम विवाह शंखोच्चार

प्रथमजु सुमिरूं शारदा, ध्याऊं देव गणेश।
कोटि विघ्न टाले सदा, सुखदायक जु महेश।।1।।
रामचन्द्र के ब्याह को, वरणो शाखोच्चार।
नाम लेत रघुनाथ को, उधरें सब नरनार।।2।।
एक समय दशरथ गृह, विश्वामित्र मुनीश।
राम लखन सङ्ग लैन को, आये विश्वाबीस।।3।।
शीश नाय के जोरिके बोले दशरथ राय।
जो तुम मांगो ब्रह्म ऋषि सो देऊ चित्तलाय।।4।।
तबही विश्वामित्रजी, वचन राज के लीन्ह।
दशरथसुत सङ्ग लेयकर, यज्ञ पूर्ण करि दीन्ह।।5।।
दिन व्यतीत बहुत भये, सङ्ग लीन्हे रघुनाथ।
बहुरि गए मिथिलापुरी, दोऊ भाई साथ।।6।।
मिथिलापुर को देखके, चकित भये रघुवीर।
ऐसी अवधपुरी नहीं, जड़े स्वर्ण अरु हीर।।7।।
जाए वास महलों किया, कहै जु सब नरहार।
वर लायक श्रीराम जी, सीता के अनुहार।।8।।
रच्यो स्वयम्बर जनकजी, कठिन धनुष प्रण घाल।
उठावत सब भूप मिलि, कछु मुरके नहिं हाल।।9।।
तब बोले हैं जनकजी, क्षत्री अंश नहि कोय।
वचन सुनत ही जनक को, कोप लक्ष्मण सोय।।10।।
कहे लखन सो रामजी, मन में राखो धीर।
कठिन धनुष को लेय के, तब तोड़्यो रघुवीर।।11।।
धनुष तोड़ टुकड़े किये, बरमाला तब लीन्ह।
असुरन को श्रीरामजी, सर्व तेज हत कीन्ह।।12।।
जनकराज हर्षे बहुत, लीन्हे दूत बुलाय।
जबही भेजे अवधपुरी, तबही पहुंचे जाए।।13।।
दे दशरथ कर पत्रिका, बोले शीश नवाय।

रामचन्द्र के ब्याह की चलिये जान बनाय॥14॥
हर्ष भयो सगरे नगर, घर-घर मङ्गलाचार।
दूतों को राजी किया, दे दे मोहर जुहार॥15॥
अवधपुरी सब सङ्ग ले, बाजे बहुत बजाए।
राजा, भरत और शत्रुघन, चढ़े गणेश मनाय॥16॥
जब पहुंचे मिथिलापुरी, ढोल, मृदङ्ग बजाए।
देखन आयो नगर सब, राम भेटे शिर नाय॥17॥
दुनियां आपस में कहे, देखो नैन लगाय।
जैसे लक्ष्मण राम है, तैसे ये दाऊ भाय॥18॥
जब आये श्रीरामजी, पिता पास सन्मुख।
चारों भाई मिलते हैं, हिरदे उमग्यो सुक्ख॥19॥
जामा पहिरो नोलखो, रामचन्द्र जग माय।
ऐसी छवि श्रीराम की, तीन लोक में नाय॥20॥
रत्न जटित शिर सेहरो, कुण्डल कानां मांय।
शीश मुकुट अरु छत्र है, शोभा कहीं न जाए॥21॥
करत गान गन्धर्व सब, देववधू गण साथ।
तब बैठे श्रीरामजी, तीन लोक के नाथ॥22॥
सब मिलि कहे सहेलियां, मङ्गल बात विचारि।
कुंकुम तिलक चढायके, करै आरती नारि॥23॥
चौक पुरायो मोतियां, रतन जड़ाऊ थम्म।
मोतिनके अक्षत दिए, शुभदायक घर कुम्भ॥24॥
कञ्चन चौकी बैठिके, सीताराम समान।
शतानन्द पूजा करै, विधि से वेद बखान॥25॥
विश्वामित्र वसिष्ठ जी, होम करत शुभकार।
शुभ नारी भरि रागिनी, गावें मङ्गलाचार॥26॥
हथलेवा जोड्यो जब, कीन्हों मुक्तादान।
ब्राह्मण जन को देयके, बहुत किये सनमान॥27॥
फेरा ले श्रीरामजी, बाजे मंगल भेर।
रणसिंहा अरु दुंदुभि, गरजे जिमि घनघोर॥28॥
जनकसुता सीता भई, अवधपुरी रघुनाथ।
मिथिलापुर में ब्याहिये, चारों भाई साथ॥29॥
हथलेवो झूट्यो जब ही, रथ दीन्हा सिंगार।
कोटिक दीनी दासियां, सीताजी की लार॥30॥

सर्व रीत कुल री करी, सो सब कही न जाए।
द्विज बंदीजन सर्व ही, गए अचानक आय।।31।।
करी विनती जनकजी, दशरथ आगे आय।
हमसे सेवा रावरी, बनी नहीं कछु राय।32।।
तब बोले दशरथ तहां, धन्य धन्य हो राय।
मनवांछित सब ही लिये, पास तुम्हारे आय।।33।।
पुरी अयोध्या आयके, घर-घर मङ्गलाचार।
बन्दीजन सब देश के, जय-जय करें उचार।।34।।
शिव सनकादिक सर्वही, शेष न पावें पार।
लघु बनाय के कहा हम, सियाराम की भार।।35।।
इतनी मेरी युक्ति है, शाखा कही बनाय।
बृजनन्द सुतकी बीनती, सुन लीजे रघुराय।।36।।

शाखोधारः राधा कृष्ण विवाह

''गणपति गौरी पुत्र को, सुमरूं बारंबार।
देवी विष्णु शम्भु को सुमरू सृष्टिकर्तार।।1।।
पांच देव को ध्याय के, शाखा कहूं बनाय।
राधाकृष्ण के ब्याह की, सुनियो चित्त लगाय।।2।।
जो सुनके सुख होयगो, सबही के मनमाहिं।
दुःख मिटें संकट कटें, सकल पाप मिट जाए।।3।।
एक समय वृषभानुजा, मन में बहुत विचारि।
वर ढूंढन नापित कहीं ढूंढे कृष्ण मुरारि।।4।।
समय देखके ब्याह का, शुभ दिन वार विचार।
लग्न लिखायो शुभ घड़ी कीन्हों मंगल चार।।5।।
लग्न लेय नापित चल्यो, घर दीन्हों वसुदेव।
झोरी डोरी कृष्ण की, सब की कीन्हो नेव।।6।।
ब्याह दिवस आयो जभी, सज कर चली बरात।
हस्ती घोड़े रथ सजे, मारग नहीं समात।।7।।
नर नारी देखें सभी, मन में हर्ष उठाय।
सो छबि कृष्णबरात की, हमसे कही न जाए।।8।।
गिरिधारी चौरी चढ़े, पण्डित लिये बुलाय।
बहुत भांति वेदी रची, मंत्र पढ़े चित्त लाय।।9।।
दुल्हन रानी राधिका वर भये नन्दकुमार।

नारी देवे सीठना, होर रहे मंगलचार॥10॥
नारी कहे कृष्ण से, अति अचरज की बात है।
कैसे बारी उमर में, गिरी उठायो हाथ॥11॥
छन्द कहावें कामिनी, वारि वारि दें दान।
कृष्णचन्द्र मुख से कहें, नारी करें सन्मान॥12॥
श्री राधा परणायके, विनय करी वृषभान।
नन्दराय तुम हो बड़े, मोहि दास कर मान॥13॥
ऐसी विनती करि घनी, दीन्हें दान अघाय।
हस्ती घोड़े रथ सभी, दीन्हें बहुत सजाय॥14॥
बहुत दास दासी दिय, गहिने वस्त्र मन भाय।
विरषभान के दान की, गिनती कही न जाय॥15॥
होय विदा घर से चले, बड़े खुशी नन्दराय।
सब सुन्दर, बाजे, बजें, ध्वजा फिरकती जाय॥16॥
शाखा कृष्ण के ब्याह की, सुने जो चित्त लगाय।
दुबध्या मन की बीसरे, सकल काम हो जाय॥17॥
इतीक मेरी उक्ति है, शाखा कही बनाय।
चिरंजीव यह वरवधू, सुनो चित्तलाय॥18॥

घट फोड़ने के बाद कन्या को इन मंत्रों से आशीर्वाद दे

गायत्री च विधौ यद्वलक्ष्मी देवपतौ यथा।
उमा यथा महेशाने, तथा त्व भव भर्त्तरि॥1॥
सुदक्षिणा दिलीपे त्वं वसन्ते तु धृतिर्यथा।
अरून्धति वसिष्ठे च तथा त्वं भव भर्त्तरि॥2॥
राघवेन्द्र यथा सीता, उर्मिला लक्ष्मणे यथा।
पावके च यथा स्वाहा तथा त्वं भव भर्त्तरि॥3॥
शान्तनौ च यथा गङ्गा सुभद्रा च यथार्जुने।
धृतराष्ट्रे च गांधारी यथा त्वं भव भर्त्तरि॥4॥
अत्रौ यथानुसूया च जमदग्नो च रेणुका।
श्रीकृष्णे रूक्मिणी यद्वत् तथा तवं भवभर्त्तरि॥5॥
धनपुत्रवती साध्वी सततं भर्तृवत्सला।
मनोज्ञा ज्ञान सहिता तिष्ठ त्वं शारद शतम्॥6॥
जीवत्सूर्वीरसुभद्रे भव सौख्य समन्विता।
भाग्यारोग्य सुसम्पन्ना यज्ञपत्नी पतिव्रता॥7॥
अतिथिनागतान् साधून वालान् वृद्धान गुरूस्तथा।
पूजयन्त्या यथा न्यायं तद्वद्गच्छन्तु ते समा॥8॥

तथैव वरस्यापि

अर्क विवाह हो तो वट को इन मंत्रों से आर्शीवाद दें।

आदित्योऽग्नियुतः शश वरूणो भोम-कुशन्वितः। सौम्यो विश्वयुतो गुरूः समघवा देव्यायुतो भार्गवः। सौरिः केतु युतः सदा सुरवरो राहु भुजंगेश्वरौ। मांगल्यं सुखद नमाननिरतः कुर्वन्तु सर्वे ग्रहाः।

आयुर्द्रोणसुते श्रियो दशरथ शत्रुक्षयो राघवे।
ऐश्वर्य नहुषे गतिश्चं पवने मानं च दुर्योधने।
शोये शान्तनवे बल हलधरे सत्यं च कुन्ती सुते।
विज्ञानं विदुरे भवन्तु भवतः कीर्तिश्च नारायणे॥
आयुष्मान् भव पुत्रवान् भव सदा श्रीमान् यशस्वी भय।

प्रजावान् भव भूरिभूति करणे दीनेकानिष्ठो भव॥ तेजस्वी भव वैरिंदर्प दलने व्यापार दक्षो भव। श्री शंभोर्भवः पादपूजन रतः सर्वोपकारी भव।

आयुर्बलं विपुलमस्तु सुखित्वमस्तु-
सौभाग्यमस्तु विशदा तव कीर्तिरस्तु।
श्रेयोऽस्तु धर्ममरिस्तु रिपुक्षयोऽस्तु-
सन्तान वृद्धिरपि वंछित सिद्दीरस्तु॥

दीर्घायुर्भव जीववत्सर शतं नश्यन्तु सर्वापदः। स्वास्थ्यं संभज मुञ्ज चञ्चलधियं लक्ष्यैकनाथो भव। किं ब्रुमो भृगु गौत्तमात्रिकपिल व्यासादिभिर्भाषितम्। यद्रामस्यपुराऽभिषेक समयेतच्चारस्तु ते मंगलम्॥

यावदिन्द्रादयो देवाः यावच्चन्द्र दिवाकरौ। यावत् धर्मं क्रियालोकेयावत् भूयात्स्थितिस्तवा॥

सुवर्ण प्रतिमा के ऊपर चढ़ाई गई माला कन्या पहन लें।

प्रतिमा को दोनों हाथों मेरखती हुई कन्या निम्नलिखित मंत्र पढ़ें।

यन्मया पूर्वजनुषी ध्वन्त्या पतिसमाप्रभम्।
विशोपविष शस्राद्यैर्हतो वाति विरक्तया।
प्रप्यमानं महाघोरं यशः सौख्य धनापहम्।
वैधव्याद्यतिदुः खौर्द्य नाशाय सुखलब्धये॥
बहुसौभाग्य लध्यै महाविष्णोरिमां तनुम्।
सौवर्णी निर्मिता शक्तया तुभ्यं सम्प्रददे द्विज।
अनद्याद्याहमस्मि।
अनद्याद्याहमस्मि।
अनद्याद्याहमस्मि।
अनद्याद्याहमस्मि।

यह कहती हुई कन्या सुवर्ण प्रतिमा सहित वस्त्रांलकार वस्तु आचार्य के हाथ दे दे। प्रणाम कर ले। आशीर्वाद लेकर घर चली जाए।

क्षमा प्रार्थना

सत्याव्रतं सत्यपरं त्रिसत्यं योनिं निहितं च सत्ये॥
सत्यस्य सत्यमृतसत्यनेत्रं सत्यामकं त्वां शरणं प्रपन्नाः॥
मूकं करोति वाचालं, पंगु लंघयते गिरिम्।
यत्कृपा तमहं वन्दे परमानन्दमाधवम्॥
त्वमेव माता च पिता त्वमेव त्वमेव बन्धुश्व सखा त्वमेव।
त्वमेव विद्या द्रविणं त्वमेव त्वमेव सर्व मम देव देव॥
पापोऽहं पापकर्माहं पापात्मा पाप संभवः।
त्राहि मां पुण्डीकाक्ष, सर्व पाप हरो भव॥
मंत्र हीनं क्रियाहीनं भक्तिहीनं जनार्दनं।
यत्पूजितं मया देव परिपूर्ण तदस्तु में।
यदक्षरं पदभ्रष्टं मात्राहीनं च यद् भवेत्।
ॐ श्री विष्णवे नमः।

अथ देवविसर्जन

अब यहां कन्या का पिता पुष्पाक्षत हाथ में लेकर आगुन्तक देवों का निम्नलिखित मंत्र बोलता हुआ विसर्जन कर दे।

यान्तु देवगणाः सर्वें पूजामादायाय याज्ञिकीम्।
इष्ट काम समृद्धयर्थ पुनराय गमनाय च।

अर्थात् मेरे इस विवाह यज्ञ में पधारे हुये सम्पूर्ण देवता, इष्ट कामों में सफलता देने हेतु जो कि विवाह में पधारे हुए हैं वे इस समय अपने-अपने स्थान पर पधारे तथा पुनः मांगलिक कार्य में पधारने का कष्ट करें। अंत कन्या पिता तथा माता को अपने बड़ों का नमस्कारादि करना चाहिए।

ज्ञातव्य है कि तीनों प्रकार की विधियों में से सुवर्ण प्रतिमा विष्णु विवाह सर्वश्रेष्ठ है। इस विवाह कर्म से पुनर्भूदोष दूसरा विवाह दोष नहीं होता है ऐसा शास्त्र समस्त विचार पूर्वाचायों ने प्रतिपादित किया है।

ततो निर्माल्यम् उत्तरे विसृज्य गन्धाक्षतपुष्पाणिपत्राणि व समर्प्या अभिषेक कुर्यात्

फिर पूजन का सारा जलादि उत्तर में विसर्जित करके वापस गन्धादि चढ़ाकर शुद्ध जल से उपस्थित यजमानों का अभिषेक करें। अभिषेक सहस्रशीर्षा के सोलह मंत्रों से करें।

श्री विष्णु जी की आरती

ॐ जय जगदीश हरे स्वामी जय जगदीश हरे।
भक्तजनों के संकट क्षण में दूर करो॥ॐ....
जो ध्यावे फल पावे दुःख विनशे मन का।
सुख सम्पत्ति घर आवे कष्ट मिटे तन का॥ॐ....
मात-पिता तुम मेरे शरण गहूं किसकी।
तुम बिन और न दूजा आस करूं जिसकी॥ॐ....
तुम पूरण परमात्मा तुम अंतर्यामी।
पारब्रह्म परमेश्वर तुम सबके स्वामी।
तुम करुणा के सागर तुम पालन कर्ता।
मैं मूरख खल कामी कृपा करो भर्ता॥ॐ....
तुम तो एक अगोचर सबके प्राणपति।
किस विधि मिलूं दयामय तुमको मैं कुमति॥ॐ....
दीन बन्धु दुःख हर्त्ता तुम ठाकुर मेरे।
करुणा हस्त बढ़ाओ द्वारा पड़ा तेरे॥ॐ....
विषय विकार मिटाओ पाप हरो देवा।
श्रद्धा भक्ति बढ़ाओं सन्तन की सेवा॥ॐ....
ॐ जय जगदीश हरे स्वामी जय जगदीश हरे।
भक्तजनों के संकट क्षण में दूर करे॥ॐ....

पुरुषों के लिए अर्क विवाह (आक विवाह)

जिस प्रकार विषकन्या योग स्त्री को होता है। उसी प्रकार पुरुष के भी कुण्डली में मृत पत्नी योग, विधुरयोग या विषयोग होता है। सप्तम भाव दूषित होने पर या जिस पुरुष की स्त्री जीवित नहीं रहती जिसके दो तीन विवाह होने पर भी स्त्री का सुख नहीं रहता, ऐसे पुरुष को अर्क के साथ विवाह कर, उसके बाद अन्य कन्या से विवाह कराया जाता है। घट विवाह की भांति अर्क विवाह भी यास्त्रसम्मत सप्तमभाव जन्मदोष व अनिष्ट निावरण का उत्तमोत्तसम अपरिहार है।

चतुर्थादि विवाहार्थम् तृतीयेर्के समुद् वहेत्।
आदित्य दिवसे वापि हस्तर्क्षे वा शनैश्चरैः॥

अर्थात् पुरुष तीसरे चौथे विवाह आदि के लिए दूसरा तीसरा वृक्ष के साथ में करें। आदित्य वार, शनिवार, हस्त नक्षत्र में करें।

विवाह संबंधी सामान लेकर गांव नगर आदि के बाहर जिस अर्क पर पुष्प, फल आते हों उसके पास जाएं, उसके पास में दश अंगुल समचौरस स्थन्दली

(वेदी) बनावें। विवाह करने वाला व्यक्ति के पश्चिम की ओर आसन बिछाकर पूर्व की ओर मुंह करके बैठे। तिलक कर हाथ में पवित्रियां धारण करें। मुख से गणपति स्मरण करें। संकल्प करें। यदि अर्क वृक्ष के पास जाना सम्भव न हो तो श्वेतअर्क के जड़ की सूर्य प्रतिमा बनावे।

अद्य पूर्वो च्चारिते मम तृतीय मानुषी विवाह जन्य दोष निवृत्यर्थम् श्री परमेश्वर प्रीतये तृतीयमर्क विवाहमहं करिष्ये।

जल छोड़ दें। फिर हाथ में जल लेकर कहें-

दिग्रक्षणम् कलशार्चनम् गणपति पूजन पूर्वक आचार्य वर्णान्तम् कर्माहं करष्यि।

जल छोड़ दें। यहां आचार्य दो होते हैं।

एक आचार्य स्वकुल की ओर का, दूसरा कन्या दानार्थ अर्क का। अर्क के आचार्य को कहे–

कन्या पिता यथा सूर्यो देवानांच प्रजापतिः।
तथा त्वमर्क दानार्थम् आचार्यत्वम् कुरु प्रभो॥

फिर वर अर्क वृक्ष पर अक्षत चढ़ाकर प्रतिष्ठा करें।

ॐ भूर्भुवः स्वः छाया सहितं सूर्य अस्मिन् अर्क विवाहे आवाहयामि स्थापयामि। सुप्रतिष्ठतो भव।

फिर–सूर्याय नमः। इस मंत्र से अर्क वृक्ष पर षोडशोपचार से पूजन करें। मिष्ठान्न तथा गुड़ का नैवेद्य रखें। आरती करें। कहें-

अनेन पूजनेन श्री सूर्यः प्रीयताम् नमम।

फिर लाल वस्रादि का अर्क पर आच्छादन करें। अर्क पर गायत्री मंत्र से जल के छींटे दें। अर्क के प्रदक्षिणा करें। कहें-

नमस्ते मंगले देवि नमः सवितुरात्मने।
त्रायस्व कृपया देवि पत्नी त्वं म इहागत॥

प्रदक्षिणा के पश्चात् वर अर्क की प्रार्थना करें।

अर्कस्त्वं ब्रह्मणा सृष्टः सर्व प्राणि हिताय च।
वृक्षाणामादि भूतस्त्वं देवानां प्रीतिवर्धनः॥
तृतीयोद्वाहजं मृत्युं त्वमे भो सुविनाशय॥

फिर आचार्य वर और अर्क के बीच में अंतर पट (कपड़ा) देकर मंगलाष्टक श्लोकों का उच्चारण करें। फिर अंतरपट को हटाकर अर्क पर अक्षत चढ़ावे। हाथ में जल लेकर कहे-

अस्य वरस्य तृतीय विवाह जनित सर्वारिष्ट विनाशानार्थम्

तथा च श्री सवित सूर्य नारायण प्रतीये अर्कविवाह विधिना अर्कविवाह करिष्ये।

जल छोड़ दें। फिर वर पक्ष का आचार्य हाथ में जल लेकर दान सहित गोत्रचारादि करें। कहें-

अमुक गोत्रस्य अमुक प्रवरान्वितस्य अमुक वेद शाखा ध्यायिनः
अमुकनाम्नः प्रपोत्राय। अमुक पोत्राय अमुक नाम्ने वराय।

फिर अर्क का आचार्य जल लेकर कहें-

काश्यप गोत्रस्य काश्यप वत्सार नैध्रुव इति
त्रिपरान्वितस्य आदित्यस्य प्रपौत्रीम्। सवितुः पोत्रीम्।
सूर्यस्य पुत्रीम्। आर्की नाम्नी कन्यां सूर्यदेवत्यां भार्यात्वेन तुभ्यमहं संप्रददे।

जल छोड़ दें। फिर कन्या आचार्य कहें-

अर्क कन्या मिमीं दत्ता यथा शक्त्या विभूषिताम्।
गोत्राय नाम्ने तुभ्यं दत्ता तुभ्यं समाश्रय॥

फिर गंध, अक्षत पुष्प मिलाकर अर्क पर तीन अर्ध्य दें।

ॐ यज्ञो में कामः समृद् ध्यताम्। ॐ धर्मो में कामः
समृद्ध्यताम्। ॐ यशोमे कामः समृद्ध्यताम्।

फिर गायत्री मंत्र से सूत्र या मौली लच्छा पांच बार लपेटें। इसके पश्चात् पांच गुना सूत्र हाथ जितना लंबा लेकर के अर्क के दाहिनी ओर रक्षार्थ बंधन करें। मंत्र-

ॐ यदाऽबध्नन् दाक्षायणा हिरण्य घूँ शतानीकय सुमनस्य मानाः।
तन्म आबध्नामि शत शारदाया युष्मान् जरदष्टिर्यथासम्॥

फिर अर्क के चारों ओर आठ कलश रखें या अभाव में एक कलश रखें, उनमें जल भरें। हल्दी, चन्दन, पुष्प, अक्षत, गंध, दूर्वा, मुद्रार्पण डालें। कलशों पर वस्त्राछादन करें। मोली लच्छा बांधे व तिलक करें। फिर इन पर ॐ विष्णवे नमः। मंत्र से विष्णु भगवान का पूजन करें। फिर संक्षेप में थंडिल पर पंच-भूसंस्कार कर 'योजक' नामा अग्नि स्थापन करें। संक्षेप में कुश कण्डिका करें। चरु आदि नहीं करें। केवल ब्रह्माजी का ध्यान करें। आघारावादि की आहुतियां घृत से श्रुवे आदि से दें।

ॐ प्रजापतये स्वाहा इदं प्रजापतये न मम।
ॐ इन्द्राय स्वाहा इदं इन्द्राय न मम।
ॐ अग्नेय स्वाहा इदमग्नये न मम।
ॐ सोमाय स्वाहा इदं सोमाय न मम।
ॐ प्रजापतये स्वाहा इदं प्रजापतये न मम।

इसके पश्चात् दो मंत्रों से दो आहुतियां दें।

ॐ संगोभिरांगिरसो नक्षमाणो भगइवे दर्यमणं निनाय। जने मित्रो न दम्पत्ति अनक्ति बृहस्पते वाजया शूं रिवाजौ स्वाहा। इदं बृहस्पतये न मम। ॐ यस्यैत्वा कामकामाय वयं सम्राड् यजामहे। तामस्भ्यम् कामं दत्वां यथेयं घृतं पिब स्वाहा। इदमग्नये न मम।

इसके पश्चात् नीचे के व्याहति मंत्रों से 108 या 28-28 आहुतियां दें।

ॐ भूः स्वाहा इदमग्नये न मम।
ॐ भुवः स्वाहा इदं वायवे न मम।
ॐ स्वः स्वाहा इदं सूर्याय न मम।
ॐ भू र्भुवः स्वः स्वाहा इदं प्रजापतये न मम।

इसके पश्चात् प्रायश्चित की भूराद्या से लेकर स्विष्ट कृतांत तक की दश आहुतियां दें। फिर संस्रव प्राशनादि, प्रणिता विमोक तक सब कार्य करें। इसमें पूर्णाहुति नहीं होती है। फिर वर अर्क के प्रदक्षिणा करके कहें-

मयाकृतमिदं कर्म स्थावरेषु जरायुणा।
अर्ककन्या विनोदेय तत् सर्वम् क्षंतुमर्हसि।

फिर ब्राह्माणादि **ऋचं वाचं,** पाठ करें। आचार्य को उपस्कृत्य दक्षिणा दे। ब्राह्मणों को भी दक्षिणा दें। यथाशक्ति ब्राह्मणों को भोजन करावें। (आठ ब्राह्मण होते हैं।) हाथ में जल लेकर कहें-

अनेन यथाज्ञानेन कृतेनार्कविवाहकर्मणा श्री परमेश्वर स्वरूपी सूर्यनारायण प्रीयताम्। अनेन कर्मणा तृतीय मानुषी विवाहजन्य दोष परिहारोऽस्तु।

विष्णु भगवान को नमस्कार करें।

।।इति अर्क विवाह विधि।।

विवाह समय कन्या ऋतुमति हो जाए तो

इसमें युंजाम होम होता है। इसमें प्रादेशमात्र यानि दश अंगुल लंबा चौड़ा थंडिल (वेदी) बनावें। इसमें गोदान होता है, प्रत्यक्ष गाय देना सम्भव न हो उसकी एवज में यथाशक्ति द्रव्य-दान दे।

कन्या को स्नान करवाकर थंडिल के पश्चिम की ओर आसन बिछाकर बिठावें। गणपति स्मरणकर सकंल्प करें।

अद्य पूर्वो ऋतुदोष निवारणार्थम् प्राप्तकर्मणि योग्यता सिद्धयर्थम् गोदानं पयः प्राशनं च करिष्ये।

फिर गणपति का संक्षेप में पूजन करें। आचार्यादि थंडिल पर पंच भू-संस्कार करके विट्नामा अग्निस्थापन करें। (थंडिल बनाना संभव न होतो तांबे आदि के

बर्तन में भी आहुतियां दे सकते हैं।) आज्य भाग के अंत तक संक्षेप में कुश कुंडिका करें। यहां कुशकुंडिका कृताकृम कर्म है। चरू आदि नहीं करें। केवल घृत की आहुतियां दें। सर्वप्रथम-

ॐ प्रजापतये स्वाहा इदं प्रजापतये नमम।

इत्यादि आघारावादि आहुतियां दें। फिर नीचे लिखे मंत्रों से 28-28 आहुतियां दें-

ॐ युंजानः प्रथमम् मनस्त्वाय सविताधियः।
अग्ने ज्योतिर्नेवाय पृथिव्या अद्ध्या भरत् स्वाहा।
इदं सवित्रे नमम॥

ॐ युंजते मन उत युंजते धियो विप्रा विप्रस्य बृहतो
विपश्चितः विहोत्रादधे वयुना विदेक इन् महीदेवस्य
सवितुः परिष्टुतिः स्वाहा॥ इदं सवित्रे नमम।

फिर भूरादि स्विष्टकृत आहुतियां दें। संस्रव प्राशन से लेकर प्रणिता विमोक तक होम करें। फिर पयस्विनी गाय दान में दें या उसकी एवज में यथा शक्ति द्रव्य दें। इसके पश्चात् कन्या को दूध पिलावें, और कहें-

कामधेनु समुद्भूतम घृत बीजम् शशीप्रभम्।
तस्य प्राशनमात्रेण रजोदोषो विनश्य तु॥

पुनर्विवाह विचार

पुनर्विवाह कई परिस्थितियों में हो सकती है। अलग-अलग परिस्थिति में अलग-अलग होगा। ऐसे कई विषय है जो सर्वसाधारण के विचार से बाहर है। निम्न परिस्थितियां पुनर्विवाह की हो सकती है।

1. श्रीधरीय में कहा है कि विवाह हो जाने के बाद ऐसा महसूस होवे कि विवाह के दिन पंचांग शुद्धि ठीक नहीं बनी, उल्कापात, भूकंप योग, ज्वालामुखी योग, दम्पत्ति के अशौच आदि दुष्योगों का समावेश हो गया, विवाहकाल का अतिक्रमण हो गया हो तो वर वधू का फिर से शास्त्रोक्त विवाह करें। (निर्णय सिन्धु)
2. स्त्री जीवित हो असाध्य रोगिणी हो, वन्ध्या हो, पुरुष युवा हो तो संतान की इच्छा हेतु विवाहिता पत्नी के जीवित रहते दूसरा विवाह कर सकता है।
3. पत्नी की मृत्यु होने पर पुरुष दूसरा विवाह अविवाहित कन्या से कर सकता है।
4. प्रथम विवाहिता से तलाक हो गया हो दूसरा विवाह अविवाहित कन्या से कर सकता है।

5. पुरुष का विवाह नहीं हुआ हो, अवस्था अधिक हो गई या अन्य किसी परिस्थिति से विधवा स्त्री से विवाह कर सकते हैं। यहां पुनर्भू विवाह स्त्री का हुआ जबकि वट का पहला विवाह होगा।
6. स्त्री पुरुष दोनों ही का पुनर्विवाह हो।
7. विवाह बाद कन्या तत्काल विधवा हो जाए और अविवाहित पुरुष से विवाह कर सकती है।
8. राजा महाराजा एक से अधिक विवाह करते थे। उनके लिए भी पुनर्भू विवाह का विधान है।

ऐसे अन्य कई प्रसंग है जिनमें पुनर्विवाह होता है, उन्हें अग्न्याधान आदि कई प्रपंच व लोकाचार का भेद है। जिससे अधिक गहराई में जाने पर विषय जटिल हो जाएगा। अतः सामान्य विधिक्रम से पुनर्विवाह विधि लिख रहे हैं।

पुनर्विवाहे अग्निविचारः

कात्यायन ऋषि का मत है कि यदि पत्नी वाला मनुष्य किसी कारणवश दूसरे विवाह की इच्छा रखता है तो वह उसी अग्नि में हवन करे लौकिक अग्नि में नहीं करें।

त्रिकाण्डमण्डन ने कहा हैं कि पहली स्त्री के रहते हुये दूसरी स्त्री से विवाह करना है तो विवाह संबंधी सब कार्य आवसथ्य अग्नि में करे। सुदर्शनभाष्य में कहा है कि दूसरे विवाह का हवन लौकिक अग्नि में करे औपासन अग्नि में न करें।

कालान्तर में हवन करके दोनों अग्नि का संबंध करे उसकी विधि प्रयोगरत्न में कही गई हैं।

स्त्री के मरने पर पुनर्विवाह

विवाहवत् सभी कार्य करें। विवाहसमय लौकिक अग्नि व योजक नाम्नी का समन्वय कर होम करे। कन्या में पूर्व पत्नि की भावना करे। सुवासिनी को भोजन करायें पूर्व पत्नि के नाम से वस्त्रालंकार देवें। पूर्व पत्नी की तस्वीर वाला मंगलसूत्र वधू को प्रदान करें।

स्त्री का पुनर्विवाह

(पुरुष अविवाहित)

विवाह के कुछ समय पश्चात कन्या विधवा हो जाए और अविवाहित पुरुष से विवाह हो तो वर पक्ष को खुशी रहती है। गाजे-बाजे, घोड़ी सहित आना चाहते हैं। लोकाचार भी निभाना है, वेदाचार भी निभाना है। ऐसी स्थिति में मध्यमार्ग अपनाना होगा।

पूर्व पति से भोग के प्रायश्चित निमित्त कन्या से आचार्य प्रायश्चित हवन विवाह पूर्व करा सकता है। अथवा विवाह समय द्रव्य दान करावें।

हवन का संकल्प-

ॐ अद्येत् शुभपुण्यतिथौ अमुकगौत्रीं आमुकीऽहं मम पर पूर्व भर्तृ अङ्गसङ्गज दोष पापाऽभाव सिद्धयर्थे श्री परमेश्वर प्रीतये प्रायश्चित हवन विनियोगः।

मंत्र–

ॐ विष्णुर्योनिं कल्पयंतु त्वष्टरूपाणि पिंशतु।
आषिञ्चतु प्रजापतिर्धाता गर्भ दधातु ते।।

तोरण नहीं होगा। वरमाला होनी चाहिए

कन्यादान संकल्प नहीं होगा। वधू स्वयं वरग्रहण का संकल्प करे।

विवाह होम लौकिक अग्नि तथा वरदनाम्नी अग्नि में होगा।

वर के पुनर्विवाह दूसरे विवाह में नान्दी श्राद्ध वर स्वयं करता है वर का पिता नहीं। इति शास्त्र वचनम्।। यहां राष्ट्रभृद्धोम हो सकता है क्योंकि इसमें देवताओं से रक्षा वचन मांगा है। अभ्यातन होम में अग्नि, इन्द्र, सूर्य, सोम, विष्णु, शिव, समुद्र, पितरादि देवताओं से प्रार्थना है कि आप हमारे इस क्षेत्र में आकर हमें आशीष प्रदान करें। अतः यह होम भी हो सकता है। लाजा होम नहीं होगा। सप्तपदी नहीं होगी। ग्रह शान्ति हवन सम्पूर्ण विधि से होगा। वर-वधू को अखंड सौभाग्य हेतु दिन को सूर्यदेव एवं रात्रि में अरुंधती या ध्रुव का पूजन करके आशीर्वाद लेना चाहिए।

उत्तम गृहस्थ सुख-ऐश्वर्य की प्राप्ति हेतु तुलसी विवाह

भारत में जंगली वृक्ष, क्षुप एवं तृणों में भी दिव्य शक्ति मानी जाती है। जैसे बेल का वृक्ष शैवों के लिए पवित्र हैं, कुश, दूर्वा कर्मकाण्डियों के लिए, वैसे ही तुलसी वैष्णवों के लिए परम पवित्र है। लोग उसकी पूजा करते और उसे अपने घर के आंगन में रोपित करते हैं। प्रत्येक दिन स्नानोपरान्त इस वृक्ष को जल दिया जाता है। संध्याकाल में वृक्ष के नीचे इसके चरणों के पास दीपक जलाते हैं। इसमें श्री हरि (विष्णु) का निवास मानते हैं। विष्णु की पूजा के लिए इसकी पत्तियां अत्यावश्यक हैं।

तुलसी का नाम वृन्दा भी है। पुराणों के अनुसार वृन्दा जालन्धर की पत्नी थी। अपने पतिव्रत के कारण वह विष्णु के लिए भी वन्दनीय थी। इसलिए विष्णु के अवतार कृष्ण की लीलाभूमि का नाम वृन्दावन है। इसकी पत्तियों में मलेरिया ज्वर की नाशक शक्ति है सबसे अधिक पारा तुलसी में पाया जाता है जिससे ग्रामीण वैद्य अधिकतर इसका व्यवहार करते है। परन्तु इसका प्रयोग अधिकांश धार्मिक भाव से ही होता है।

तुलसी विवाह का समय-कार्तिक मास में शुक्ल द्वादशी को तुलसी विवाह करने का बड़ा माहात्म्य है। विवाहव्रती को नवमी के दिन सुवर्ण की भगवान विष्णु तथा तुलसी की प्रतिमाएं बनवाकर, तीन दिन तक लगातार उनकी पूजा करके बाद में उनका विवाह रचना चाहिए। इस व्रत के आचरण से कन्यादान का पुण्य प्राप्त होता है। द. निर्णयसिन्धु, 204, व्रतराज, 347-352, स्मृतिकौस्तुभ, 366। प्रत्येक हिन्दू के आंगन में तुलसी का थामला रहता है जिसको वृन्दावन कहते हैं। पौराणिक पुराकथा के अनुसार जालंधर असुर की पत्नी का नाम वृन्दा था, जो लक्ष्मी के शाप से तुलसी में परिवर्तित हो गयी। पद्मपुराण (भाग्य-6, अध्याय 3-19) में जालन्धर वृन्दा का लम्बा आख्यान पाया जाता है। बाद में तुलसी रूप में उत्पन्न वृन्दा भगवान् की अनन्य सेविका हो गयी। उसके समानार्थ यह विवाह व्रत का अनुष्ठान होता है।

कार्तिक में तुलसी वृक्ष के आरोपण और पूजन आदि की महिमा

ब्रह्माजी कहते हैं-कार्तिक मास में विष्णुभक्त पुरुष प्रातःकाल स्नान करके पवित्र हो कोमल तुलसीदल से भगवान् दामोदर की पूजा करता है, वह निश्चय ही मोक्ष प्राप्त कर लेता है। जो भक्ति से रहित है, वह यदि सुवर्ण आदि से भगवान् की पूजा करें, तो भी वे उसकी पूजा ग्रहण नहीं करते। सभी वर्ण के लिए भक्ति ही सबसे उत्कृष्ट मानी गयी है। भक्तिहीन कर्म भगवान् विष्णु को प्रसन्न करने वाला नहीं होता। यदि तुलसी के आधे पत्ते से भी प्रतिदिन भक्तिपूर्वक भगवान की पूजा की जाए, तो भी वे स्वयं आकर दर्शन देते हैं। पूर्वकाल में भक्त विष्णुदास भक्तिपूर्वक तुलसी पूजन से शीघ्र ही विष्णुधाम को चला गया और राजा चोल उसकी तुलना में गौण हो गए। अब तुलसी का माहात्म्य सुनो-वह पाप का नाश और पुण्य की वृद्धि करने वाली है। अपनी लगायी हुई तुलसी जितना ही अपने मूल का विस्तार करती है, उतने ही सहस्र युगों तक मनुष्य ब्रह्मलोक में प्रतिष्ठित होता है। यदि कोई तुलसी युक्त जल में स्नान करता है, तो वह सब पापों से मुक्त हो भगवान् विष्णु के लोक में आनन्द का अनुभव करता है। महामुने! जो लगाने के लिये तुलसी का संग्रह करता और लगाकर तुलसी का वन तैयार कर देता है, वह उतने से ही पापमुक्त हो ब्रह्मभाव को प्राप्त होता है। **जिसके घर में तुलसी का बगीचा विद्यमान है, उसका वह घर तीर्थ के समान है, वहां यमराज के दूत नहीं जाते। तुलसी वन सब पापों को नष्ट करने वाला, पुण्यमय तथा अभीष्ट कामनाओं को देने वाला है।** जो श्रेष्ठ मानव तुलसी का बगीचा लगाते हें, वे यमराज को नहीं देखते। जो मनुष्य तुलसी-काष्ठसंयुक्त गंध धारण करता है, क्रियमाण पाप उसके शरीर का स्पर्श नहीं करता। जहां तुलसी वन की छाया होती है, वहीं पितरों की तृप्ति के लिए श्राद्ध करना चाहिए। जिसके मुख में, कान में और

मस्तक पर तुलसी का पत्ता दिखायी देता है, उसके ऊपर यमराज भी दृष्टि नहीं डाल सकते; फिर दूतों की बात ही क्या है। जो प्रतिदिन आदरपूर्वक तुलसी की महिमा सुनता है, वह सब पापों से मुक्त हो ब्रह्मलोक को जाता है।

पूर्वकाल की बात है, काश्मीर देश में हरिमेघा और सुमेधा नामक दो ब्राह्मण थे, जो भगवान् विष्णु की भक्ति में सलंग्न रहते थे। उनके हृदय में सम्पूर्ण प्राणियों के प्रति दया थी वे सब तत्त्वों का यथार्थ मर्म समझने वाले थे। किसी संभव वे दोनों श्रेष्ठ ब्राह्मण तीर्थयात्रा के लिये चले। जाते-जाते किसी दुर्गम वन में वे परिश्रम से व्याकुल हो गए; वहां उन्होंने एक स्थान पर तुलसी का वन देखा। उनमें से समुधाने वह तुलसी का महान् वन देखकर उसकी परिक्रमा की और भक्तिपूर्वक प्रणाम किया। यह देख हरिमेधाने तुलसी का माहात्म्य और फल जानने के लिये बड़ी प्रसन्नता के साथ बार-बार पूछा-'ब्रह्मन्! अन्य देवताओं, तीर्थों, व्रतों और मुख्य-मुख्य ब्राह्मणों के रहते हुए, तुमने तुलसी वन का को क्यो प्रणाम किया है?''

सुमेधा बोला-महाभाग! सुनो। यहां धूप सता रही है, इसलिये हम लोग उस बरगद के समीप चलें। उसकी छाया में बैठकर मैं यथार्थरूप से सब बात बताऊंगा।

वहां विश्राम करके सुमेधाने हरिमेधा से कहा- विप्रवर! पूर्वकाल में दुर्वासा के शाप से जब इन्द्र का ऐश्वर्य छिन गया था, उस समय ब्रह्मा आदि देवताओं और असुरों ने मिलकर क्षीरसागर का मन्थन किया। उससे ऐरावत हाथी, कल्पवृक्ष, चन्द्रमा, लक्ष्मी, उच्चैःश्रवा घोड़ा, कौस्तुभमणि तथा धन्वन्तारि रूप भगवान् श्रीहरि और दिव्य औषधियां प्रकट हुई। तदनन्तर अजरता और अमरता प्रदान करने वाले उस अमृतकलश को दोनों हाथों में लिये हुये श्रीविष्णु बड़े हर्ष को प्राप्त हुए। उनके नेत्रों से आनन्दाश्रुओं की कुछ बूंदे उस अमृत के ऊपर गिरीं। उनसे तत्काल ही मण्डलाकार तुलसी उत्पन्न हुई। इस प्रकार वहां प्रकट हुई लक्ष्मी तथा तुलसी को ब्रह्मा आदि देवताओं ने श्रीहरि सेवा में समर्पित किया और भगवान् ने उन्हें ग्रहण कर लिया। तबसे तुलसीजी जगदीश्वर श्रीविष्णु की अत्यन्त प्रिय करनेवाली हो गयीं। सम्पूर्ण देवता भगवत्प्रिया तुलसी की श्री विष्णु के समान ही पूजा करते हैं। भगवान् नारायण संसार के रक्षक हैं और तुलसी उनकी प्रियतमा है; इसलिए मैंने उन्हें प्रणाम किया है।

सुमेधा इस प्रकार कह ही रहे थे कि सूर्य के समान अत्यन्त तेजस्वी एक विशाल विमान उनके निकट ही दिखायी दिया। उन दोनों के आगे ही वह बरगद का वृक्ष गिर पड़ा और उससे दो दिव्य पुरुष निकले, जो अपने तेस से सूर्य के समान सम्पूर्ण दिशाओं को प्रकाशित कर रहे थे। उन दोनों ने हिरमेधा और सुमेधा को प्रणाम किया। उन्हें देखकर वे दोनों ब्राह्मण भय से विह्वल हो गए और आश्चर्य चकित होकर बोले-आप दोनों कौन हैं? देवताओं के समान आपका सर्वमङ्गलमय स्वरूप है। आप नूतन मन्दार की माला धारण किए कोई देवता प्रतीत हो रहे हैं।' उन दोनों

के इस प्रकार पूछने पर वृक्ष से निकले हुए पुरूष बोले-विप्रवरो! आप दोनों ही हमारे माता-पिता और गुरु हैं, बन्धु बांधव भी आप ही दोनों हैं।

इतना कहकर उनमें से जो ज्येष्ठ था, बोला मेरा नाम आस्तीक है, मैं देवलोक का निवासी हूं। ऐ दिन में नन्दन वन में एक पर्वतपर क्रीड़ा करने के लिए गया। वहां देवाङ्गनाओं मेरे साथ इच्छानुसार विहार किया। उस समय युवतियों के मोती और बेल के हार तपस्या करते हुए लोमश मुनि के ऊपर गिर पड़े। वह सब देखकर मुनि को वाणी और क्रिया द्वारा भगवान् गरुड़ध्वज की पूजा करनी चाहिए। स्वधर्मपरायण मनुष्य और अपनी इन्द्रियों को वश में रखने वाली सौभाग्यवती अथवा विधवा स्त्री भगवान् वासुदेव की पूजा करे। दूसरे का अन्न ग्रहण न करे, परन्तु स्वयं दूसरो को अन्न दें। व्रतस्थ पुरुष शरीर में उबटन लगाना, मस्तक में तेल मलना, पान खाना और चन्दन आदि का लेप करना छोड़ दें। इसके सिवा अन्य निषिद्ध वस्तुओं का भी त्याग करे। व्रत का पालन करने वाला मनुष्य विपरीत कर्म में लगे रहने वाले किसी मनुष्य का न तो स्पर्श करे और न उससे वार्तालाप ही करे। गृहस्थ भी देवमन्दिर में रहकर व्रत का आचरण करे। यथोक्त विधि से मासोपवासव्रत पूरा करके द्वादशी में परम पवित्र भगवान् विष्णु का पूजन करे, दक्षिणा दे। मासोपवास के अंत में तेरह ब्राह्मणों का वरण करके वैष्णव यज्ञ करावे। तत्पश्चात् ब्राह्मणों को भोजन करावे और उन्हें ताम्बूलसहित दो-दो वस्त्र देकर पूजनपूर्वक विदा करे। इस प्रकार मासोपवास विधि बतायी गयी।

भीष्म पच्चक व्रत का विधान एवं महत्व

ब्रह्मा जी कहते हैं-कार्तिका शुक्ला नवमी को द्वापर युग का प्रारम्भ हुझ है। अत: वह तिथि दान और उपवास में क्रमश: पूर्वाव्यापिनी तथा पराह्वव्यापितनी हो तो ग्राह्य है। इसी तिथि को (नवमी से एकादशी तक) मनुष्य शास्त्रोक्त विधि से तुलसी के विवाह का उत्सव करे तो उसे कन्यादान का फल होता है। पूर्वकाल में कनक की पुत्री किशोरी ने एकादशी तिथि में सन्ध्या के समय तुलसी की वैवाहिकविधि सम्पन्न की। इससे वह किशोरी वैधव्य दोष से मुक्त हो गयी। अब मैं उसकी विधि बतलाता हूं-एक तोला सुवर्ण की भगवान् विष्णु की सुन्दर विधि बतलाता हूं-एक तो00ला सुवर्ण की भगवान् विष्णु की सुन्दर प्रतिमा तैयार करावे अथवा अपनी शक्ति के अनुसार आधे या चौथाई तोले की ही प्रतिमा बनवा ले। फिर तुलसी और भगवान् विष्णु की प्रतिमा में प्राणप्रतिष्ठा करके स्तुति आदि के द्वारा भगवान् को उठावे। पुन: पुरुषसूक्त के मंत्रों द्वारा षोडशोपचार से पूजा करे। पहले देश-काल का स्मरण करके गणेशपूजन करे, फिर पुण्यावाचन कराकर नान्दीश्राद्ध करे। तत्पश्चात् वेदमंत्रों के उच्चारण और बाजे आदि की ध्वनि के साथ भगवान् विष्णु की प्रतिमा को तुलसी के निकट लाकर रखे। प्रमिका को वस्त्र सें

आच्छादित किए रहे। उस समय भगवान का इस प्रकार आवाहन करे-

आगच्छ भगवन् देव अर्चयिष्यामि केशव।
तुभ्यं दास्यामि तुलसी सर्वकामप्रदो भव।

'भगवान् केशव! आइए, देव! मैं आपकी पूजा करूंगा। आपकी सेवा में तुलसी को समर्पित करूंगा। आप मेरे सम्पूर्ण मनोरथों को पूर्ण करें।

इस प्रकार आवाहन के पश्चात् तीन-तीन बार अर्घ्य, पाद्य और विष्टर का उच्चारण करके इन्हें बारी-बारी से भगवान को समर्पित करे। फिर आचमनीय पद का तीन बार उच्चारण करके भगवान् को आचमन करावे। इसके बाद कास्य के पात्र में दही, घी और मधु रखकर उसे कांस्य के पात्र से हो ढक दे तथा भगवान् को अर्पण करते हुए इस प्रकार कहे-'वासुदेव! आपको नमस्कार है, यह मधु को ग्रहण कीजिए।' तदनन्तर हरिद्रालेपन और अभ्यङ्ग-कार्य सम्पन्न करके गोधूलि की बेला में तुलसी और श्रीविष्णु का पूजन पृथक-पृथक करना चाहिए। दोनों को एक-दूसरे के सम्मुख रखकर मंगल पाठ करें। जब भगवान सूर्य कुछ-कुछ दिखायी देते हों, तब कन्यादान सकंल्प करे। अपने गोत्र और प्रवर का उच्चारण करके आदि की तीन पीढ़ियों को भी आवर्तन करे। तत्पश्चात् भगवान से इस प्रकार कहे-

अनादिमध्यानिधन त्रैलोक्यप्रतिपालक।
इमां गृहाण तुलसीं विवाहविधिनेश्वर।
पार्वतबीजसम्भूतां वल्लभां ते ददाम्यहम्॥
पयोघटैश्च सेवाभिः कन्यावद्वृद्धिंता मया।
स्वत्प्रियां तुलसीं तुभ्यं ददामि स्व गृहाण भोः।

'आदि, मध्य और अंत से रहित त्रिभुवन प्रतिपालक परमेश्वर! इस तुलसी को आप विवाह की विधि से ग्रहण करें। यह पार्वती जी के बीज से प्रकट हुई है, वृन्दा की भस्म में स्थित रही है तथा आदि, मध्य और अंत से शून्य है। आपको तुलसी बहुत ही प्रिय है, अतः इसे मैं आपकी सेवा में अर्पित करता हूं। मैंने जल के घड़ों से सींचकर और अन्य प्रकार की सेवाएं करके अपनी पुत्री की भांति इसे पाला, पोसा और बढ़ाया है, आपकी प्रिया तुलसी मैं आपको ही दे रहा हूं। प्रभो! आप इसे ग्रहण करें।

www.ingramcontent.com/pod-product-compliance
Lightning Source LLC
LaVergne TN
LVHW040433051026
849517LV00002B/587
* 9 7 9 8 1 2 8 8 0 9 9 3 3 *